철학을 다시
시작하는 책

옥탑방으로 칸트
올라간

옥탑방으로 올라간

철학을 다시 시작하는 책

칸트

가브리엘레 뮈닉스 지음 | 이승은 옮김

자음과모음

마리온과 미하엘을 위하여

'철학'이란 사실 세상을 보는 새로운 방법을 배우는 것이다.
그러므로 소박한 이야기 하나만으로도
세상을 철학 논문만큼 '깊이' 이해할 수 있다.

모리스 메를로-퐁티

인생과 철학을 사랑하는
모든 이들에게 영감을 주는 우화

　철학의 바탕은 '스스로 생각하기'이다. '철학하기'에는 나이의 구분이 없다. 어린이는 철학을 할 수 없다거나, 나이에 어울리지 않는 철학적 사고는 멀리해야 한다고 보는 것은 편견이다. 이 편견을 극복하는 일이 이른바 세대를 초월한 철학하기의 목적이다. 그 결과 모든 독자들이 연령층에 관계없이 본질적 문제에 대해 진지하게 생각하도록 용기를 북돋워 주는 책이 나왔다. 이 책은 어린아이 어른 할 것 없이 철학의 본질인 '스스로 생각하기'를 일깨우는 데 큰 도움이 된다. 이 책의 저자 가브리엘레 뮈닉스도 이러한 책을 세 권 펴냈다. 철학자, 심리학자, 교육학자의 협력 작업으로 이루어지는 세대를 초월한 철학하기 운동은 인간의 사유 활동을 연구하고 평가하며 지원하고 있다.

이 책은 철학적 우화를 다채로운 이야기 틀로 흥미진진하게 엮어 냈다. 물론 끝에 가면 이 모든 이야기가 할아버지 할머니 집에서 방학을 보내는 두 주인공 남매의 꿈이었음이 드러난다. 또한 독자는 이런 뜻밖의 기법 외에도 삼대에 걸친 가족 이야기와 두 남매가 할아버지 할머니 집 다락방에서 겪는 정신적 모험이 주는 긴장감에 매료될 것이다. 두 주인공이 다락방을 뒤지는 이야기는 이 책에도 나오는 C. S. 루이스를 생각나게 한다. 그러나 뮈닉스의 이야기는 매우 현실적이다. 대가족의 관계, 예를 들어서 부부 관계, 세대 간 관계, 특히 남매와 쌍둥이 사촌의 관계는 익살 넘치고 다정다감하게 그려져 있다. 쌍둥이가 부분적으로 끔찍하게 묘사되는 이유가 주변 사람들이 그렇게 생각하기 때문이라는 점을 깨닫는 것은 매우 중요하다. 이야기에 나오는 흥미로운 수수께끼는 사고를 확장시키는 데 중요한 역할을 하고, 눈과 마음을 사로잡는 에서(Escher, 1898~1972)의 그림들은 끊임없이 영감을 불러일으킨다.

그러나 이야기의 핵심은 우화다. 우화에 등장하는 인간과 동물의 차이는 다양한 관점으로 생각하게 하는 동기를 부여해 준다. 뮈닉스는 이 주제를 이론적으로 정리했고 그것은 너무나 자연스럽게 우화에 녹아든다. 독자들은 우화를 통해 중요한 물음의 답을 저마다 찾을 수 있다. 저자가 추상적인 합리주의를 거부하고 이성과 감성의 조화를 추구하는 것은 분명한 사실이지만, 그렇다고 답을 곧바로 제시하지는 않는다.

이 책의 바탕은 바로 조화에 있다. 인생과 철학을 사랑하는, 혹은 사랑하고픈 한국의 많은 독자들이 이 책을 읽게 되길 진심으로 바란다.

비토리오 회슬레(인디애나주 노트르담대학교 교수)

철학하기, 스스로 그리고
함께 생각하기

철학 우화는 ─ 어린이 철학학교 아이들은 그것을 이렇게 불렀다 ─ 생각하도록 이끌어 주는 이야기이다.

나는 내 아이들과 철학학교 아이들을 위해 이 이야기를 썼다. 전통적인 교수법에 따르는 철학책은 너무 일방적으로 합리적이든지 아니면 교훈적이기 때문이다. 그래서 나는 그림과 이야기로 재미있게 철학을 공부할 수 있는 방법을 생각해 냈다. 철학 우화는 ─ 아이들은 자꾸 더 듣고 싶어 한다 ─ 열려 있는 이야기이다. 철학 우화는 끝에서 무엇을 어떻게 생각해야 하는지 단 한 번 말하는 교훈이 없다. 그렇기 때문에 생각을 이끌어 내는 이야기로 읽을 수도 있고 그냥 진기한 이야기로 읽을 수도 있다. 우화에 나오는 동물은 언제나 사람처럼 행동한다. 그래서 읽다 보면 이야기에 나오는 다양한 삶의 처지에서 생각할 수 있고 비유도 이해할 수 있다.

인스부르크 대학교 학생들과 우화의 교수법을 연구한 결과 어른도 흥미를 느낀다는 사실을 알게 되었다. 그래서 우화를 액자 구조로 꾸미면 나이 많은 독자도 흥미를 발견하고 이야기에 쉽게 접근하며 내 철학적 관점을 이해할 수 있을 거라고 생각했다. 또한 철학이 일상과 긴밀히 관계 맺음으로써, 엘리트를 위한 철학으로만 머물 필요가 없다는 사실도 보여 주고 싶었다.

우리는 철학을 통해서 물음에 대한 잠정적인 대답을 얻고 새로운 질문을 던진다. 그리고 질문을 던짐으로써 우리 자신을 스스로 더 잘 알게 된다. 주요한 철학적 물음은 우리에게 매우 실존적인 문제지만 그것을 이해하는 데에는 어려움이 많다.

나는 어린이와 청소년이 어떤 것을 스스로 찾아내기 좋아하고, 그렇게 하기 위해서는 어떤 기회가 필요하다는 사실을 경험했다. 아이들의 지적 호기심만 자극한다면 아이들은 내가 되는 것(Ichwerdung)에 아주 큰 관심을 갖고 질문을 한다.

스위스 발달심리학자 장 피아제는 청소년기가 형이상학적 시대의 전형이라고 생각했다. 자신의 길을 찾아내기 위해서 청소년은 부모에게서 벗어나— 이미 어린아이들도 그렇듯이 — 당연하고 익숙하고 평범한 것의 이유와 목적을 묻는다. 나는 사람들이 청소년의 생각을 평범한 사고로 과소평가하는 것을 목격했다. 많은 청소년은 아주 성숙한 도덕적 판단을 내릴 수 있고 그 이유도 설명할 수 있다. 능력을 믿어 주면 청소년은 그 믿음으로 자라난다. 어린이와 청소년의 지성을 발달시키는 방법에는 여러 가지가 있다. 내가 생각하는 가장 좋은 방법은 스스로 생각하도록 요구하고 자신을 발견하는 길로 이끄는 '철학하기'이다. 형상적 표상 능력과 상상력을 자극한다면 이런 생각하기는 어린아이들도 할 수 있다.

영국 철학자 존 로크는 아이의 독창적이고 신선한 질문은 어른이 사물을 다른 눈으로 새롭게 볼 수 있는 계기가 된다고 말했다. 존 로크는 이미 1692년에 이렇게 썼다.

"호기심 넘치는 아이들의 착상은 자연스러우며 학교에서 배우는 지식과 다르다. 아이들의 기발한 생각은 어른을 깊이 생각하게 한다. 구습에서 벗어나지 못하고 다른 사람의 말을 빌려 쓰며 교육에 의한 선입관에 사로잡힌 어른의 대화에서보다 아이가 던지는 뜻밖의 질문에서 배울 점이 더 많다고 생각한다."

따라서 중요한 것은 바로 어린이와 청소년과 함께 생각하기다. 이때 어른들은 어린 사람들에게 그들의 생각을 존중한다는 느낌을 주어야 하고 어른 자신의 생각도 풍성하게 만드는 기회로 삼아야 한다. 다시 한 번 존 로크의 말을 인용하겠다.

"많은 아이들이 멍청한 놀이에 빠지고 정신에 아무 쓸모없는 짓으로 시간을 허비하는 가장 큰 원인은, 알고 싶은 욕구가 방해받고 질문의 답을 얻지 못하는 데 있다. 만약 더 친절히 배려하고 만족할 만큼 대답해 주었다면 아이들은 지식을 쌓고 넓히는 데 틀림없이 더 큰 흥미를 느꼈을 것이다."

실제로 어린이와 청소년의 생각을 과소평가함으로써 이런 문제에 대해 생각할 수 있는 길을 막아서는 안 된다. 청소년과 재능이 뛰어난 아이들을 가르친 경험으로 미루어 철학은 아주 즐겁게 그리고 진지하게 배울 수 있다. 철학은 삶에 유익한 지혜와 고상한 사고의 체계가 아니라, 스스로 생각함으로써 문제와 행위에 초점을 맞추어 교훈과 상관없이 경험할 수 있다.

장-자크 루소는 1762년 『에밀』에서 ― 자신이 전적으로 오해한 ― 존 로크의 주장을 비판했다. 루소는 이성이 항상 발달의 마지막 단계에서야 비로소 생기며, 여기에 이를 때까지 아이들에게 분명한 가르침이 필요하다고 생각했다.

"로크가 내세우는 가장 중요한 원칙은 아이들의 이성을 이유로 대려는 의도이다. 오늘날 그것은 크게 유행하지만, 나는 그 원칙이 성공했다고 해서 그것을 신뢰하고 싶지 않다. 아이들에게 먼저 장황히 떠들어 대는 것처럼 어리석은 일은 없다. (……) 어린아이에게 어려운 말을 하면 아이는 말에 만족하고, 사람들이 하는 모든 말에 흠을 잡고, 자신이 선생님처럼 똑똑하다고 생각하고, 고집이 세지고 싸우기를 좋아하게 된다."

물론 나이에 어울리는 언어를 찾아야 하고 아이의 입장에서 인식과 정신 발달을 고려해야 한다. 그렇지만 그것은 아이와 청소년에게 무엇을 '미리 장황히 설명하는 것'이 결코 아니라 그 반대로 아이가 생각하도록 길을 안내하고 지혜롭게 도움을 주는 행위이다. 만약 우리가 모든 질문의 답을 줄 수 없다면 아이와 함께 생각하면서 도전 정신을 심어 주고 새로운 의사소통 양식을 만들어 낼 수 있다. 위대한 철학자들이 제시한 답은 이때—칸트가 상상한 대로—가능한 답의 보기일 뿐이며 스스로 생각하도록 계속 자극하는 계기이다. 중요한 물음에 대해—여러 세대를 거치며—함께 대화한다면 다른 사람의 처지에서 그의 생각을 더 잘 이해할 수 있는 기회가 생긴다. 다양한 시각으로 생각하면 새로운 세상이 열리고, 자신을 비판적으로 바라보며 사물을 올바르게 판단하고, 더 바르게 이해하며 선입관을 버릴 수 있다고 확신한다. 이것은 특히 글로벌 시대에 문화와 문화 사이의 해석학이 해야 할 일이다. 어린이와 청소년뿐 아니라 모든 이들이 이런 생각으로 나아가도록 이끌 수 있다. 그리고 나는 이를 재미있게 하기 위해 이 책을 썼다.

가브리엘레 뮈닉스

| 차례 |

일러두기

괄호 안의 설명 중 약물(*) 표시된 부분은 옮긴이의 주다.

차를 타고 가는 길

"페리아(feria), 페리에(feriae. feria의 복수*), 한가로운 시간."

필이 혼자 중얼거렸다. 열네 살의 필은 학교에서 벌써 라틴어를 배우는데, 일상적으로 쓰는 독일어 가운데 옛날 로마인들이 쓰던 말이 아주 많다는 사실에 계속 놀라워했다. 방학이 시작되었다. 필은 열 살짜리 여동생 펠리와 함께 자동차 뒷좌석에 앉아 있다. 할아버지 집으로 가는 길이다.

펠리가 흥분하며 차 뒤로 펼쳐진 길을 가리켰다.

"오빠, 저것 좀 봐! 저쪽 길 앞은 젖어 있어! 그런데 우리가 지나가면 마르고 앞을 보면 또다시 젖어 있어. 내가 아까부터 한참을 지켜봤거든. 어떻게 저렇게 빨리 마를 수 있어?"

"눈에 보이는 것이 전부가 아니란다. 그건 신기루야. 우리한테는 물처럼 보일 뿐이지."

어머니가 운전에 열중한 채 대답했다.

"우리의 시각 때문이란다. 다른 곳에서는 다르게 보일 거야."

이상하다. 눈에 보이는 것과 다른 실제가 있다니. 그렇다면 무엇이 옳은지 어떻게 알 수 있을까? 필에게는 이번 방학이 아주 특별하다. 아니라면 방학이 너무 지루하지 않을까? 할아버지 집에는 텔레비전도 없다! 창밖 모습은 빠르게 지나며, 갈수록 시골 풍경으로 변하고 길가에는 점점 더 많은 나무가 늘어서 있다. 마침내 할아버지가 사는 슈바르츠발트 (독일 남서부에 있는 아름다운 삼림 지대*)에 도착했다. 할아버지 집에 왔을 때 지루한 적은 한 번도 없었다. 보통 부활절이나 가을에 놀러왔다. 물론 이곳이 온통 새하얀 동화 속 숲이 되는 크리스마스 때에도 왔다. 하지만 이번에는 한 달 이상 여기 있어야 한다! 여름방학 내내!

여름이면 아버지와 어머니는 프랑스에서 집을 빌리곤 했다. 대개 바닷가 근처였다. 수영도 하고, 모래성도 쌓고, 조개도 줍고, 자전거로 시장을 여기저기 돌아다니거나 그냥 바람과 햇살을 즐기기도 했다.

그러나 올해는 모든 상황이 달라졌다. 아버지가 병원에서

등 수술을 받아야 하기 때문이다. 아버지 자신이 의사인데 말이다! 필은 큰 충격을 받았다.

필은 언제나 다른 사람들만 아프다고 생각했다. 아버지는 아픈 사람들을 다시 건강하게 만드는 사람이었다. 그런데 이제는 아버지가 아파서 병원에 계신다. 그래서 어머니가 이웃 도시에 있는 병원에 자주 가야 하기 때문에 필과 펠리는 여름방학을 할아버지 집에서 보내야 하는 것이다.

필 할아버지(필은 할아버지의 이름을 땄다)와 안네 할머니는 할아버지가 은퇴한 뒤부터 적적하게 살고 있어서 손자 손녀가 오는 것을 무척이나 기뻐했다.

할아버지 집은 크고 넓다. 가족이 많아서다. 집은 누구에게나 늘 열려 있다. 특히 할아버지 할머니는 가족이 찾아오기를 늘 기대한다.

이번 방학은 정말 지루할까? 필은 다시 한 번 생각해 보았다. 그리고 그것은 자신에게 달려 있다는 사실도 안다. 어쨌든 할아버지 집에는 날씨가 나쁠 때 읽을 수 있는 책이 많다. 큰 정원도 있고 집 가까운 곳에는 작은 숲도 있다. 그리고 오래된 자전거도 있다! 할아버지와 할머니는 슈바르츠발트의 변두리에 있는 작은 마을에 산다. 두 분은 아들딸이 시골에서 자라며 자연을 알게 되기를 바랐지만 자식들은 모두 도시로 이사했다.

덕분에 필과 펠리의 친구들은 시골이 아닌 도시에 있다. 하지만 어차피 지금은 방학이고, 필과 펠리는 차를 타고 시골로 가는 중이다.

필은 '아우토'(Auto. 독일어로 '자동차'*)에 '스스로'라는 뜻이 있다는 사실을 안다.

"아우토는 왜 아우토예요?"

필이 어머니에게 물었다.

"우리가 차를 직접 움직이는 것은 아니잖아요!"

"나는 차를 직접 움직이는걸!"

어머니는 대답하며 짙은 갈색 머리를 쓸어 올렸다.

"아니면 넌 누가 나를 먼 곳에서 조종한다고 생각하니?"

"하지만 이런 무거운 자동차가 움직이려면 기름도 필요하고 모터도 작동해야 하잖아요!"

"아하! 그런 말이니?"

어머니는 정신이 없는 듯이 말했다.

"정말 네 말이 맞구나. 사실 내가 하는 일은 그다지 많지 않지. 난 모든 것이 잘 작동한다고 믿어야 하고, 자동차도 나 없이는 혼자 달릴 수 없어! 그러니 아우토라고 부르는 것은 정말 잘못인 것 같구나."

"그러면 왜 잘못된 이름을 붙인 거죠?"

펠리는 호기심에 가득 차서 다시 물었다.

어머니는 남매와 항상 많은 시간을 함께 보내고 아이들의 질문에 대답해 주려고 노력하는 편이다.

"그러게. 아우토는 왜 아우토일까?"

어머니는 큰 소리로 스스로에게 되물었다.

"옛날에는 아우토를 아우토모빌(Automobil)이라고 불렀지. 아우토모빌은 스스로 움직인다는 뜻이야. 그래, 맞아. 자동차는 실제로 스스로 움직이지는 않지. 사람과 동물만 스스로 움직일 수 있지. 또 무엇이 있을까?"

"강!"

펠리가 소리쳤다.

"아니면 구름!"

"어떤 것이 스스로 움직이는지 아니면 다른 무엇이 그것을 움직이는지 판단하는 일은 때로 어렵단다."

어머니가 말했다.

"내가 이 차 안에 앉아서 할아버지와 할머니한테 가는 데에도 이유가 있지."

"그런데 왜 '아우토모빌'이라고 불렀어요?"

펠리가 물었다.

펠리의 이름은 원래 펠리시타스다. 펠리시타스는 '행운'이라는 뜻이다. 펠리는 왜 자기 이름이 펠리시타스인지 알고 있다!

"다행이야!"

펠리가 태어났을 때 아버지는 이렇게 외쳤다. 아들 필을 낳은 뒤 아버지는 아내를 닮은 딸을 바랐고 이 바람은 이루어졌다. 어머니를 닮은 펠리는 뒷좌석에 앉아서 창 밖을 내다보았다.

"스스로 움직이지 않는데도 자동차라고!"

펠리는 그것이 몹시 못마땅하다.

"글쎄…… 옛날 사람들은 자동차가 말이 끄는 마차가 아니라서 그렇게 불렀을 거야."

어머니가 말했다.

"하하하, 말 두 마리가 끄는 자동차를 상상해 봐!"

펠리가 웃었다. 그것은 정말로 우스꽝스럽다. 펠리는 상상력이 매우 풍부하다.

"그러면 자동차뿐 아니라 수많은 말들 때문에 길이 막힐 거고, 트럭은 무거우니까 아마 말이 열 마리 정도는 필요할 테지. 하지만 오르막길은 더 잘 올라갈걸! 말에게는 먹이와 물을 줘야 하니까 기름을 파는 주유소 대신 말린 풀과 물을 파는 곳이 있어야 해. 그리고 공기는 더 좋아지겠지!"

"하지만 할아버지와 할머니한테 가는 시간은 더 오래 걸릴 걸?"

필이 말했다.

"말은 틀림없이 고속도로에서 한 시간에 120킬로미터까지 달릴 수 없을 거야. 엄마, 말은 얼마나 빨리 달릴 수 있어요?"

필이 물었다.

"글쎄, 정확히는 모르겠는데…… 아무튼 지금 우리보다야 느리지."

어머니는 정확한 답을 몰라서 이렇게 대답했다.

"더 빨리 갈 수는 없어도 어쩌면 더 잘 달릴지 모르지."

그러고 나서 어머니는 잠시 뒤 덧붙였다.

"하지만 난 자동차가 있어서 좋단다. 우리 집에서 아빠가 계신 병원까지는 30분 걸리고 할아버지 집까지는 한 시간쯤 걸리니까. 가끔은 시간이 아주 느릿느릿 지나는 듯 보일 때가 있어. 우리가 가는 길도 오래 걸리는 것 같아. 하지만 그것은 그냥 생각일 뿐이지."

"맞아요. 재미있을 때는 시간이 빨리 지나가고 재미없을 때는 시간이 아주 천천히 지나가요."

필이 큰 소리로 말했다.

'그리고 무서울 때도 시간은 빨리 지나가지.' 어머니는 마음속으로 이렇게 말했다.

필은 생각에 잠겼다. '6주는 6주다. 방학이 길게 느껴질까, 짧게 느껴질까?'

도착

할아버지와 할머니가 집 앞에서 기다리고 계셨다. 어머니는 차 안에서 전화를 걸어 곧 도착한다고 말하고 커피를 끓여 달라고 부탁했다. 할머니는 곧장 커피를 끓여 놓았다. 케이크는 아침에 이미 구워 놓았다. 오래전에 아이들이 어느 정도 자랐을 무렵 할머니는 새로운 요리들을 만들어 보는 모임을 이끌었는데, 그래서인지 지금도 새로운 음식 만들기를 좋아하신다. 그래서 집 안 곳곳 안락의자 옆 작은 탁자 위에는 과자가 담긴 접시가 놓여 있다. 이는 두말할 나위 없이 손자 손녀들이 가장 좋아하는 것이다. 정말 많은 책과 함께 과자 굽는 냄새는 할아버지 집에서 빼놓을 수 없는 것 가운데 하나다. 할아버지는 온갖 종류의 책을 다 가지고 있다. 먼 나라의 풍물과 예술, 학자와 탐험가, 음악가와 철학자에 관한 책들도 있다.

아이들이 다 커서 집에서 나가자 할아버지와 할머니는 개를 키우기 시작했다. 벨로나 아약스 같은 흔한 이름이 아닌 '칸트'라 이름 붙인 그 개는 몹스(Mops) 종이다. 할아버지와 할머니의 사랑을 듬뿍 받는 칸트는 할아버지와 할머니를 자꾸 움직이게 함으로써 건강을 지켜 주는 마치 자식 같은 존재다. 몹스 종 개가 원래 그렇듯이, 항상 심각하고 걱정하는 표정을 지어서 '칸트'라고 불리게 되었다. 고등학교에서 철학을 가르쳤던 할아버지는 늘 철학자 임마누엘 칸트에게 깊은 인상을 받았다. 그림 속 칸트의 표정이 언제나 심각해 할아버지는 과연 칸트가 웃은 적이 있는지 궁금했다. 칸트는 항상 의무와 극기와 법의 준수를 주장했다. 여기서 법은 도덕률을 뜻한다. 칸트는 감정을 하찮게 여긴 듯이 보인다.

할아버지는 칸트를 많이 연구했지만 사실은 다른 철학자들에게 호감을 느낀다. 할아버지는 읽어야 할 책이 아직 많다고 한다!

좀 큰 학교의 교감 선생님이었던 할아버지는 너무 바빠서 원했던 만큼 사색할 시간이 많지 않았다. 할아버지는 다른 사람들을 위해서 책을 읽고 이들에게 무엇이 중요한지에 대해 수없이 많은 것을 생각했다.

할아버지는 시간이 항상 모자랐다! 수업 종소리와 시간표에 맞추어 움직이고 모든 내용을 40분 분량으로 나누어 가르쳤다. 학습 지도안에 따라서 제때 일을 해내고 끊임없이 시험지를 채점해야 하기 때문에 신문과 영화뿐 아니라 책을 볼 시간조차 부족했다! 할아버지는 이것이 항상 불만스러웠다. 자신이 점점 더 낯설게 느껴졌다. 마치 삶을 제대로 살지 못하는 느낌이 들었다. 자신이 자신의 영화 속 주인공이 아닌 것 같았다. 감독 노릇을 하는 것에 대한 불만은 점점 쌓여 갔다.

유머 감각이 뛰어난 할아버지는 학교를 떠나던 날, 오랜 세월 동안 자신이 얘기한 책을 이제 모두 읽겠노라고 말했다. 이는 할아버지가 정말로 바라던 바였다. 책을 자세히 읽고 오래 생각하고 싶었다. 책은 할아버지에게 무엇일까? 시간을 보람 있게 보내는 일은 그에게 가장 중요한 듯 보였다. 할아버지에게는 생각하고 깨달아야 할 것이 아직 많았다.

할아버지는 퇴직한 뒤부터 손목시계를 차지 않는다. 해가 떠 있는 위치를 보고 시간을 잘 알아맞힐 수 있기 때문이다. 흐린 날 시간을 모르는 일도 큰 문제가 되지 않는다. 부엌 레인지에 있는 시계를 보면 되니까 말이다. 아무튼 할아버지는 자꾸 시계가 시간을 지배하는 것이 싫었다. 그런 때는 지나갔다. 이제 할아버지는 자신에게 필요한 시간을 보낸다. 한 번도 읽지 않은 책이나 대충 읽은 책도 많다. 때로는 한 구절만 필요한 때도 있었다. 할아버지는 이제 이런 책을 제대로 읽을 수 있어서 기뻤다. 집 안 곳곳 커다란 책장 앞에는 안락의자가 놓여 있다. 그리고 하루 중 시간에 따라서 좋은 햇빛을 고를 수도 있다. 칸트는 안락의자에 웅크리고 앉아 있다. 칸트가 특히 좋아하는 의자 위에는 할아버지가 류머티즘을 앓는 무릎에 가끔 덮는 보드라운 담요가 놓여 있다. 칸트는 마치 고달픈 인생과 악한 세상을 늘 고민하는 듯한 표정을 짓는다. 칸트의 삶은 썩 괜찮은데 말이다. 문 밖에는 바로 정원이 있다. 할아버지와 할머니는 칸트와 규칙적으로 산책을 나간다. 그러나 칸트는 이 집의 아이들이 도무지 미덥지 않다. 할아버지와 할머니의 행동은 예측할 수 있지만 아이들은 갖가지 기괴한 생각을 하기 때문이다. 모든 일은 아이들 위주로 돌아가고 칸트는 더는 주인 행세를 할 수 없다. 그렇지만 기분 좋은 일이 생길 때도 있다. 필과 펠리가 탄 자동차가 집 앞에 서자 칸트가 문 밖으로 달려 나와 말린 꼬리를 흔들어 댔다.

필과 펠리가 차에서 내려 할아버지와 할머니 품 안에 안겼다.

"짐은 우선 차에 잠시 두어라."

할아버지가 말하며 며느리를 안았다.

"일단 들어오너라. 커피는 끓여 놓았단다. 루츠는 좀 어떠니?"

할머니가 말했다. 할아버지와 할머니, 어머니와 남매는 부엌으로 들어갔다. 부엌은 밝고 넓다. 부엌 한 구석에는 오래된 커다란 나무 식탁이 있고 식탁 삼면에는 편안하게 생긴 기다란 의자가 놓여 있다. 정원으로 난 문을 통해 칸트가 안으로 달려 들어왔다. 식탁 한가운데 있는 꽃병에는 정원에서 꺾어 온 꽃이 꽂혀 있고 접시에는 먹음직스러운 케이크가 담겨 있다. 할머니는 또다시 새로운 케이크를 시도했음이 틀림없다.

피곤한지 어머니가 의자에 앉았다.

"새 커피 기계로군요."

어머니는 금세 알아차렸다.

"그래. 펠리가 얼마 전 커피 기계에 우유를 붓지 않았니? 그렇게 하면 곧바로 우유커피가 나올 거라고 생각했던 거지. 그래서 소화 불량으로 숨을 거두고 말았어."

"누가? 펠리가?"

할아버지가 물으며 돋보기 안경을 이마 위로 올렸다.

"아니요. 물론 커피 기계죠."

어머니가 웃었다.

"하지만 커피 기계에는 생명이 없잖아요!"

필이 곧장 이의를 제기했다.

"그저 그렇게 말하는 거야."

어머니가 설명했다.

"아무튼 커피 기계에는 우유가 잘 맞지 않는 모양이야."

"그렇지만 기계가 마치 사람인 것처럼 그렇게 말할 수는 없잖아요!"

필이 대꾸했다.

할아버지가 중얼거렸다.

"글쎄, 사람을 기계처럼 다룰 때까지는 아마도……."

"엄마는 컴퓨터에 문제가 생겨도 그렇게 말해요."

필이 다시 말했다.

"'또 돌아 버렸구나!' 이렇게 말할 때도 있어요."

어머니는 컴퓨터로 인터넷 사이트를 만들고 아버지를 대신해서 결산을 한다. 필과 펠리에게 어머니의 손길이 필요할 때마다 이 일은 잠시 중단되기도 한다.

"그래, 기계랑 아주 친해지면 그렇게 되지."

할머니가 장난기 있는 표정으로 설명했다.

"내 오븐 레인지에 대해 얘기해 줄까……."

"일단 케이크를 먹자꾸나."

할아버지가 말했다.

"집 안에서 맛있는 냄새가 진동하는데도 지금까지 한 조각도 먹어 보지 못했단다. 난 틸 오일렌슈피겔(14세기 독일에 실존했던 전설적 인물*)처럼 냄새에 배부른 사람은 아니란다."

할아버지는 생각에 잠겼다. 맛있는 냄새를 맡으면 왜 기분이 좋아질까? 옛날에 먹은 케이크의 기억 때문일까? 아니면 기대 때문에? 머릿속에서는 무슨 일이 일어날까? 그 안을 들여다볼 수 없는 것이 아쉽다. 하지만 어쩌면 아무것도 보이지 않을는지 모른다. 냄새는 누구에게나 똑같을까? 아내가 맡는 냄새는 내가 맡는 냄새와 같을까? 개는 사람보다 냄새를 더 잘 맡을 수 있다. 칸트가 느끼는 냄새는 우리가 느끼는 냄새와 다를까? 칸트에게 기분 좋은 냄새는 다른 냄새일까? 냄새에 대해 책을 쓴 철학자가 있을까? 치통과 색감에 대해 책을 쓴 철학자는 있다. 그렇지만 우리는 다른 사람의 통증과 감각을 결코 알 수 없을 것이다. 그러나 냄새는? 냄새도 그럴까? 말할 수 없는 것에 대해서는 침묵해야 한다(철학자 루트비히 비트겐슈타인이 한 말*). 할아버지가 큰 소리로 말했다.

"칸트 이 녀석도 케이크가 먹고 싶나 보다. 아니면 우리 곁에 있고 싶은 걸까? 너희가 개 과자를 주는 편이 낫겠다. 케이크를 먹으면 뚱뚱해질 테니까."

할머니가 커피를 찻잔에 따랐다. 어른들은 우유를 넣은 커피를 마시고 아이들은 늘 그렇듯이 따뜻한 우유에 커피를 조금 타서 마셨다. 나이를 먹을수록 커피를 더 많이 마셔도 된다는 것은 누구나 아는 사실이다.

"커피우유는 언제 우유커피가 되죠?"

호기심에 찬 펠리가 손가락으로 커피우유를 저으며 물었다.

"네 딸은 참 엉뚱한 질문을 하는구나."

할머니는 어머니에게 말하면서, 펠리가 대답을 기다리지 않는 것처럼 보이자 케이크를 잘랐다.

"성적은 어떻게 나왔니?"

"뭐, 그럭저럭 괜찮아요."

필은 대답하며 어느새 딴 생각을 했다.

"하지만 이제는 방학이에요. 그런데 고물 자전거는 아직 헛간에 있나요?"

"그래. 그리고 정원에는 벌써 버찌도 열렸단다."

할머니가 말했다.

"심심하지 않을 거다. 칸트도 있고, 다락방에는 인형 집이랑 카니발 의상도 있고, 너희 아버지가 갖고 놀던 옛날 장난감도 많이 있단다. 그리고 2주 후에는 소피아 고모가 쌍둥이를 데리고 올 거다. 펠리는 고모가 쓰던 방에서 자렴. 거기에는 어린이 책도 많단다. 그리고 필은 아빠가 쓰던 방에서 자거라. 아빠 방 창 바로 앞에는 배나무가 있어. 두 방에 모두 이층침대가 있지만 방을 따로 쓰면 각자 자기 공간이 생기니까."

아버지와 고모는 어릴 때 자주 친구들을 불러 함께 잤기 때문에 손님을 위한 공간은 넉넉하다.

"이제 너희 짐을 가져오렴."

어머니가 펠리에게 자동차 열쇠를 주며 말했다.

"세탁기를 혹사시키지 않아야 할 텐데."

어머니가 한숨을 내쉬었다.

"아이들은 더러워지기도 하는 법이지."

할머니가 말했다.

"내내 빨래하고 다림질하고 그러지 않을 테니 걱정하지 말거라."

"그렇지 않으면 세탁기도 숨을 거두고 말 거예요!"

필이 고개를 돌리며 명랑한 목소리로 소리쳤다.

변화

어머니는 저녁에 다시 집으로 돌아갔다. 어머니는 매일 전화할 거라고 말했다.

할머니는 초조하고 불안했다. 아들 때문에 걱정이 이만저만이 아니다. 할머니에게는 언제나 그렇듯이 빵을 굽는 일이 기분을 전환하는 가장 좋은 방법이다. 아이들이 불안해하지 않도록 걱정하는 모습을 보이면 안 되기 때문이다.

다음날 아침 펠리가 침대 위층에서 눈을 떴을 때 해는 벌써 하늘 높이 떠 있었다. 펠리는 위층과 아래층에서 번갈아 자기로 마음 먹었다. 집에서 자명종을 일부러 가져오지 않았다. 지금은 방학이니까! 펠리는 욕실로 가서 잠옷을 벗고 고양이 세수를 하기 시작했다. 그러고 나서 청바지와 티셔츠를 서둘러 입고 머리를 하나로 묶었다. 이렇게 머리를 묶으면 어른스럽게 보인다고 펠리는 생각했다. 운동화가 어디 있더라? 할머니의 립스틱을 좀 발라 볼까? 할머니의 립스틱은 어머니의 반짝이는 빨간색 립스틱과 다르게 항상 갈색이 도는 분홍색이다. 여자는 왜 저마다 화장하는 방법이 다를까? '뭐, 모두 똑같은 것보다야 낫겠지'라고 생각하며 펠리는 할머니의 립스틱을 입술에 발랐다. 이때 할머니의 머리 염색약이 눈에 띄었다. 이상하다. 펠리는 할머니의 갈색 머리가 가짜일지 모른다고 의심한 적이 한 번도 없다. 많은 것은 눈에 보이는 것과 다르다고 어머니가 말했다! 할머니는 분명 더 젊게 보이고 싶을 것이다. 어쩌면 벌써 나오기 시작한 할머니의 흰 머리를 아무도 눈치 채지 못했는지 모른다! 그런데 펠리는 실제 자신보다 더 나이가 들어 보이고 싶다. 인생이란 정말 이상하다. 아무도 현재 자신의 모습대로 있기를 바라지 않는다. 아니면 여자만 그런 것일까?

펠리는 아래층에 있는 부엌으로 내려갔다. 할아버지와 필이 식탁에 앉아 있다. 할머니는 키펠(뿔 모양의 빵*)을 구어서 손수 만든 잼을 곁들여 주었다. 펠리는 우유를 조금 데워서 꿀을 탔다. 전나무 꽃 꿀이다! 전나무 꽃 꿀은 거의 이곳 슈바르츠발트에서만 맛볼 수 있는 것이다.

"잘 잤니?"

할머니가 식기 세척기 안에 그릇을 넣으면서 물었다.

'작은' 필에게는 문제가 있다.

"우리의 이름은 이제 더 이상 어울리지 않아요."

작은 필이 큰 필(할아버지를 말함*)에게 말했다.

"이제 저는 할아버지만큼 컸어요. 이름을 바꿔야 하지 않을까요? 더는 작지 않아요! '젊은' 필과 '나이 든' 필이라고 부르는 것은 어때요?"

큰 필이 어깨를 으쓱했다. 할아버지는 아직 그다지 나이가 많지는 않다!

"그래, 하지만 나이는 키와 똑같이 상대적인 것이란다."

할아버지가 큰 소리로 말했다.

"할아버지처럼 너도 나이를 먹을 거야."

"그렇지만 제가 할아버지보다 키가 커져도 나이가 더 많을 수는 없잖아요!"

작은 필이 대꾸했다.

"나이는 항상 차이가 나잖아요!"

"얘야, 나이란 것은 참으로 그렇단다. 할머니는 할아버지에게 언제나 어린 소녀이지. 물론 너에게는 한 번도 그런 적이 없지만 말이다. 그리고 원래부터 몸이 뻣뻣하고 잘 움직이지 못하는 젊은이가 많은가 하면 아주 오랫동안 젊게 사는 노인이 많은 것을 보면 나이라는 것이 무엇인지 도무지 모를 때가 있단다."

"그렇다면 옛날 로마 사람들이 하던 대로 해요. 로마인은 번호를 매겨서 자식을 불렀대요. 할아버지는 필립 프리무스 (primus. 라틴어로 '첫째'*), 저는 필립 세쿤두스(secundus. 라틴어로 '둘째'*)라고 할 수 있어요."

"그런데 할아버지의 할아버지 이름도 필립이었단다."

큰 필은 머뭇거리며 말했다.

"그러니까 사실은 할아버지의 할아버지가 '첫째'지! 그리고 분명 그 전에도 다른 필립이 더 있었을 거야."

"알았어요. 그러면 시니어와 주니어라고 불러요!"

필이 큰 소리로 말했다.

"시니어와 주니어! 그래, 괜찮구나."

할아버지는 찬성했다.

펠리는 할아버지와 필 옆을 지나며 키펠 한 개를 집어 들고 맛있게 먹으며 중얼거렸다.

"별 걱정을 다 해!"

할머니는 레인지 옆에 서서 효모 반죽을 펴고 있다. 점심은 피자다. 그때까지 반죽은 부풀어 있어야 한다. 반죽이 부풀면 각자 자신이 원하는 토핑을 얹을 수 있다. 아버지와 고모도 토핑 얹는 일을 항상 좋아했다.

거실로 간 펠리는 칸트를 발견했다. 칸트는 안락의자 위에서 코를 골며 자고 있다.

"칸트, 아직까지도 자니?"

펠리가 쾌활하게 외쳤다. 펠리의 소리를 들은 칸트는 피곤한 표정으로 한쪽 눈을 뜨고 귀를 쫑긋 세웠다. 펠리는 칸트옆을 지나서 열려 있는 테라스 문 쪽으로 갔다. 펠리는 모습이 많이 변한 정원을 보더니 놀라서 문 밖으로 나갔다. 마지막으로 이곳에 온 것은 지난 부활절 때다. 손자 손녀들은 언제나 그렇듯 정원에서 부활절 달걀을 찾았다. 당시 나무에는겨우 싹이 나 있었다. 개나리꽃만 이미 피었고 앵초와 수선화는 몇 송이 벌어져 있었다.

그런데 지금은 정원이 전혀 다른 곳처럼 보인다. 가을과겨울의 정원과 또 다르다. 온통 푸르다! 황홀한 장미로 가득하다! 나무의 꽃은 모두 지고 벌써 버찌와 자두가 열렸다. 머지않아 사과와 배도 첫 열매를 맺을 것이다. 그밖에도 해바라기와 향기가 무척 싱그러운 흰색 달리아와 분홍색 달리아도 있다.

펠리는 신이 나서 배나무 가지에 매여 있는 그네 쪽으로달려갔다. 모든 것이 이렇게 변했다니!

그때 갑자기 칸트가 번개처럼 테라스 문을 박차고 나와 정원 안을 질주했다. 할아버지가 정원으로 나오며 웃었다.

"아마 토끼 발자국을 발견한 모양이다."

할아버지는 재미있어 했다.

펠리는 할아버지와 함께 작은 개울과 맞닿는 정원 구석까지 칸트를 뒤쫓아 갔다. 칸트는 물가에서 이리저리 날뛰며 짖어 댔다.

이런 작은 사냥은 때때로 아주 즐겁다! 펠리가 테니스 공을 던지자 칸트가 기뻐 날뛰며 공을 쫓아 달려갔다. 평소에는 제멋대로 구는 칸트이지만!

칸트와 함께 정원에서 뛰어 놀던 펠리는 점심 시간이 되자 맛있는 피자 냄새에 이끌려 부엌으로 들어갔다. 레인지에 놓인 프라이팬에는 방금 손질한 버섯이 지글거리고 있다. 펠리는 버섯이 뜨거워지면서 변하는 모양을 호기심 가득 찬 눈으로 관찰했다. 버섯은 색이 검어지면서 조금 오그라든다. 물론 맛도 변한다. 더 맛있게 된다!

피자 치즈도 변한다! 펠리는 오븐 창을 통해 잘게 썬 치즈의 모양과 색이 바뀌면서 서로 뭉치고 부풀어 오르는 모습을 지켜보았다. 그리고 이 향기란! 이것도 조금 전과 다르다. 그때는 아직 맛있는 향기가 아니었다. 고작 냄새라고 말할 수 있었다.

"이것이 아까 그 치즈예요?"

펠리가 할머니에게 물었다.

"너도 여전히 펠리잖니."

할머니가 재미있어 하며 말했다.

"비록 네가 할머니 립스틱을 발라도 말이다! 그리고 네 겉모습도 변하지? 그렇지만 네 머리카락이 자라든 손톱이 자라든, 키가 커지든 나처럼 조금 작아지든, 몸이 뚱뚱해지든 날씬해지든 너는 항상 네가 아니니? 심지어 네 영혼이 변할 수 있다고 생각해 봐라. 너는 슬퍼질 수도 어리석어질 수도 있어. 나이가 들어도 어리석어질 수 있단다. 하지만 너는 여전히 너란다. 모든 것이 네 안에 있는 거지. 가능성으로서 말이야. 너는 영원히 너란다."

"도대체 왜 그럴까?"

펠리는 자신에게 물었다.

"너에게는 물론 피자 치즈와는 조금 다른 가능성이 있지."

할머니가 말했다.

그러나 펠리는 포기하지 않았다.

"제 말은, 나는 왜 영원히 나일까 하는 것이에요. 저는 항상 다를 수 있는데 말이에요! 제 안에 아주 많은 가능성이 있는데도 말이지요. 아니면 이것 역시 저일까요? 그렇다면 왜 그렇지요?"

할아버지

점심을 먹은 뒤 필과 펠리는 헛간 안을 살펴보았다. 헛간에는 온갖 공구가 널려 있다. 잔디 깎는 기계, 원예 용구, 정원용 낡은 탁자와 의자들이 있고 천장에는 박쥐 몇 마리가 거꾸로 매달린 채 낮잠을 자고 있다. 헛간에는 이 밖에도 할아버지와 할머니의 오래된 자전거와 아버지와 소피아 고모가 어릴 때 타던 자전거도 있다. 자전거는 비록 녹이 조금 슬었지만 타는 데에는 아직 문제가 없어서 필과 펠리는 자전거에 올라타고 마을로 향했다. 필은 이것을 '지형 답사'라고 부른다. 프랑스에서 여름방학을 보낼 때도 항상 지형 답사를 했다. 이곳 마을은 필이 이미 잘 아는 곳이다. 그렇지만 어떤 변화가 있을 수 있다!

할아버지는 안락의자에 앉아서 책을 읽다가 반쯤 열린 테라스 문을 통해 밖을 내다보았다. 할아버지는 자신의 힘이 자연에서 나온다는 생각이 문득 들었다. 오직 자연에서 힘을 얻어 자신이 사랑한 일을 무사히 해낼 수 있었다. 철학도 도움이 되었다.

할아버지에게는 생각할 일이 정말로 많다. 이번 달에 읽으려고 마음 먹은 책이 적지 않다. 가끔씩 이웃 마을의 시민대학에서 강의를 해야 한다. 할아버지는 흥미로운 주제라고 생각할 때에만 강의 요청을 수락한다.

철학은 실생활에서 어떤 구실을 하는가! 철학은 시대의 정신세계를 어떻게 반영하는가! 할아버지는 많은 문제에 대해 자신의 생각을 가지고 다른 사람들과 이야기하기를 좋아한다.

평온히 살아라. 힘든 상황이 닥칠 때마다 할아버지는 자신에게 이렇게 말하며 힘을 얻는다. 할아버지가 철학자 루키우스 안나이우스 세네카를 좋아하는 이유가 여기 있다. 그래서인지 할아버지는 큰아들의 이름을 루츠라고 지었다.

세네카는 사람들이 평온한 마음에 이르도록 도움을 주었을 뿐 아니라 '행복한 삶'이란 무엇이며 그러한 삶을 살기 위해 어떻게 해야 하는지에 대해 좋은 글과 말을 남겼다. 거의 2천 년 전에 쓴 글이 지금도 유효하다는 사실은 너무도 놀랍다.

"그러므로 앞서서 가는 무리의 뒤를 짐승 떼처럼 쫓아가지 않도록 반드시 조심해야 한다. 많은 사람이 가는 곳으로 가지 말고 자신이 갈 곳으로 가야 하는 것이다. 사람들이 떠드는 말을 좇고 사람들에게 갈채받는 일을 으뜸으로 칠 때 (……) 우리의 이성이 아니라 본보기를 따를 때 우리는 불행해지고 만다. 이렇게 해서 항상 한 사람이 다른 사람을 덮치는 인간 군상이 생겨난다. 큰 무리 속 군중이 서로 밀치듯. (……) 그래서 앞선 사람들은 뒤따르는 사람들을 타락하게 만든다. 혼자서 나쁜 길로 빠지는 사람은 아무도 없다. 이것이 한 사람이 다른 사람을 타락하게 만드는 이유이자 동기이다. 이것은 일생 동안 지속된다."

할아버지는 책을 무릎 위에 내려놓고 방금 읽은 문장을 다시 곰곰이 생각했다. 수많은 젊은이가 자신의 찬란한 가능성과 능력을 하찮게 여긴다. 사춘기에 자기 생각을 대중에게 맞추려는 젊은이를 많이 보았다. 이들은 유행하는 우상과 생각을 좇아간다. 그것이 문신이든 피어싱이든 유명 상표의 운동화든 상관없다. 어떤 값을 치르더라도 자신도 그 무리에 속하고 싶기 때문이다. 또한 모든 것을 반대하는 것도 마찬가지다. 이것이 자신의 생각임을 나타내는 표시일 필요는 전혀 없다. 만약 그랬다면 적어도 존경은 할 수 있을 것이다!

할아버지는 계속 읽었다.

"앞서서 가는 사람과 한패가 되는 것은 이롭지 않다. 판단하기보다는 그저 믿고 싶듯이, 인생을 깊이 생각하지 않고 언제나 다른 사람만을 믿는다. 항상 사람과 사람 사이에 번식하는 잘못은 우리를 몰고 쫓아대며, 다른 사람들의 본보기는 우리를 타락으로 몰아넣는다. 무리에서 벗어나면 구원을 받을 수 있다. 그러므로 자신의 불행을 옹호하는 대중은 이성과 대치한다."

그래서 할아버지는 분주하고 혼잡한 세상에서 떠밀리고 휩쓸리지 않는 것이 중요하다고 생각한다. 사람은 자기 확신대로 인생을 살 수 있는 원칙을 깊이 생각해야 한다. 되는 대로 살아서는 안 된다! 삶에 대한 자신의 마음가짐을 찾아내고 탄탄한 토대 위에 서야 한다. 스스로 생각하고 자신의 신념을 지켜야 한다. 하지만 이는 매우 힘든 일이다. 많은 사람은 이리저리 떠밀리고 자신을 환경에 맞추며 텔레비전이 보여 주는 대로 생각한다! 이런 사람에게는 본질적인 것을 깨닫는 감각이 없다. 그것이 무엇이었는지는 각자 찾아내야 한다. 하지만 오늘날 스스로 생각하는 사람이 어디 있는가? 자신에 대해 깊이 생각해 보는 사람이 아직 있을까?

"그러나 도망치는 것은 아무 소용이 없다. 아무도 자기 자신에게서 도망칠 수 없다. 나는 나와 어디든 함께 간다. 귀찮은 동행자다. 잘못은 어떤 장소에 있지 않고 우리 자신 안에 있다 (……)."

할아버지는 이 말을 외우고 있다. 학생들과 자주 토론한 문장이다. 나는 누구일까? 할아버지는 자신에게 질문한다. 그는 언제나 그 자신일까?

할아버지 앞에서 칸트가 코를 골며 자고 있다. 할아버지는 한숨을 쉬고 다시 책으로 눈길을 돌렸다. 본질적인 것이란 무엇일까? 할아버지가 인생에서 여전히 그리고 자꾸 새롭게 매료되고 포기하고 싶지 않은 것은 정말 많다.

할아버지는 아들과 딸, 손자와 손녀가 생각났다. 자신의 새로운 특성, 심지어 자기 부모의 성격을 자기 자식과 자식의 자식에게서 발견하는 신비로운 현상은 왜 일어날까? 할아버지는 무에서 유가 나올 수 없다고 생각한다.

삶은 계속된다. 많은 것은 이곳 슈바르츠발트의 숲길처럼 숨어서 보이지 않는다. 할아버지의 첫째 아들은 왜 죽었을까?

그리고 밝음과 순전한 기쁨으로 사람을 자꾸 엄습하는 '밝게 비춤(Lichtungen)'이 있다. '존재를 밝게 비춤(Lichtungen im Sein)!' 하이데거는 그것을 이렇게 불렀다. 마르틴 하이데거는 독일의 철학자로 그에 대한 평가는 의견이 분분하다. 할아버지는 프라이부르크 대학에 다니던 시절 하이데거의 제

자였다. 두 사람의 정치적 시각은 비록 서로 달랐지만 할아버지는 하이데거에게서 친밀감을 자주 느꼈다. 그 이유는 아마도 슈바르츠발트 때문일 것이다……. 할아버지는 얼마 뒤 시민대학에서 강의할 내용을 생각했다.

"신사숙녀 여러분, 오늘날 사람들은 마르틴 하이데거를 강하게 비판합니다. 하이데거를 알던 많은 사람들은 그를 세상과 동떨어진 별난 사람이라고 생각했습니다. 하이데거는 번잡한 일상에서 벗어나서, 여러분도 잘 아시다시피, 이곳에서 가까운 오두막집에서 칩거하기를 좋아했죠. 여기서 사색을 더 잘하기 위해 소박하고 검소한 삶을 살았습니다. 이로 인해 어쩌면 판단력을 조금 상실했는지도 모르지요……. 하지만 하이데거는 철학에 큰 영향을 미쳤습니다. 동시대의 사상뿐 아니라 이후 철학자들에게 더 큰 영향을 끼쳤습니다. 오늘날까지요!

하이데거는 순수 합리적 사고를 비판했습니다. 이것은 자기를 정당화하고 공격하지 못하도록 자신을 절대 의심하지 않고 끊임없이 이유와 근거를 찾는 사고입니다. 이런 사고는 존재, 현실의 삶을 잊어버립니다! 하이데거가 말하는 존재 망각에는 중요한 의미가 있습니다. 우리는 존재에 대해 깊이 생각해야 합니다! 바로 이 점이 하이데거에게 중요했습니다. 우리는 삶에 대해 생각하고 삶을 시야에서 놓치면 안 됩니다. 하이데거는 사람들에게 참된 '본래적' 실존의 필요성을 일깨우고 싶었습니다. 모든 사람이 하는 일만 하는 것은 물론 간단합니다. 더는 깊이 생각할 필요가 없지요. 책임을 저 버리고 항상 변명할 수 있습니다. 세상 사람들이 사는 대로 살고, 세상 사람들이 판단하는 대로 판단하고, 세상 사람들 이 행동하는 대로 행동합니다. '세상 사람들'은 이렇게 삶을 결정합니다. 이런 삶은 편하지만 결국에는 개인의 특성은 모 두 사라지고 맙니다.

이렇게 해서 우리는 자아를 잃어버릴 수 있습니다! 아니면 지나치게 다른 사람을 따라하느라 우리 자신을 전혀 알 수 없게 됩니다. 우리는 우리 스스로 살아야 합니다! 이름 없는 집단이 되어서는 안 됩니다.

그렇기 때문에 삶을 잘못 살지 않도록 우리 자신과 다른 사람들을 염려해야 합니다. 이것도 하이데거가 표현한 말인 데 저는 이 생각이 중요하다고 봅니다. 프랑스의 철학자 사 르트르도 이 생각의 영향을 받았지요. 사르트르는 사람이 자 신을 책임질 수밖에 없고, 삶을 스스로 계획하고 가꾸는 자 유 때문에 불안하다고 믿었습니다. 그러나 다른 도리는 없습 니다. 하이데거가 말한 유명한 '숲속의 길'처럼 우리가 가는 길이 아무리 어둡고 막다른 덤불에서 끝나도, 우리를 빛과 공기, 밝음과 기쁨으로 기쁘게 하는 '존재를 밝게 비춤'은 끊임없이 존재합니다. 하이데거는 우리 슈바르츠발트 사람들이 바로 이해하기 쉬운 비유를 들었지요."

할아버지는 가족을 떠올렸다. 존재를 밝게 비춤! 예를 들면 아이를 낳은 뒤 반짝거리던 아내의 눈동자, 가족잔치, 아이들 입학식. 할아버지는 이 모든 기대에 찬 기쁨과 열려 있는 새로운 것 때문에 항상 흥분하고 감격했다. 그리고 그 뒤에는 다시 어두운 시간이 있었다.

할아버지는 병을 앓던 아내가 생각났다. 두 사람은 함께 힘든 시간을 견디어 냈다. 당시 할머니는 더 이상 예쁜 모습이 아니었다. 낯설었다. 명랑하던 모습은 어디론가 사라져 버렸다. 변해 버린 할머니의 모습에 할아버지는 놀랐다. 할머니가 이를 눈치 채지 못하도록 하는 일은 힘들었다. 그가 결혼한 사람은 이 여자가 아니다! 할아버지는 아내가 늙어서 어떻게 변할지, 두 사람이 서로 견딜 수 있을지 마음속으로 항상 두려웠다. 그래서 할머니의 병은 부부 관계를 시험하는 기회이기도 했다. 할아버지는 '기쁠 때나 슬플 때나' 서로 보살피겠다고 말한 약속의 의미를 처음으로 깨달았다.

이런 약속은 해도 되는 것일까? 자신에게 대체 무슨 짓을 하는 것일까? 할아버지 자신은 어떻게 변했을까? 할머니가 생각하던 모습과 아직 일치할까? 생각에 잠긴 할아버지는 숱이 적은 머리를 쓰다듬었다. 인생을 보람 있게 살기 위해서는 변함없이 사랑해야 하지 않을까? 변함없는 사랑이란 어떤 것일까? 그 당시 할아버지는 누구의 도움도 받을 수 없었다.

다행히 할머니는 건강과 명랑하고 긍정적인 성격을 되찾았다. 아버지는 이때 의사가 되기로 마음 먹은 것 같다. 그리고 이제 질병은 아버지와 어머니에게 닥쳤다. 모든 것은 되풀이된다!

하지만 질병은 기회이기도 하다. 서로 얼마나 귀한 존재인지, 삶이 얼마나 소중한지 깨닫게 된다. 어찌 되었든 서로 돌보아 주어야 한다. 그렇지 않으면 인생은 가치가 없다.

그러나 할아버지는 하이데거처럼 세상을 떠나서 숲속 오두막집에서 외롭게 살고 싶지 않다. 세상일을 바르게 보지 못하는 위험에 빠지기 때문이다. 할아버지는 모든 기억과 함께 바로 이 집에서 삶의 한가운데 서고 싶다. 할아버지는 테라스 문을 통해 정원을 내다보았다. 이런 순간에는 잔디 위에서 뛰어 다니며 부활절 달걀을 찾는 아버지와 고모의 어린 모습이 눈앞에 보인다.

과거는 무엇이고 현재는 무엇일까?

할아버지는 나이가 들수록 서구의 시간 개념에 의심이 든다. 시간의 화살표는 과거에서 현재를 지나 미래를 가리킨다. 자의 눈금처럼 시간은 똑같은 간격으로 나뉜다. 이것은 물론 사물의 본성이 아니라 인간이 생각해 낸 것이다. 할아버지는 이것이 너무 직선적이라고 생각한다. 이렇게 해서 과거와 미래는 어둠 속에 존재하고 과거는 돌이킬 수 없다. 그렇지만 살아 있는 동안에는 그렇지 않다! 사라지는 것은 아무것도 없다. 모든 것은 여전히 여기 존재한다. 위대한 영(靈) 마니투(Manitou) 안에서 계속 살아 있다고 믿는 인디언 조상의 영혼처럼 말이다. 마니투는 어느 곳에나 있다. 이처럼 지나간 것도 현재의 한가운데 여전히 존재한다. 나무의 나이테가 새로 생기더라도 옛 나이테가 사라지지 않듯이 할아버지는 마음속으로 자신이 아직 어린 소년인 것 같은 느낌이 자주 든다. 마치 러시아의 목각 인형처럼! 많은 껍질 속에는 소년이 여전히 숨어 있다. 이것을 아는 사람은 아내뿐이다. 현재에 지난 모든 것이 있다. 여전히 그 안에 있다. 여전히 아이들의 웃음소리를 들을 수 있는 것처럼. 그런데 어른이 된 아들이 똑같은 웃음을 지으며 어릴 때와 같은 곱슬머리로 갑자기 문을 열고 들어오면 이상한 느낌이 든다. 아들은 방금 정원에서 떠들며 놀았는데! 혹은 딸이 쌍둥이를 데리고 올 때도 그렇다. 딸은 조금 전 인형놀이를 하고 있었는데! 사람은 모든 것을 의식 속에 간직한다. 이렇게 해서 아내도 언제나 젊다. 인생의 굴곡을 지나는 동안 동행하고 사랑스러운 아이들과 손자 손녀를 안겨 준 아내도 할아버지의 의식 속에 있다. 인생은 여전히 멋진 모험이라고 할아버지는 감사하며 생각한다. 하지만 이를 위해서는 무언가를 해야 한다!

"신이 너희의 자녀들을 축복하리라."

할아버지는 문득 이 말이 떠올랐다. 이 말을 어디서 들었을까? 하지만 이것은 틀린 말이다. 잘못된 상상을 일으키기 때문이다.

그것은 말하자면 운이 좋아(아니면 운이 나쁠 경우에도) 하늘로부터 받는 단순한 축복이 아니다. 축복을 받으려면 무엇인가를 해야 한다. 노력해야 한다. 예를 들면 아이들이 사고하도록 격려해야 한다. 그리고 사랑이란 그냥 소유할 수 없는 것이다. 사랑은 그냥 존재하지 않는다. 언젠가는 변한다. 저절로 깊어지지도 않는다.

인생은 인생 그 자체만으로 충분하지 않다. 훌륭하고 인간적이며 뭔가 결실을 거두는 그런 인생이어야 한다. 할아버지는 평소처럼 낮잠에 빠져들었다.

낡은 다락방

할아버지 집에는 텔레비전이 없다. 라디오와 신문뿐이다. 독일 신문과 프랑스 신문. 대학에서 프랑스어를 배운 할아버지는 아직 번역되지 않은 새로운 프랑스 철학자들의 책도 읽을 수 있다. 할아버지는 사물을 볼 때 적어도 두 면을 고려해야 한다고 항상 말한다. 할아버지는 조용히 책을 읽으며 생각하고 싶다. 그리고 텔레비전 때문에 아이들이 스스로 생각하는 능력을 잃어버린다고 분노한다. 아니, 적어도 다른 사람이 정한 대로만 생각한다고 말한다.

텔레비전에서는 사물의 피상만 보고 그저 오락이나 배울 뿐이다. 끝없는 게임과 퀴즈, 토크쇼, 멜로 드라마의 내용은 언제나 똑같다. 누구나 내용을 예측할 수 있다. 한마디로 텔레비전은 상상력을 죽인다! 할아버지는 언제나 그렇다고 확신한다.

그러나 적어도 할아버지의 딸은 텔레비전의 해를 입지 않았다. 어린이 책을 쓰는 소피아는 항상 새롭고 독창적인 이야기를 생각해 낸다. 글과 그림 속에서 모든 사람이 머무르고 싶은 세상을 만든다.

할아버지는 컴퓨터 게임도 싫어한다. 사람이 게임을 하는 것이 아니라 게임이 사람놀이를 하는 것이다. 프로그램의 시간 틀에서만 반응해야 하다니. 필은 할아버지가 컴퓨터 게임의 재미를 깨닫도록 애를 써 보았지만 할아버지는 그것을 이해하지 못했다.

텔레비전은 없다! 그렇다면 방학을 어떻게 보내야 할까?

늦은 오후 자전거 소풍을 마치고 집으로 돌아온 필과 펠리는 다락방에 재미있는 물건이 있다는 할머니의 말이 생각났다. 카니발 의상과 인형의 집!

날이 곧 어두워질 텐데 다락방에는 전기가 들어오지 않는다. 필은 자전거를 다시 헛간에 세워 놓고 오래된 석유 램프를 들고 왔다. 나무로 만든 다락방 계단은 위층 구석에 있다. 필과 펠리는 다락방 계단을 올라갔다. 녹이 슨 큰 열쇠를 구식 자물쇠에 꽂고 두 번 돌려서 문을 열었다. 다락방 문이 끼

익 소리를 내며 열렸다. 그 안은 완전히 다른 세상이다. 거치적거리고 쓸모없지만 버리기는 아까운 물건이 모두 이곳에 있다. 그러나 어쩌면 언젠가 또 필요할지 모른다. 예를 들어 먼지가 수북이 쌓인 탁자 위에는 옛날에 소피아 고모가 갖고 놀던 인형의 집이 놓여 있다. 고모의 쌍둥이 아들은 분명 인형의 집에 관심이 없을 것이다.

사실 펠리는 관심이 없는 이유를 이해할 수 없다! 생각해 보면 사내 아이들도 소꿉놀이를 하지 않는가! 그리고 인형의 집 놀이도 '가족'놀이다.

짙은 갈색 나무로 만든 인형의 집 지붕은 연한 널빤지로 되어 있다. 할머니는 지붕 널빤지를 하나씩 힘들게 붙였다. 1층에는 부엌과 거실이 있고 계단을 올라가면 부모 방과 아이 방 그리고 욕실이 있다. 할아버지 집과 똑같다! 아빠와 엄마, 아들과 딸 인형도 있다. 이야기를 꾸며 대며 시끌벅적 가족놀이를 할 수 있다.

심부름이 하기 싫은 아이들은 침실에 숨을 수도 있다. 펠리는 부엌에 있는 낡은 레인지와 목욕물 데우는 욕조 딸린 난로가 가장 근사하다는 생각이 들었다. 인형을 갖고 놀기에 나이가 조금 많지만 펠리에게는 모든 것이 아주 흥미롭다. 여기서는 가구의 위치도 바꿀 수 있다! 펠리는 가구에 쌓인 먼지를 말끔히 털어 내기로 마음먹었다. 색이 변한 벽지 위에 선물 포장지를 붙이고 나면 양탄자도 짤 수 있다.

이제는 정말 날이 어두워지는 것 같다. 모든 것이 신비하고 마술에 걸린 것처럼 보인다! 그림자는 점점 어두워지고 석유 램프의 약한 불빛만 흔들리고 있다. 곳곳에 거미줄이 처져 있고 먼지가 쌓여 있다. 뒤죽박죽 어지러운 다락방에는 어린이용 의자가 딸린 — 떨어질 염려가 없다 — 낡은 흔들목마가 있다. 목마에는 말총으로 만든 긴 꼬리가 달려 있다. 선반에는 아버지와 고모가 갖고 놀던 보드 게임이 가득하다. 먼지를 털어 내면 아직 꽤 쓸 만하다. 그 가운데에는 필과 펠리가 모르는 게임도 있고 설명서가 들어 있지 않은 게임도 있다. 설명서 없이도 게임의 법칙을 알 수 있을까? 아니면 스스로 의미 있는 법칙을 생각해 낼 수 있을까? 할아버지와 할머니가 예전에 쓰던 물건이 가득 든 옷장도 있다. 천막 천으로 된 옷장은 지퍼로 여닫을 수 있다. 그 안에는 오늘날 아무도 입지 않을 아주 이상한 옷도 있고 할머니의 웨딩드레스도 들어 있다. 할머니는 웨딩드레스를 절대 다른 사람에게 주려고 하지 않았다.

필은 아버지의 물건이 담긴 종이상자를 발견했다. 상자 위에는 아버지의 이름이 쓰여 있다. 뚜껑을 여니 오래된 교과서와 공책이 보였다. 지금은 아주 깔끔한 아버지가 이렇게 뒤죽박죽 해 놓은 사실이 놀랍다. 아버지는 글씨만 더 나빠진 것 같다.

그리고 수학 공책에는 숙제만 있는 게 아니었다. 바보 같은 말이나 놀이에 쓰는 그림들이 그려져 있다. 아버지는 모범생이 아니었던 것 같다.

정말 재미있다! 필과 펠리는 학생이었던 아버지의 모습을 상상할 수 없었는데 여기서는 그 모습이 갑자기 손에 잡힐 듯 생생하다. 아버지도 언젠가 필과 펠리와 똑같은 나이에 학교에 다녔고 항상 착한 것만은 아니었다니. 다락방에는 이 밖에도 낡은 석판과 조그만 칠판 지우개가 든 필통 그리고 할머니가 만든 것 같은 석판 닦는 천이 있다. 요즘은 석판을 더 이상 쓰지 않는다. 필은 사실 이것이 무척 아쉽다.

필은 짧은 바지를 입고 책가방을 멘─석판 닦는 천은 항상 가방 밖으로 매달려 있어야 했다. 왜 그랬을까?─아버지를 상상하자 웃음이 나왔다.

그런데 지금 병원에 누워 있는 아버지는 웃을 일이 없다. 아버지는 내일 수술을 받는다. 어머니는 많은 의사가 아버지를 잘 보살피기 때문에 걱정할 것 없다고 전화를 걸어 말했다. 필은 한숨을 내쉬고 램프를 들고 카니발 의상이 담긴 상자를 찾았다. 이곳에는 아직 에나멜 오븐과 오래된 빵틀이 있다! 그 가운데에는 부활절마다 할머니가 구워 주던 어린 양(부활절 일요일 아침 식탁에 오르는 어린 양 모양의 빵*) 빵틀도 있다. 필과 펠리는 빵이 어떻게 항상 똑같은 모양인지 전부터 이상하다고 생각했다! 반죽을 빵틀에 넣어 똑같은 빵 모양이 나타나는 것이었다. 필은 성탄극 놀이 의상이 든 낡은 가방을 발견했다. 아버지와 소피아 고모가 함께 성탄극에 출연했을 때 입은 것이었다. 마리아와 요셉과 목자들. 물론 세 동방박사의 의상이 가장 화려하다. 필은 목자의 오래된 긴 털가죽 외투를 입어 보았다. 어둠침침한 불빛 속에서 램프를 손에 든 필은 꽤 진짜처럼 보였다. 펠리는 필의 모습을 보고 웃음이 터져 나왔다.

펠리는 머리에 커다란 금관을 써 보았다. 두껍고 딱딱한 금박지 왕관에는 여러 가지 색의 돌이 붙어 있다. 금실이 달린 갈색 망토를 걸치자 펠리는 자신이 아주 중요한 사람이 된 느낌이 들었다. 펠리는 더 위엄 있게 몸을 움직이며 진짜 왕이 된 기분을 느꼈다. 옷이 날개라! 펠리는 자비를 베푸는 듯 손을 내밀었다. 옷으로 사람의 성격도 바뀔까? 아니면 펠리는 언제나 펠리일까? 할머니가 뭐라고 했지? 모든 것은 한 사람 속에 들어 있다고?

마침내 펠리는 옛날 카니발 의상이 든 상자를 찾아냈다. 그런데 뚜껑이 너무 무거워 열 수 없었다.

펠리는 오빠에게 도움을 요청했다. 지팡이를 든 필, 아니 목자 필은—아니면 할아버지가 짚고 다니셨던 니콜라우스

주교의 지팡이일까? ─ 펠리에게 다가오더니 상자 옆에 석유 램프를 내려놓았다. 필은 펠리와 함께 상자 뚜껑을 열고 안을 뒤졌다. 상자에는 익히 아는 옷이 들어 있다. 빌려 입은 적이 있기 때문이다. 필은 인디언 추장 옷을 발견하고 깃털 장식을 머리 위에 써 보았다.

상자에는 여러 가지 색의 깃털로 꾸민 평화의 담뱃대(인디언들이 백인과 강화를 맺을 때 피우던 담뱃대*)도 있다. 인디언 털가죽 외투는 당연히 더 이상 몸에 맞지 않았다.

펠리는 망토를 벗고 환호를 지르며 공주 의상을 꺼냈다. 필이 애꾸눈 해적 선장의 안대를 하고 ─ 깃털 장식과 어쩐지 어울리지 않는다. 하지만 인디언 해적도 있을 수 있으니까! ─ 이에 걸맞은 플라스틱 칼을 공중에 휘두르는 동안, 펠리는 코르셋 모양의 분홍색 조끼를 티셔츠 위에 입어 보았다. 공주가 쓰는 작은 왕관은 어디 있지? 분명 어디 있을 텐데. 커다란 왕관은 펠리가 허리를 굽혔을 때 이미 상자 안으로 떨어졌다. 이것도 공주에게는 어울리지 않는 왕관이다. 펠리는 상자를 뒤적였다. 상자 안에는 광대, 중국 남자, 삐삐, 네덜란드 여자 ─ 나무 신발도 있을까? ─ 그리고 마술사가 있다! 옷이 말이다.

필은 신이 나서 까만 망토와 끝이 뾰족한 까만 모자를 집어 들었다. 할머니가 검은 판지로 만들어서 은박지를 붙인 것 같다. 망토도 반짝반짝 신비로운 빛이 났다.

마술사의 지팡이도 있다. 양 끝을 투명하게 칠한 지팡이에는 번쩍거리는 장식이 붙어 있다.

어깨에 망토를 걸치고 머리에 뾰족한 모자를 쓴 필은 지팡이를 이리저리 흔들어 대며 어떤 주문이 어울릴지 생각했다. 마법사는 정말 있을까? 마법사란 대체 어떤 사람일까?

마법사 필은 허공에다 지팡이로 독특한 동그라미를 그리면서 마법의 주문을 중얼거렸다.

아직까지 공주 왕관을 찾고 있는 펠리는 진짜 공주가 된 듯한 느낌이 들었다. 이렇게 쉽게 자신이 다른 사람이 될 수 있다니! 필이 요술을 부린 것일까?

펠리는 상자 안으로 몸을 점점 깊이 굽혀 맨 밑에서 왕관을 찾아 헤맸다.

이때 상자 바닥에서 책 한 권을 발견했다. 낡고 신비롭게 생긴 책은 금속으로 만든 잠금장치 두 개로 잠겨 있다.

"맞아! 이건 마법의 책이야! 진짜 마술사에게는 마법의 책이 필요하니까!"

펠리가 큰 소리로 환호했다. 펠리 공주는 상자 안에서 왕관 대신 꺼낸 책을 들고 쓰다듬었다. 그리고 잠금장치를 열려고 했지만 녹이 슬어서 쉽게 열리지 않았다.

"아마 오랫동안 이 안에 들어 있었나 봐. 분명 아주 오래된 책일 거야. 진짜 마법의 책일까? 어떻게 알 수 있지?"

펠리가 말했다.

"허튼소리 하지 마. 그런 것은 없어."

필이 대꾸했다.

"모두 속임수야. 호쿠스포쿠스(Hokuspokus. 마술사의 주문. 우리말의 '수리수리 마수리'와 같음*)! 그건 그렇고 호쿠스포쿠스는 마술사에게 어울리는 이름인걸? 라틴어처럼 들려! 호쿠스는 이름일까? 무슨 뜻이지?"

"어쨌든 포쿠스는 이상한 성(姓)이야. 그런 성을 가진 사람은 본 적이 없어."

펠리는 대답하며 신비스러운 책을 펼쳤다. 책은 어두운 색깔의 아마(亞麻)로 제본되어 있다. 램프의 어스름한 빛으로 많은 것을 알아볼 수 없다. 불빛이 희미하게 깜박거려서 석유를 다시 채워야 했다. 책의 겉면에는 알 수 없는 상징이 그려 있고 안쪽 면에는 아무것도 없이 텅 비었다. 혹시 여기에 마법의 주문이 적혀 있을까?

"내일 다시 와서 보자."

펠리 공주가 말했다.

필과 펠리는 이 이상한 책을 자세히 보러 다시 오기로 결정하고 다른 사람이 발견하지 못하도록 다시 상자 맨 아래에 넣은 뒤 옷으로 감췄다.

무서운 꿈

다음날 아침 필과 펠리는 잠에서 일찍 깨어났다. 펠리는
모험하는 꿈을 꾸었다. 처음에는 모든 것이 진짜 같았다. 꿈
에서 책을 폈다. 책 안에서 또 책이 나왔다. 책 속의 책! 책이
또 책을 낳을 수 있을까?

책에서 나온 책에서는 마법사가 등장해 지팡이를 휘둘렀
다. 지팡이 끝에서 작은 불꽃이 반짝거렸다.

"안녕? 내 이름은 포쿠스야. 무엇을 만들어 줄까?"

마법사는 자신을 소개한 뒤 이렇게 말했다.

"아빠를 다시 건강하게 만들어 줘!"

펠리가 대답하며 마법사의 얼굴을 보려 했지만 아무것도
알아볼 수가 없었다. 얼굴이 너무 어두웠기 때문이다. 겁이

났다! 펠리는 깜박거리는 불꽃이 무서웠다.

"넌 누구니? 사람이니?"

겁을 먹은 펠리가 외쳤다.

"나는 나야."

포쿠스는 의미심장한 말을 했다.

어디서 들은 말일까? 이렇게 이해할 수 없는 대답을 하다니 고약하다! 그것이 대답인가? 펠리는 마법사의 얼굴을 아직도 알아볼 수 없었다. 너무도 겁이 나서 마치 이상한 나라의 앨리스처럼 깊은 구멍 속으로 빠지는 느낌이 들었다. 펠리도 앨리스처럼 작아질까? 어쨌든 마법사는 점점 커지는 것 같았다.

펠리는 아주 작아지는 느낌이 들었다. 신발에 밟히지 않도록 조심해야 할까? 정신을 완전히 잃어버릴 것 같았다.

"살려 주세요! 제 몸이 작아졌어요."

펠리가 소리쳤다.

그러나 펠리의 목소리도 작아졌다면 분명 아무도 들을 수 없을 것이다. 펠리는 아무도 자신을 볼 수 없을 거라고 생각했다. 펠리를 알아보는 사람이 있었을까? 아무도 없을 것 같다. 펠리는 물론 아직 여기 존재한다. 하지만 아무도 펠리가 여기 존재한다는 사실을 모를 것이다! 펠리에 대해서 아는 사람은 펠리 자신뿐이다. 이렇게 현실에서 사라져 버릴 수 있을까? 펠리는 자기 존재를 더는 알릴 수 없었다. 그리고 다른 사람들은 머지않아 펠리가 존재했다는 사실조차 모를 것이다. 펠리는 절망했다. 마법사가 마법을 걸었을까? 아니면 그저 자신의 능력을 보이려고 했을까? 마법사의 마법을 푸는 마법이 있는지 모른다. 하지만 만약 마법사가 마법을 잊어버리고 이제 아주 조그맣게 변한 펠리를 기억하지 못한다면? 펠리는 필요한 마법의 주문을 마법의 책에서 스스로 찾아내야 했다. 그런데 어떻게 하면 주문을 찾아낼 수 있을까? 이렇게 크고 무거운 책의 책장을 어떻게 작은 손으로 넘길 수 있을까? 펠리는 두려웠다.

이때 휘파람 소리가 들렸다. 이것은 또 뭐지?

어쩌면 펠리에게는 자신이 모르는 힘이 있는지 모른다. 다시 커지기 위해서 마법사를 작아지게 만들 수 있을까? 알라딘도 램프에 요정을 다시 넣을 수 있었다! 마법사를 책 속으로 돌려보낼 수 있을까? 그러면 마법사는 또 다른 현실에 존재할 것이다. 그리고 더 이상 펠리를 위협하지 않을 것이다. 휘파람 소리가 점차 커졌고 그때 펠리는 잠에서 깨어났다.

휘파람은 할머니가 매일 아침 허브 차를 끓이는 주전자에서 나는 소리다.

펠리는 눈을 비비며 마음을 놓았다. 더 이상 어둡지도 않고 몸도 작아지지 않았다. 밖은 이미 환하게 밝았다. 펠리는 고모의 침대 위에 앉아 있다. 몸에는 변함이 없다. 몸은 그 사이 어디 있었을까? 펠리는 팔을 만져 보았다. 꿈에서 팔은 작았다. 어쩌면 마법사가 커졌기 때문에 팔이 작아진 느낌이 들었는지 모른다. 펠리의 몸은 계속 지금 느낌과 같은 상태였던 것 같다. 하지만 그것을 어떻게 알 수 있을까? 사실은 추측하는 수밖에 없다. 진짜 세상은 무엇일까? 머릿속에 있을까, 머리 밖에 있을까? 펠리가 느낀 무서움은 아주 생생했다. 그런데 지금은 모든 것이 사실이 아닌 것 같다. 물 주전자에서 나던 휘파람 소리는 그 사이 그쳤다. 펠리는 휘파람 소리 때문에 잠에서 깨어났을까? 아니면 이 소리도 꿈에서 들었을까? 개 짖는 소리가 들렸다. 덮고 있는 이불을 마치 꿈을 꾸듯이 바라보았다. 빨간색과 하얀색으로 이루어진 바둑판 무늬는 진짜 같다. 손으로 만져 보았다. 창을 통해 아침 햇살이 쏟아졌다.

어쩌면 꿈의 세계와 낮의 세계는 모두 실제일는지 모른다. 그렇다면 현실이 여러 개 존재한다는 말인가? 현실에서 빠져나와 다른 현실로 쉽게 갈 수도 있을까? 펠리는 이불 속에서 나와 옷을 입고 고양이 세수를 했다. 감독하는 어머니도 없다. 그리고 방학이다. 펠리는 부엌으로 가기 위해 청바지와 블라우스를 입고 운동화를 신었다. 그리고 머리를 간단히 빗은 뒤 계단을 뛰어 내려갔다.

할머니

아침식사 후 할아버지는 칸트와 함께 '한 바퀴' 돌았다. 할아버지는 산책을 이렇게 표현한다. 할아버지에게 산책은 오래된 생각을 머릿속에서 떨어내는 일이다. 산책하면 기분이 좋아진다. 할아버지는 칸트가 그 기회를 만들어 주어서 기쁘다. 이렇게 상쾌한 아침에 할 수 있는 게 있다니 매우 놀라운 일이다. 물론 칸트도 뚱뚱해지지 않도록 바람을 쐬어야 한다. 평소 할아버지는 저녁 산책을 좋아하지만 오늘은 닭을 키우는 이웃집에서 달걀을 사오라고 할머니가 부탁했다.

필과 펠리는 할머니가 설거지하는 것을 도왔다. 설거지를 마친 뒤 할머니는 필과 펠리에게 커다란 그릇을 주면서 정원에 있는 버찌를 따 오라고 시켰다. 점심으로 과일을 넣은 팬

케이크를 먹을 생각이다. 필과 펠리는 버찌나무 기둥에 세워진 사다리를 타고 올라가도 된다.

"버찌가 남으면 잼을 만들어 주마."

할머니가 즐거운 목소리로 필과 펠리를 향해 크게 외쳤다.

"물론 따 먹어도 되고."

신이 난 아이들은 버찌나무 위로 올라가 그릇과 자신의 배를 두둑이 채웠다. 하지만 얼마 뒤 필과 펠리는 다락방에 있는 마법의 책이 다시 생각났다.

"다락방에서 놀게요."

필과 펠리는 버찌를 부엌에 갖다 놓으며 말했다. 펠리는 버찌 한 쌍을 귀고리처럼 귀에 걸었다.

"할머니, 다락방에 과자 좀 가져가도 돼요?"

아이들은 할머니가 실험적으로 만든 과자 한 통을 받아 들었다.

"어떤 과자가 맛있는지 말해 주렴."

할머니가 뒤에서 소리쳤다. 아이들이란 다 그렇지. 할머니는 생각했다. 언제나 떠나도록 두어야 하는 법이야. 인생이란 이별이니까.

할머니는 아버지와 고모가 집에서 독립할 때 무척 힘들었다. 그리고 이제 손자 손녀가 있어서 정말 행복하다고 생각한다. 할머니는 사색하는 편은 아니다. 다만 가끔 모든 것은 항상 반복된다고 생각한다. 출산 직전에 잃은 아이만 할머니를 떠난 적이 없다. 아이는 상상 속에서 언제나 변함없다. 8개월. 얼굴을 본 적이 없지만 아이는 할머니의 생각 속에서 항상 아주 가까이 자리 잡고 있다. 그 아이는 더 이상 자라지 않았다. 그러나 다른 아이들이 성장하고 총명한 사람이 되어서 이 세상에 있는 자기 자리를 찾아내는 모습을 바라볼 수 있어 좋다.

할머니는 다시 명랑해졌지만 슬픔에서 완전히 벗어나지는 못했다.

얼굴이라도 볼 수 있었더라면!

슬픔을 억누르는 법은 배웠지만 슬픔은 항상 제자리에 있다. 아들이었다. 하지만 나중에 아들을 또 낳지 않았나. 원래 할머니는 시끄럽게 울어 대고 사람을 피곤하게 만드는 아이들을 좋아하지 않았다. 그러나 자식을 통해 생명의 기적을 보는 눈이 생겼다. 자식이 없었다면 불가능한 일이었다. 할머니는 본디 모성이 강하지는 않았지만 자식에게서 행복과 기쁨을 얻었다. 자식을 낳기 전에는 상상할 수 없던 힘이 생겨났다. 좋은 어머니가 되었다. 몸 안에서 자라는 생명을 느낄 때마다 인생의 한가운데 선 느낌이 들었다. 자식에게 자신이 얼마나 중요한 존재인지를 알기 때문에 많은 일을 극복할 용기가 생겼다. 할머니에게도 자식이 중요했다. 자식은 인생의 새로운 단면을 열어 주었다. 자식이 아니었다면 불가능한 일이었다. 모든 것을 항상 아이의 눈으로 새롭게 보는 법을 배운다는 것은 멋진 일이었다. 당연한 일이란 없었다. 걱정이 있어도 감사했다. 그것은 어쩌면 더 큰 기쁨을 느끼기 위해 필요한 일이었는지 모른다.

부부 관계도 항상 순조롭지만은 않았다. 할아버지는 화를 참지 못했다. 비록 직장 동료들은 할아버지가 어려움이 있어도 꿋꿋한 사람이라고 생각했지만 할아버지는 때로 성질이 몹시 괴팍했다. 할머니가 할아버지의 도움이 급히 필요할 때 할아버지는 책을 읽거나 교정하는 일에 빠져 있었다. 이렇게 할머니는 외로울 때가 많았다.

그렇지만 불평할 일은 많지 않았다. 할아버지는 좋은 사람이고 두 사람의 사랑에는 오랜 세월이 지났어도 여전히 생기가 있다. 남자들이란! 문제는 어리석은 교육에 있다고 할머니는 생각한다. 두 아이를 똑같이 대하고 두 아이한테 똑같은 일을 맡기려고 할머니는 항상 노력했다. 사람이란 신뢰를 받으며 성장하는 거라고 할머니는 생각한다. 예를 들어 소피아는 장작 패기를 좋아했다. 춥고 어두운 날에는 마음을 따뜻하게 해 주는 벽난로에 장작을 때야 했다. 소피아는 땔감나무의 향기를 매우 좋아했다. 그리고 루츠는 언제나 할머니의 요리에 관심을 보였고 할머니는 아들의 이런 관심을 지지해 주었다. 혹시 교육 말고 다른 원인이 있는 것이 아닐까? 남자와 여자는 본래 다를까? 할머니는 자신에게 섬세한 감각이 부족하다고 종종 생각했다. 자신에게 부족한 점을 남자에게서 발견했을까? 생각이 깊으면 풍부한 감정을 경험하기가 어려운 걸까?

그러나 감사해야 한다. 완벽한 행복이란 없다.

서로 떨어지지 않고 그저 함께 살 뿐, 서로 할 말이 없는 다른 부부와 비교한다면 할머니는 가진 것이 정말 많다.

할아버지는 항상 집안일을 도와주려고 노력했다. 이는 당시 결코 당연한 일은 아니었다. 할아버지는 할머니가 가족을 위해 헌신하는 모습도 보았다. 이상하다. 겉모습은 늙었지만—슬프게도 노화의 징조는 어쩔 수 없다—할머니의 마음은 여전히 소녀 적 마음과 같다. 이 마음은 여러 껍질에 싸였지만 아직까지 그곳에 있다.

마지막까지 행복하다면 얼마나 좋을까! 할머니는 생각한다. 설령 변한다 해도 우리는 우리 자신으로 남는다. 할아버지는 원래 머리숱이 많았지만 할머니는 그런지도 몰랐다. 머리숱이 눈에 띄지 않게 점점 적어졌기 때문이다. 옛날 사진을 봐야만 알 수 있었다. 사랑이란 얼마나 많은 시련을 이겨내야 하는 것인지!

모발의 성장이 둔화하는 것은 분명 작은 시련 가운데 하나다. 처음에 멋진 외모에 반했다면 그 모습과도 작별해야 한다. 그러나 사랑은 점점 깊어지지 않았나. 사실 어려움을 이겨 낼 때마다 사랑은 더 깊어지고 외적인 것은 사소해진다.

그리고 할아버지는 장점이 많다! 바람에 이리저리 흔들리는 빈 껍질이 아니다. 언제나 정상에만 있으려는 많은 사람들처럼 상황에 순응하지 않는다. 할아버지는 인생에 의미와 가치가 있다고 생각한다. 그리고 이 본질의 의미를 전달하려고 항상 노력했다. 스스로 생각하고 본질의 의미를 발전시키는 것, 이것이 바로 할아버지의 신조다.

할아버지에게는 아내와의 관계도 중요하다. 그런 점에서 할머니는 할아버지를 사랑한다. 그런데 여자가 남자보다 본질에 조금 더 가까운 것은 아닐까? 비록 여자가 본질에 대해 덜 이야기하거나 글을 덜 쓸지라도. 인생은 계속되고 할머니는 그 인생의 일부다. 인생에 기여했고 여전히 기여하기 때문이다. 할머니는 인생에 완전히 사로잡힌 느낌이 든다. 인생을 전보다 훨씬 깊이 즐길 수 있다. 할머니는 겉으로만 둥글어진 것이 아니다.

이상한 책

필과 펠리는 담요와 과자 통을 들고 낡은 다락방 계단을 오른 뒤 오래된 열쇠를 돌려서 다락방 문을 열었다. 다락방 은 어제 저녁 때 모습과 완전히 다르다! 천장의 창을 통해 밝은 빛이 가득 쏟아지고 다락방 한쪽은 흐릿한 빛살에 잠겨 있다. 빛살 속에서 고운 먼지가 춤을 추었다. 빛이 다락방 바닥에 밝은 사각형을 만들어 놓은 곳에 필이 담요를 펼쳤다. 마루는 맨바닥에 앉기에 너무 불편하다. 펠리는 상자가 있는 쪽으로 달려갔다. 상자 옆에 놓인 해적의 칼을 들고 뚜껑을 힘겹게 연 뒤 옷 아래에 있는 무거운 책을 꺼냈다. 빛살 속 담요 위에 앉은 필과 펠리는 과자 통을 사이에 놓고 책의 잠금 장치를 열었다. 햇살이 비쳐 책 표지에 그려진 비밀스러운 상징도 이제 잘 보인다. 구불구불 뱀처럼 생긴 것이 자기 꼬리를 물고 있다. 이것은 대체 무엇일까? 펠리가 책을 펼쳤다.

"어디, 마법의 책인지 한번 보자."

펠리가 말했다.

맨 앞쪽에는 제목만 쓰여 있다.

펠리가 읽었다.

"철학 우화."

펠리는 이제 무엇이 나올지 궁금하다. 마법의 책은 아닌가? 책장을 넘겼다. 다음 쪽에는 가운데에 한 문장만 쓰여 있다. 마치 수수께끼 같다. 마법의 주문일까? 필과 펠리는 함께 읽었다.

네 자신의 오성(惡性)을 사용할 용기를 가져라.

—칸트

"뭐? 칸트가 책을 썼어? 개가 어떻게 책을 쓰지?"

펠리는 멍청한 말을 했다.

"이건 철학자의 이름이야. 칸트는 철학자 칸트의 이름을 따서 지었잖아. 골똘히 생각하는 철학자처럼 자꾸 이맛살을 찌푸리니까."

"누가? 칸트가?"

"아니, 우리 칸트 말이야!"

필이 웃었다.

"아하!"

펠리는 책장을 계속 넘겼다.

"자신의 오성…… 그런데 왜 여기에 용기가 필요하지?"

펠리가 필에게 물었다.

그러나 필은 펠리가 한 말을 듣지 못했다.

"이것은 마법의 책이 아니라 이야기책인 것 같아."

다음 쪽에 차례가 나와 있다.

"우아, 모두 서른 가지 이야기야!"

펠리가 환호했다.

"한 달 동안 매일 하나씩! 방학이 지루하지 않겠는걸!"

"이상한 책이야."

필은 책장을 계속 넘기며 놀란 표정을 지었다.

"이것 봐, 여기에는 이야기와 그림이 있는데 그 사이에는 빈 종이와 빈 그림틀이 있어! 이런 책은 본 적이 없는걸. 이야기 뒤는 모두 비어 있어! 누가 이런 걸 만들었을까?"

"옛날에는 글자가 있었는데 어떤 사람이 읽어서 없애 버렸는지 몰라. 아니면 날아가 버렸는지도 모르지!"

펠리가 말했다.

어머니는 언젠가 악보의 음표를 불러서 모두 없애 버린 여자 이야기를 읽어 준 적이 있다. 소리를 낼 때마다 음표가 사라진다. 하지만 이것은 지어 낸 이야기일 뿐이다. 이야기를 지은 사람은 포(Po)라던가, 그와 비슷한 이름이었다.

펠리는 종이가 비어 있는 이유가 궁금했다.

"왜 빈 종이일까?"

이상하다. 그때 문득 떠오르는 것이 있다.

"이건 시집이나 할아버지의 방명록과 같은 거야!"

펠리는 곰곰이 생각하다가 갑자기 큰 소리로 말했다.

"빈 곳에 무언가를 써 넣는 거야!"

"맞아!"

필이 소리쳤다.

"그래야 처음 문장과 뜻이 통하지!"

펠리는 맨 앞 장을 다시 펴서 천천히 읽었다.

"네 자신의 오성을 사용할 용기를 가져라! 무슨 뜻일까? 끝나지 않은 이야기를 어쩌면 우리가 완성해야 하는지도 몰라!"

"한번 보자."

필과 펠리는 첫 번째 이야기를 읽기 시작했다.

우물 안 개구리

옛날 옛날에 아주 깊은 우물이 있었습니다. 우물 속 바닥에는 개구리 한 마리가 혼자 살고 있었습니다. 개구리가 올려다보면 하늘이 보였습니다. 아하, 하늘은 둥그렇구나. 개구리는 생각했습니다. 그렇다면 하늘 뒤에는 무엇이 있을까? 아니면 내가 그저 꿈을 꾸고 있는 걸까? 이상해. 난 내가 존재하는지 존재하지 않는지 몰라. 하지만 누가 그걸 알 수 있을까? 슬픈 개구리는 쓸쓸하게 개굴개굴 울었습니다.

이때 멀리서 다른 개구리의 울음소리가 들려왔습니다. 아하, 우물 안 바닥에 나처럼 외로운 개구리가 또 한 마리 있구나.

"난 정말 존재할까? 하늘은 둥그런 원반일까?"

개구리는 개굴개굴 울었습니다.

"물론이야. 난 그렇다고 확신해."

다른 개구리가 대답했습니다.

"나는 운다, 고로 나는 존재한다. 만약 누가 네 울음소리를 듣는다면 너는 분명 실재하는 거야. 존재한다는 건 지각한다는 거지! 그렇기 때문에 하늘도 네가 보는 대로야. 나도 하늘을 그렇게 보고 있어. 하늘은 우리 우물 위에 뚜껑처럼 덮여 있어! 그런데 때때로 물이 새는 것을 보니 뚜껑에 구멍이 났나 봐. 나도 하늘 뒤에 무엇이 있는지 궁금해. 우리가 똑같은 생각을 하는 것은 분명 우연이 아닐 거야. 사실은 틀림없이……."

이때 어디서 다른 우물 안 개구리가 끼어들었습니다.

"내가 너희의 말을 들었다니, 그건 그저 상상일지도 몰라! 이런 어둠 속에서는 환각에 빠져 버리지! 우물 뚜껑이 아름답게 빛나는 걸 빼고는 난 관심이 조금도 없어. 내가 궁금한 문제는 전혀 다른 거야. 개구리는 모두 우물 안 개구리일까? 아니면 우리보다 더 많은 걸 보는 개구리가 있을까? 내가 확실히 아는 건 딱 하나야. 내 우물의 한계가 내 세상의 한계란 사실. 다른 것에 대해서는 말할 수 없어. 말할 수 없는 것에 대해서는 침묵해야 해. 개굴개굴."

이제 우물 안 개구리 세 마리는 비록 서로 아주 다르지만 똑같은 언어로 말하고 서로 이해할 수 있다는 사실에 놀랐

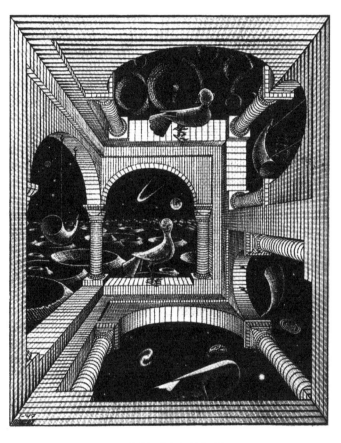

관점을 바꿀 수 있을까?

습니다. 그리고 존재하는 까닭과 지루한 존재의 의미에 대해 자문했습니다.

"우리의 존재 의미는 삶에 대해 더 많이 이해하는 데 있는지도 몰라."

첫 번째 개구리가 말했습니다.

"난 아무 의미도 없다고 생각해. 왜 모든 것은 항상 논리적이어야 하지?"

세 번째 개구리가 물었습니다.

"한번쯤 아주 엉뚱해도 되지 않아? 우리가 스스로 의미를 생각해 낼 수 있잖아? 각자 다른 의미를, 아니면 아주 많은 의미를!"

"그렇지만 난 알아!"

두 번째 개구리가 흥분해서 울어 댔습니다.

"우리는 마법에 걸린 왕자들이야! 만약 황금 공이 우물 안에 빠지면 이 어둠에서 벗어나 빛으로 가득 찬 저 세상으로 갈 거야. 그것이 우리의 원래 삶이야. 참고 기다리면 돼."

"너나 오래 기다리세요! 그건 지어 낸 이야기일 뿐이야."

세 번째 개구리가 말했습니다. 개구리들은 이렇게 지혜를 나누고, 만일 아직 죽지 않았다면 오늘날에도 개굴개굴 울어 댈 것입니다.

"이런! 모두 일부만 보고 그것이 전부라고 생각해. 그리고 여럿이 똑같은 것을 보면 그것이 실제라고 생각해."

펠리는 어젯밤 꿈이 생각났다. 단지 혼자 꿈을 꾸어서 실제가 아닌 것일까?

펠리는 우물 뚜껑을 생각했다.

"개구리는 어떻게 우물 안으로 들어왔을까? 세상을 전혀 모르는 걸까?"

"글쎄, 우물 밖으로 나올 수 없으니까 자신의 세계만 알겠지. 우리처럼 차를 타고 잠깐 어디로 갈 수도 없잖아."

"우리가 잠시 우주로 날아갈 수 없는 것처럼 말이야."

펠리가 말했다.

"할아버지는 여러 관점이 모일 때 바른 그림이 나온다고 말씀하셨어."

필은 이상하다고 생각했다.

"그러면 이건 맞지 않잖아! 개구리들의 생각은 모두 틀렸어. 어느 개구리도 다른 개구리에게 틀린 생각을 일깨워 줄 수 없어. 어둠에서는 더 이상 아무것도 인식할 수 없으니까."

"역시 우리는 개구리보다 똑똑해."

펠리는 과자를 한 입 베어 물었다.

"인간도 알고 싶은 걸 항상 인식할 수는 없어. 그렇지 않다면 할아버지가 왜 생각을 그렇게 많이 하겠니?"

필은 생각에 잠겼다.

"그렇지만 사람들은 자신이 무엇을 안다고 항상 자신해!"

펠리가 큰 소리로 말했다.

"우리 선생님도 그래! 어떻게 사람들은 항상 그렇게 확신할 수 있을까?"

펠리는 카디건 주머니에서 몽당연필을 꺼냈다.

"이야기를 계속 쓸 수는 없겠어."

펠리는 비어 있는 면에다 이렇게 적었다.

사랑하는 개구리들아, 너희는 모르겠지만 어두운 우물 밖에는 너희가 모르는 화려하고 멋진 세상이 있단다. 너희가 그걸 알 리 없지! 우물 밖으로 나올 수가 없으니까.

세상 위에는 끝없이 넓은 하늘이 있단다. 너희는 그냥 믿으면 돼. 넓고 높은 하늘은 구멍이 뚫린 뚜껑이 결코 아니란다. 뚜껑이라고 생각하다니 정말 이상해!

만약 황금 공 때문에 왕자로 변할 수 있다고 믿는 개구리가 있다면, 그런 건 정말로 동화 속에만 나오는 이야기란다.

하지만 사실 너희도 이야기 속에 있으니까.

"할아버지 사전에서 오성의 뜻을 찾아봐야겠어. 우리더러 스스로 생각하라는 말 같아."

필이 펠리에게서 연필을 받아 이렇게 적었다.

의미란 무엇일까? 의미는 존재할까? 의미의 수는 많을까? 듣는 것을 다 믿을 수 있을까?

무엇을 어떻게 판단할 수 있을까? 많은 사람들이 믿는 것은 항상 진짜일까?

눈으로 보는 것이 실제의 전부일까?

잘못 생각한다는 걸 어떻게 알 수 있을까?

'야, 대단해! 오빠는 정말 똑똑한 것 같다. 이렇게 많은 질문을 생각해 내니!'

펠리는 감탄했다.

필의 질문은 빨리 대답할 수 없는 것이다. 생각할 것이 많다.

"어른과 똑같아. 어른들도 자기가 하는 말과 보는 눈이 맞다고 항상 말하잖아. 하지만 아이들의 생각은 다를 수 있어. 어른들은 믿을 수 없겠지만."

공주 의상을 다시 입은 펠리는 손에 든 낡은 노란색 테니스 공을 필에게 던졌다. 필이 놀라서 펠리를 쳐다보았다.

"이제 내가 너에게 키스를 하노니 너는 왕자가 되리라!"

펠리가 말했다.

"웩! 하지 마! 난 개구리가 아니잖아!"

필이 소리치며 벌떡 일어섰다.

"점심 먹을 시간이야! 배고파. 과자도 다 먹어 버렸어."

펠리는 책을 덮고는 상자 맨 아래에 책을 숨기고 뚜껑을 닫았다.

"오늘은 이만!"

필이 큰 소리로 말했다.

펠리는 텅 빈 과자 깡통과 담요를 집어 들었다.

"담요는 여기 놔둬. 매일 이곳에 와서 이야기를 읽자."

필은 이렇게 말하며 문 쪽으로 걸어갔다.

문을 열자 아래층에서 맛있는 냄새가 올라왔다.

"뭘 했는데 그렇게 조용했니?"

필과 펠리가 부엌에 들어서자 할머니가 물었다.

"다락방은 언제나 재미있는 곳이지요."

필은 이렇게 대답하며 밥을 맛있게 먹기 시작했다.

다른 세상으로 다시 오다

다음날은 비가 내려서 남매는 아침을 먹은 뒤 바로 다락방으로 올라갔다.

펠리는 소피아 고모 방에 있는 많은 그림책보다 다락방에 있는 우화집이 더 재미있게 느껴졌다. 어린이 책에 나오는 그림 가운데 마음에 드는 것도 있지만 대부분은 별로 마음에 들지 않는다. 그리고 이야기는 앞뒤가 맞지 않는 경우가 많다! 이런 책을 쓴 어른들은 아이들이 제대로 생각할 수 없다고 믿었는지 모른다. 책은 그림만큼 지루하고 재미없다.

그러나 스스로 상상하며 그림을 그리면 다르다. 펠리는 우물 안 개구리들을 마음속에서 그려 보았다. 상상으로 그린 그림은 스스로 만든 다른 세상이다. 이것은 오로지 펠리의 세상이다! 처음에는 분명하지 않지만 상상력을 조금 발휘하면 점점 뚜렷해진다. 그리고 스스로 그리기 때문에 절대 지루하지 않다. 문득 펠리는 빈 그림틀로 무엇을 해야 하는지 깨달았다! 그림을 그리는 것이다! 그러면 펠리가 상상한 그림이 종이 위에 그려질 것이다. 우물 안 개구리를 모두 그릴 수 있을까? 서로 다른 특성으로 그리는 일이 가능할까? 어려운 일이다. 개구리 세 마리에게는 저마다 자신의 세계가 있다! 서로 다른 세계가.

펠리는 학교에서 배운 미하엘 엔데의 시가 떠올랐다. 주제는 '다른 세상'이었다. 선생님은 우리가 다른 세상을 어떻게 상상하는지 물었다. 펠리는 이 다락방도 다른 세상이라고 생각한다. 어둡고 신비로운!

비가 내려서 다락방 안은 어제보다 훨씬 어둡다. 필은 낡은 석유 램프를 가져오기 위해 한 번 더 아래층으로 내려갔다.

"피곤해 보이는데 조금 쉬구려. 오늘은 내가 식사를 준비할 테니."

할아버지가 할머니에게 하는 말이 들려왔다.

정말 할머니는 잠을 잘 자지 못했다. 아버지는 오늘에야 수술을 받지만 할머니는 지난 밤 내내 잠에서 깨어서 아들을 생각했다. 아들은 의사다. 그래서 다른 사람보다 두려움이 조금 더 클까?

필은 램프를 들고 다시 다락방으로 올라갔다. 어제 할아버지 책장에서 찾은 철학 사전을 꺼내 와 펠리에게 읽어 주었다.

"오성. 여기 있다. 이론적 실제적인 특정 문제를 해결하는 데 쓰는 방법 (……) 인식과 실제 삶을 위해서 의미와 관계 그리고 의미의 상관 관계를 생각해 파악하고 규명하는 능력 (……)."

"헉, 그게 무슨 말이야?"

펠리가 물었다.

"왜 그렇게 복잡하게 썼을까?"

"글쎄. 뜻은 우리가 생각한 것과 비슷해. 생각을 해서 더 많은 것을 알게 되고 실제적인 문제도 풀 수 있다는 말이지."

필이 대답했다.

"그럼 시작하자!"

펠리가 큰 소리로 말했다.

필과 펠리는 상자 안에서 책을 꺼내 담요 위에 놓고 램프는 그 옆에 세워 놓았다. 필은 책장을 넘기며 두 번째 이야기를 찾았다. 거기에는 이렇게 쓰여 있다.

네 가지 원소

"이 세상에서 가장 중요한 것은 땅이야."

큰 지렁이가 작은 지렁이에게 말했습니다.

"땅은 우리를 보호하고 따뜻하게 해 주지. 우리가 땅을 폭신폭신하게 잘 준비해 놓으면 귀중한 땅은 비를 받아들일 수 있어. 땅은 식물이 넘어지지 않도록 받쳐 주고 영양을 공급해 주지. 인간은 땅 위에서 집을 짓고 일하며 살 수 있어. 땅이 없으면 아무것도 유지할 수 없으니까 이 세상에서 가장 중요한 것은 땅이야. 우리 행성을 땅 이름을 따서 지은 것만 봐도 알 수 있잖아?

너무 많은 물을 조심해야 해. 물은 치명적이기 때문에 개울이나 호수 가까이 가면 안 된단다. 공중에서 오는 위험도 경계해야 해! 뾰족한 주둥이로 눈 깜짝할 사이에 덤벼드는 적이 있으니까. 가장 좋은 것은 어머니와 같은 대지 속으로 기어 들어가 있는 거야. 여기가 안전해. 땅은 생명을 보존하고 언제나 새로운 걸 만들어 내지. 우리는 세상에서 가장 귀한 곳에서 사는 거란다. 이곳을 지켜야 할 책임이 있다는 사실을 잊지 마!"

"물이야말로 모든 생명의 근원이야."

덩치 크고 뚱뚱한 나이 많은 물고기가 아직 경험이 없는 작은 물고기에게 의기양양하게 말했습니다.

"그러니까 이 세상에서 가장 중요한 원소란다. 게다가 물은 지구의 대부분을 덮고 있어. 지구가 물의 이름을 따서 지어지지 않은 건 이상한 일이야! 왜냐하면 최초의 생명은 물에 있었거든. 물이 없었다면 생명도 없어. 생명은 모두 물에서 태어나니까. 바다는 끝없이 넓고 거대하지. 비록 조금 증발해 버리기는 하지만 물은 비가 되어서 우리에게 돌아오고 동시에 땅에도 우리 생명력을 어느 정도 전해 주기도 한단다. 그렇지 않으면 땅은 비옥해질 수 없어! 물이 없으면 식물도 없고, 동물과 인간도 목이 말라 죽어 버릴 거야. 그리고 이 모든 것은 시내와 강을 지나 우리에게 돌아온단다. 모든 것은 흘러가지! 이것이 생명의 원칙이야. 이 사실을 꼭 기억하고 네 원소를 자랑스레 여겨야 한단다.”

“난 모든 생명을 보존해 주지.”

불이 말했습니다.

“하지만 모든 걸 파괴해 버릴 수도 있어. 그리고 빛과 따뜻함을 주지. 내 곁에서는 아무도 얼어 죽지 않아. 모두 기분 좋은 따뜻한 기운을 느낄 수 있어. 난 인간을 도와서 먹는 것을 준비하고 날것을 익혀 주지. 내가 있어야만 인간은 쇠를 불리고, 강철을 만들고, 금을 녹일 수 있지. 나에게는 새로운 것을 만드는 힘이 있어. 하지만 파괴도 할 수 있기 때문에 모든 요소 가운데 힘이 가장 커. 내가 원하면 숲을 죄다 파괴할 수 있어. 그리고 나에게 너무 가까이 오는 자를 죽이고 쓰레기 더미를 삼켜 버려. 또한 병균을 죽여서 깨끗하게 하고 삶과 죽음을 결정하는 힘이 있어. 나보다 더 힘 있는 것이 있을까?”

원소는 저마다 제 세상일까?

"우리는 모든 불 위로 날아오를 수 있지."

철새 한 마리가 다른 철새에게 말했습니다.

"그리고 이건 오직 공기가 있어야 가능해. 공기가 우리의 몸을 실어 주지. 공기가 없다면 어떻게 될까?

공기는 모든 것 위에 있어. 물 위에도, 땅 위에도 불 위에도. 그리고 우리도 모든 것 위에 있도록 해 주지. 게다가 인간과 동물과 식물은 숨을 쉬기 위해서 공기가 필요해.

그래서 살기 위해서는 공기가 반드시 있어야 하지. 물도 산소가 없으면 탁해지고 물고기도 죽어 버리잖아. 심지어 불도 공기가 없으면 살 수 없어. 공기가 세상에서 가장 중요한 요소라는 건 분명한 사실이야."

먼 곳에 떠 있는 태양은 모든 걸 보고 들은 뒤 생각에 잠겼습니다.

"이상해. 지구를 이루는 모든 것이 저마다 세상에서 가장 중요하다고 말해."

태양은 혼잣말을 했습니다.

"사실은 모두 중요하잖아! 난 멀리 떨어져 있어서 모든 것을 한눈에 잘 볼 수 있지. 물론 난 불과 가깝다고 느끼지만 분명히 달라. 그런데 만약 내가 없다면 모든 게 다 무슨 소용이 있어? 내 빛과 따뜻함이 없다면 말이야! 모두 내 중력으로 자기 궤도를 유지하잖아! 그러니까 중심은 바로 나지……."

"난 내가 존재하는지, 존재하지 않는지 몰라."

블랙홀이 말했습니다.

"인간들은 내 존재를 추측할 뿐이야. 나에게는 빛마저 빨아들이는 엄청난 중력이 있어서 눈으로 볼 수 없어. 만약 내가 실재한다면 내 중력은 은하의 모든 태양계를 유지할 거야. 그렇다면 내가 모든 중심의 중심이지……."

"은하가 뭐야?"

펠리가 물었다.

"은하수와 같은 말이야."

필은 천문학에 관심이 많다.

"과학자들은 모든 은하수의 중심에 이런 검은 구멍이 있다고 추측한대. 만약 많은 블랙홀이 있다면 중심 중의 중심은 과연 존재할까?"

필은 생각에 빠졌다.

"그래, 모든 걸 한눈에 본다면 전체의 관계를 바르게 이해할 수 있을 거야. 하지만 모든 걸 한눈에 본다는 걸 어떻게 알지? 어떤 경우에 그걸 알게 되는 걸까?"

필은 스스로에게 물었다.

"그렇다면 우주에서 우리는 아주 작은 먼지일 뿐이야. 그런데도 저마다 자신이 중요하다고 생각하는 거야."

펠리가 말했다.

이야기 다음은 또 비어 있다. 필은 가져온 볼펜으로 이렇게 적었다.

네 요소는 모두 중요하다. 그런데 저마다 자신이 가장 중요하다고 주장한다. 네 요소는 서로 의존하고 있다. 태양이 그것을 볼 수 있다.

하지만 왜 태양도 자신이 중요하다고 할까? 태양도 우주의 많은 태양 가운데 하나일 뿐인데.

우주란 과연 무슨 뜻일까?

모든 것? 한계가 있을까? 우주의 밖은 존재할까?

모든 것을 한눈에 볼 수 있는 곳이 있을까?

누가 모든 것을 한눈에 볼 수 있을까?

펠리는 곰곰이 생각했다.

"내 친구들도 항상 자기가 가장 잘났고 옳다고 싸워. 이건 사실 아무도 정말 옳지 않다는 말이잖아!"

펠리는 몽당연필로 덧붙여 썼다.

공평한 심판자는 존재할까?

왜 사람은 모두 자만할까?

왜 아무도 전체를 볼 수 없을까?

그런데 '전체'란 무엇일까? 펠리는 한숨을 내쉬었다. 오늘 과자 통을 잊고 가져오지 못했기 때문이다. 펠리는 과자를 먹으면 생각을 더 잘할 수 있다. 어쩌면 나중에 다른 질문이 떠오르는지 모른다.

비밀 언어

"할바머버니비 과봐자바는븐 어버디비 있어버요보?"

펠리가 부엌에서 물었다. 이것은 친구들끼리만 얘기할 때 쓰는 비밀 언어다. 그런데 때때로 갑자기 튀어나올 때가 있다. 여기엔 친구들도 없는데! 거실에서 과자를 찾지 못한 펠리가 부엌에 과자가 남았는지 찾으러 온 것이다.

"궈라모?"

할아버지는 이해하지 못한다는 얼굴로 펠리를 쳐다보았다. 어리둥절할 때 할아버지는 음절을 뒤바꿀 때가 있다.

"할바머버니비 과봐자바를블 찾고보 있어버요보! 아니면 곧 밥을 먹나요?"

"아하, 비읍(ㅂ) 말을 썼구나!"

순간 할아버지는 펠리의 말을 알아차렸다. 아내가 아이들과 이 말을 연습하던 기억이 어렴풋이 떠오른다. 하지만 그것은 아주 오래전 일이다.

그것은 참으로 재미있었다. 어떻게 하더라? 모든 모음에 비읍을 붙여서 반복하기만 하면 된다.

"저버 — 기비 뒤뷔 — 에베 — 서버 찾아바 보보 — 너버 — 라바!"

할아버지는 천천히 말하며 찬장 쪽을 가리켰다. 할아버지는 틀리지 않으려고 정신을 집중했다!

할아버지는 안경을 쓴 채 부엌의 긴 의자에 앉아 고개를 절레절레 흔들었다. 식탁 위에는 여러 권의 요리책이 펼쳐져 있다. 할아버지는 할머니의 감자볶음 요리법을 알고 있다. 먼저 큰 양파 한 개를 깍두기 모양으로 썰고 기름과 피망 가루에 볶는다. 그러고 난 뒤 네모지게 썬 감자를 양파와 섞는다. 감자는 할머니가 이미 전날 저녁에 쪄서 오늘 아침 껍질을 벗겨 놓았다. 이제는 소금과 후추를 적당히 넣고 계속 뒤집기만 하면 된다.

할아버지는 감자볶음에 완자를 더 만들 생각으로 요리책을 뒤적이던 참이다. 도대체 고기 파르스(farce)란 무엇일까? 이것도 비밀 언어다!

데치기, 걸쭉하게 하기, 기름에 살짝 볶기, 소스에 달걀 풀기, 뜨거운 기름에 밀가루 볶기, 줄리엔(julienne. 가늘게 썬 야채*), 피카타(piccata. 송아지 고기로 만든 작은 커틀릿*). 온통 이해할 수 없는 말뿐이다. 외국어 사전이 있어도 뜻을 알 수 없을 것이다. 할아버지에게 필요한 것은 그림이다. 재료와 도구로 요리하는 방법을 정확히 보여 주는 그림이다. 실천이 중요하다! 행함으로 의미를 깨닫는다. 실행으로 의미를 배울 수 있다. 할아버지는 소시지가 든 유리병을 따려고 뜨거운 물이 담긴 냄비를 레인지 위에 올려놓았다. 계란 프라이를 할까? 계란 프라이는 만들 줄 안다.

할머니는 거실의 팔걸이의자에 앉아서 신문을 보다가 깜박 잠에 들었다. 할아버지는 할머니를 깨우고 싶지 않다.

할머니가 적어 둔 말도 이해할 수 없다. 그러나 이해하지 못해도 어려움 없이 해낼 수 있다. 생각해 보면 할아버지에게도 비밀 언어가 있었다. 그것은 누구나 알아듣는 말이 아니었다. 그것은 바로 철학 용어였다. 할아버지는 학생들에게 이 비밀스러운 언어의 기초를 가르치는 데 많은 노력을 기울였다. 그러나 안타깝게도 어떤 학생들은 놀라며 지레 겁을 먹었다. 할아버지는 마음이 아팠다. 왜냐하면 그렇게 어려운 말이 아니더라도 많은 것을 훨씬 간단히 설명할 수 있기 때문이다!

예를 들어서 독일 철학자 칸트와 헤겔은 생각을 복잡한 말로 포장했다. 이는 영국의 철학자들이 증명했듯이 불필요한 것이었다. 간단히 말한다고 수준이 낮아지는 것도 아닌데! 뚜렷하고 분명한 말로 표현한다고 명성이 훼손되는 경우는 없다. 할아버지는 프랑스 철학자 데카르트가 많은 중세 철학자들을 비아냥거리던 것을 기억한다. 데카르트는 칸트와 헤겔에 대해, 적과 마음 놓고 싸우기 위해서 상대를 고의로 어두운 동굴로 유인하는 맹인과 같다고 썼다!

이해할 수 있는 명확한 언어를 찾아내야 한다. 처음부터 경계 짓지 않고 소외(疏外)하지 않는 언어가 필요하다. 사실 이렇게 함으로써 누가 자신의 생각을 얼마나 정확히 이해하는지를 알아볼 수 있다. 때로는 더 많이 해석하고 잘 설명해야 한다. 그러면 독자는 감동한다. 할아버지는 이 사실을 요리책에서 다시 한 번 분명히 깨달았다. 중국 요리책을 이해할 수 없을 때 할아버지가 느끼는 소외감을 — 할아버지는 물론 바보가 아니다 — 학생들은 철학책을 보면서 느낄 것이다. 내용이 중요하다는 사실은 알지만 그것을 이해하지는 못한다. 자존심이 상하고 짜증나는 일이다. 언젠가는 이해하려는 노력도 단념한다. 마치 수학과 같다. 수학에 취미를 붙이든지 아니면 포기하든지 둘 중 하나다.

하지만 철학이 다루는 문제는 몇몇 사람들만 이해하기에는 너무도 중요하다. 모든 사람이 쉽게 이해하도록 해야 한다. 어느 철학적 개념은 세상도 움직였다! 예를 들어 '정의(正義)'가 그렇다. 할아버지는 철학적 사고를 함으로써 삶이 풍요로워진다고 믿는다. 사물을 보는 관점을 찾아내고 생각할 때 비로소 훌륭한 삶을 산다고 확신한다. 철학자 비트겐슈타인은 철학이 가르침이 아니라 행동이라고 말했다. 맞는 것 같다. 이 밖에도 항상 여러 가지 관점을 실험하고 고려해야 한다. 그런데 문제는 그것을 어떻게 전달하는가이다.

할아버지는 할머니에게조차 자신의 생각을 설명할 수 없던 적이 있다. 철학 용어가 문제였다. 어쩌면 할머니는 철학에 관심이 전혀 없는지도 모르지만.

할아버지는 자신이 관심이 있는 것에 대해 대부분 혼자 생각했다. 간혹 수업 시간에 학생들과 토론할 때는 학생들이 자기 생각을 발견하도록 질문을 던지고 대화를 전개하는 소크라테스적 방법을 시도했다. 할아버지는 활기 차던 학생들의 모습이 아직도 눈앞에 생생하다. 이들은 이제 각자 자신의 삶을 살고 있다.

시민대학에서 하는 강의는 할아버지에게 좋은 배움의 기회다. 여기서 할아버지가 해야 할 일은 학교에서 하는 일과 다르다. 철학 용어의 기초를 가르칠 필요도, 대학입시 준비를 시킬 필요도 없다. 할아버지는 모든 사람이 이해하도록 아주 쉽게 설명하려고 노력하지만 항상 성공하지는 못한다.

잠시 정체될 때도 있다.

물론 할아버지는 생각하도록 자극을 주는 토론의 기회가 없는 것이 아쉽다.

사람에게는 함께 생각할 상대가 필요하다!

할아버지는 한숨을 내쉬었다. 이제 그에게는 책이 함께 생각하는 상대이다. 그러나 할아버지는 철학 수업이 그립다. 수업에서 철학의 역사에 대한 지식을 쌓고 항상 새로운 이론을 배우는 일은 중요하지 않다. 이는 가르치는 사람에게도 배우는 사람에게도 지루하고 피곤한 일이다. 마치 훈계처럼 들린다. 젊은 사람들은 대부분 이런 것을 아주 싫어한다. 그것은 철학의 기초가 튼튼해야 비로소 흥미로워진다.

할아버지는 오늘자 신문의 증시면을 펼쳤다. 한숨이 나온다. 또 비밀의 언어다! 할아버지는 중요한 용어와 맥락을 겨우 스스로 깨우쳤다. 예금통장은 이자가 형편없기 때문이다.

하지만 경제는 정말이지 너무 어렵다. 어음할인, 롬바르드, 제트라(Xetra), 닥스(DAX), 할증금, 비축자금, 블루칩, 네막스(NEMAX) 그리고 닷컴(dot.com) 회사들. 오히려 할머니가 이런 데 더 감각이 있기 때문에 할아버지는 할머니가 재산을 관리하는 것을 좋아한다. 비록 도와주려고 항상 노력하지만 할아버지에게는 삶의 실제적인 일을 할머니에게 맡길 수 있는 것이 다행이다.

나는 내가 모른다는 사실을 안다. 소크라테스의 말은 정말 맞다!

그러나 많이 알아야, 아니 많은 것을 알아야 이를 인식할 수 있다. 그렇지만 그것은 항상 너무도 적다. 끝없이 넓은 이불 모서리를 붙잡는 격이다. 사람은 생각하기 시작하면 자신이 모르는 것을 점점 많이 알게 된다. 이 사실을 깨달으면 겸손해진다. 그리고 이 순간에는 겉으로만 알고 참으로 알지 못하는 거짓 지식의 짐 때문에 힘들어 하지 않아도 된다. 아무튼 무엇을 안다고 착각하는 경우는 없다. 이것이 생각의 끝이 될 수 있다.

하지만 중요한 무엇을 알거나 알 능력이 있는 사람들이 그 지식을 가지고 폐쇄적인 작은 집단을 위한 비밀의 학문을 만드는 것은 옳을까? 지식은 있어도 고립된다면 무슨 소용이 있는가? 우리는 서로 이해할 수 있는 길을 찾아내야 한다.

수수께끼

오늘 날씨는 정말 화창하다. 아침에 필과 펠리는 이웃집 농장에서 닭을 구경했다. 아주 어린 송아지도 한 마리 있다. 농장은 야콥의 집이다. 야콥은 방학이 되어도 부모님이 하는 농장 일을 도와야 하기 때문에 놀러 갈 수 없다. 펠리는 열다섯 살의 야콥이 동물에 대해서 어느 누구보다 아는 것이 많다고 생각한다. 송아지가 갓 태어났을 때에도 야콥은 짚으로 송아지의 몸을 문질러 주었다. 세 사람은 새끼가 어미의 젖을 빨고 뻣뻣한 다리로 서툰 걸음을 조심스럽게 내딛는 모습을 지켜보았다.

"동물은 사람과 참 비슷해."

펠리가 말했다.

"글쎄, 그렇지만 큰 차이도 있어."

자전거를 타고 집으로 돌아오면서 필이 말했다.

"예를 들면 송아지는 노래를 지어서 들려줄 수 없잖아."

"그래도 난 동물이 아주 인간적이라고 생각해. 우리가 읽는 이야기 속 동물들도 사람처럼 행동하잖아."

펠리가 말했다.

"그건 우화 속 동물이니까 그렇지! 사실은 그런 동물은 존재하지 않아."

필이 대꾸했다.

"그걸 어떻게 알아?"

펠리가 물었다. 왜 사람들은 항상 무엇을 안다고 자신할까?

오후는 빨리 지나갔다.

정오쯤 어머니가 전화를 걸어서 아버지 수술이 잘 되었다고 알려 주었다. 이제는 등에 생긴 상처가 잘 아물어야 한다.

수술 결과는 일주일 뒤에야 알 수 있다. 그 후 치료는 수술 결과에 달려 있다. 아버지는 몸에 한동안 호스를 더 달고 있어야 한다.

할머니는 불안을 떨쳐 버릴 수가 없다. 이 소식이 무엇을 의미하는지 알기 때문이다. 할머니는 어머니와 수수께끼 같은 말을 주고받았다.

"아빠에게 무슨 병이 있는 거예요?"

필과 펠리가 물었다.

"그걸 이제 의사들이 찾아내야 한단다."

할머니는 아이들을 안심시켰다.

아이들은 큰 문제가 없을 것이라고 생각했다. 건강하게 살던 사람은 병에 걸려도 빨리 낫는다고 아버지는 항상 말했다. 그리고 아버지는 건강하게 살았다! 집에는 단 음식이 별로 없었다. 그래서 어쩌면 필과 펠리는 할머니가 만드는 과자를 좋아하는지도 모른다.

둘은 점심을 먹은 뒤 과자 통을 들고 다시 다락방으로 올라갔다.

"어쩌면 다락방에도 다른 세상으로 통하는 옷장이 있을지 몰라."

펠리는 상상의 세계 나르니아 왕국을 떠올리고 다락방에 있는 오래된 옷장을 잠시 살펴보았다. 낡은 모피 외투를 입고 다른 세상으로 갈 수 있을까? 하지만 모피 외투는 없다. 할머니는 모피를 별로 좋아하지 않으니까. 펠리는 금방 흥미를 잃었다. 결국 꾸민 이야기일 뿐이다. 펠리는 인형의 집에 관심을 돌리고 아빠 인형을 침대 위에 눕혔다. 그리고 두 아이 인형을 아래층 낡은 부엌 안에 세웠다. 남자아이 인형이 오래된 레인지 위에 주전자를 올리고 물을 끓이는 동안―물론 상상의 물이다―여자아이 인형은 레몬즙을 짠다. 여자아이는 눈곱만큼 작은 잔에 뜨거운 레몬차를 따르고 상상 속의 꿀을 찻잔에 떠 넣은 뒤 침대에 누운 아빠에게 뜨거운 레몬차를 갖다 준다. 레몬차는 감기에 걸렸을 때 할머니가 만들어 주던 만병통치약 가운데 하나이다.

"꿀은 세균을 이기는 데 좋아요."

아버지에게서 들은 말이다. 여자아이는 아버지의 몸을 더 따뜻하게 하기 위해 남자아이에게 소파에 있는 작은 쿠션을 가져 오라고 시킨다. 소파 쿠션은 할머니가 거실에 있는 구식 소파에 놓으려고 손수 만든 것이다. 펠리는 아버지를 쿠션으로 덮은 뒤 오빠를 바라본다.

펠리가 인형놀이를 하는 사이 필은 아버지가 쓰던 학용품을 보다가 너덜거리는 작은 공책 한 권을 발견했다. 아버지도 라틴어를 공부했구나!

공책 앞표지에는 '데 벨로 갈리코(DE BELLO GALLICO)'라고 쓰여 있다. 필은 어느 개에 관한 내용이 틀림없다고 생각했다(벨로는 독일에서 개 이름으로 쓴다*). 사나운 개? 그런데 벨룸(bellum)이 라틴어로 전쟁이라는 사실이 문득 떠오른다. 그렇다면 이것은 전쟁 이야기다! 로마 사람들은 전쟁을 아주 좋아했으니까. 필은 책을 옆에 내려놓고 카니발 의상이 든 상자 쪽으로 갔다.

필은 우화가 더 재미있다. 우화집을 꺼내 들고 의자에 앉아 책을 폈다. 대부분의 그림은 이야기와 관계가 있지만 나머지 그림은 이야기와 아무 상관이 없는 듯 보인다. 이런 그림에 맞는 이야기를 지어 내야 하는 것일까? 정말 이상한 책이다! 그림에는 하늘을 나는 물고기와 말, 빠져나올 수 없는 엉클어진 끈에서 기어 다니는 아주 이상한 개미들, 다른 별에 사는 개구리들―개구리가 아니라 도마뱀인가?―그리고 이 세상에 존재하지 않는 기이한 동물들이 있다. 그야말로 상상의 동물이다.

필은 책장을 넘기며 그림 속으로 점점 빠져 들었다. 그림에 비록 색은 없지만 아주 특별하고 신비스러운 분위기가 풍긴다.

아니면 혹시 색이 없기 때문에 그런 것일까?

필은 책의 마지막 장에서 옛날 서체로 쓴 시 한 편을 발견했다. 이것이 마법의 주문일까? 시는 이렇다.

옛것에서 새것을 만들고, 새것에서 옛것을 만들어라
곧 옳은 답을 찾으리니…….
책의 비밀을 스스로 발견하라.
그리하면 그것이 너희 안에서 무언가를 깨울 것이니
오르는 때가 있고 내리는 때가 있으며

항상 새로운 옷을 입고 다시 돌아오리라.

어떻게 생겨났는지 아는 자가 없으니

없으면 나쁘니라.

아무도 그 근원을 알지 못하나

모든 이는 그것을 계속 행하리라.

항상 새로 시작할 필요는 없지만

노력 없이는 아무것도 얻을 수 없고

길을 찾는 길을 알려 주며

나누지만 합할 수도 있으니

너희에게 힘과 자유를 주는

그것이 무엇인지 맞혀 보아라.

펠리는 필이 앉은 의자 옆에 서서 책을 함께 읽었다.

"이건 수수께끼야!"

펠리가 흥분해서 소리쳤다.

"우리가 풀어야 해! 시작은 마치 마법의 주문처럼 들리는데 뭘 찾으라고? 그게 뭐지?

오르는 때가 있고 내리는 때가 있으며…… 아마 책은 아닐 거야. 책은 늘 여기 위에 있으니까. 우리는 다락방에 올라왔다가 다시 내려가고 이곳에 있는 많은 의상을 갈아입으면서 자꾸 변장할 수 있어……. 하지만 우리를 두고 하는 말은 아닐 거야. 만약 다른 사람이 다른 곳에서 책을 발견했다면? 책에 비밀이 숨겨 있어. 맞아, 이 안에 무엇을 써 넣어야 하는 거야……."

"그건 쉽게 알겠어. 근데 어쩌면 다른 비밀이 더 있는지도 몰라."

필이 말했다.

"어떻게 생겨났는지 아는 자가 없으니. 이건 책을 두고 한 말이 아니야. 책의 비밀도 아니고. 책을 만든 사람은 그 비밀도 아니까. 옛것에서 새것을 만들고, 새것에서 옛것을 만들어라? 이건 모르겠어."

"시간은 많아. 할아버지가 항상 말씀하시잖아. 좋은 것은 시간이 걸리는 법이라고. 그러니까 천천히 생각해 보자. 방학 내내 시간이 있잖아."

"네 자신의 오성을 사용할 용기를 가져라!"

필이 중얼거렸다. 그러나 수수께끼는 풀리지 않는다.

"훌륭한 탐정도 모든 걸 금방 찾아내지는 못해."

필은 자신을 위로했다. 꼼꼼히 생각해야 한다.

"혹시 이야기를 더 읽으면 생각날까?"

펠리가 제안했다.

"그래."

필은 이야기를 소리 내 읽었다.

순수한 생각의 맑은 공기

옛날 옛날에 어린 수탉 한 마리가 살았습니다. 수탉은 잘 울지 못해서 부끄러웠습니다. 수탉은 다른 닭들이 황당무계한 이야기를 생각해 내서 늘 새롭게 늘어놓는 것도 짜증이 났습니다.

"생각이 그리 어지러워서야!"

수탉은 다른 닭들을 깔보며 말했습니다. 수탉은 햇살에 금빛으로 반짝거리며 교회 탑 꼭대기에 서 있는 닭을 동경하는 눈빛으로 바라보았습니다. 저렇게 높은 곳에 있으면 생각도 잘할 수 있을 것 같았습니다. 그래서 수탉은 용기를 냈습니다.

한번 올라가 볼까? 수탉은 자신에게 물었습니다. 그리고 암탉들에게 수탉 자신이 매일 아침 울기 위해 올라가는 거름 더미를 점점 높게 쌓아 올리라고 지시했습니다. 저 높은 곳에 있으면 모두 나를 보며 감탄할 테지? 나는 마침내 비루한 일상에서 벗어나 깊이 생각할 수 있을 거야. 저 위에서는 모든 것을 한눈에 내려다볼 수 있으니까.

암탉들은 거름을 파헤쳐서 고분고분 거름 더미를 쌓았습니다. 거름 더미는 날마다 높아 갔습니다. 수탉은 거름 더미 꼭대기에 올라서서 찬란한 햇빛에 깃털을 뽐냈습니다. 그러나 암탉들은 너무 열심히 일하느라 수탉을 보고 감탄할 여유가 없었습니다. 수탉은 마음이 상했습니다.

거름 더미는 갈수록 높아졌습니다. 수탉은 자신과 교회 탑을 비교하며 점점 교만해지기 시작했습니다. 저 아래 있는 다른 닭들의 삶에는 점차 관심이 없어졌습니다. 이렇게 높은 곳에서 순수한 생각의 공기는 얼마나 싱그러운지! 수탉은 환호했습니다. 그러나 거름 더미가 더 빨리 높아지지 않는 것이 불만스러웠습니다. 수탉은 암탉들에게 화가 났지만 암탉들은 더 쌓아 올릴 거름을 더 이상 찾아낼 수 없었습니다.

"그러면 아래 거름을 떼어서 위로 올리라고."

수탉이 암탉들에게 말했습니다.

"그렇게 넓은 토대는 필요 없어. 제대로만 하면 돼. 교회도 아래는 넓지 않아. 그런데도 안전하게 서 있잖아."

암탉들은 수탉이 말한 대로 실행했습니다. 거름 더미는 빠른 속도로 치솟았습니다.

"이렇게 높은 거름 더미를 본 적이 있니?"

철새들이 서로 물었습니다.

"거의 교회 탑만큼 높잖아!"

수탉은 몹시 의기양양했습니다. 그리고 자신의 깃털이 교회의 닭처럼 빛나기를 바랐습니다.

이제 암탉들에게는 거름 탑을 튼튼히 하는 일이 점점 어려워졌습니다. 아래에서 떼 내어 쌓아 올렸기 때문에 거름은 위험할 정도로 불안정해졌습니다. 그러던 어느 날 수탉은 철학자의 높이에서 갑자기 현실로 돌아왔습니다. 거름 더미가 무너져 내린 것이었습니다.

"이런 빌어먹을!"

수탉은 초라한 꼴이 되어 마구 욕을 퍼부었습니다.

"그것 봐, 건방을 떨면 망한다니까."

한 암탉이 울었습니다.

"옛날에 안타이오스라는 힘센 거인이 살았어."

다른 닭이 또 울었습니다.

"그런데 그 거인은 땅과 접촉할 때만 힘이 났지. 아무도 그를 이길 수 없었고 그보다 더 힘센 자는 없었어. 그런데 안타이오스의 비밀을 안 헤라클레스가 그를 높이 들어 올렸어. 공중에 뜬 안타이오스는 힘을 쓸 수가 없었고 그렇게 하여 헤라클레스는 거인을 이길 수 있었지……."

"하, 또 허무맹랑한 이야기."

수탉은 빈정거렸습니다.

"흠……."

펠리는 만족한 듯 코로 숨을 길게 내쉬었다.

"여기 수수께끼에 나오는 것처럼 비밀이라는 말이 있어."

필이 이야기를 읽는 동안 펠리는 그의 발 아래 앉아서 눈을 감고 있었다. 눈을 감으면 더 집중해서 생각하고 상상할 수 있기 때문이다.

"안타이오스는 땅 위에서만 힘이 셌어. 수탉도 아래에 있는 게 나았을 거야. 그런데 토대가 뭐야?"

"기초라는 뜻이야."

필이 말했다.

"아하."

펠리는 과자를 한 입 베어 물었다.

"그런데 왜 닭들은 그런 멍청한 명령을 따랐을까?"

펠리는 아침에 다녀온 이웃 농장을 떠올렸다. 그 농장에도 거름 더미가 있고, 수탉과 암탉들이 그 위에서 거름을 파헤치고 있었다.

"뭐, 새로운 방법으로 어디까지 해내는지 시험하는 것도 사실 나쁘지 않아. 너무 높은 탑은 여러 번 문제를 일으켰지."

필은 바벨탑을 생각했다. 수업 시간에 성경에서 자세히 배운 적이 있다. 바벨탑 이야기도 교만과 관련이 있었나? 필은 생각이 잘 나지 않았다. 수탉은 한마디로 말해서 허영심이 크고 게다가 머리도 나빴다. 잘 울지 못한다고 햇빛 속에서 번쩍거려야 하다니!

필은 책에 이렇게 적었다.

수탉은 왜 이야기를 하찮게 여길까?

"그리고 감정도."

펠리가 덧붙였다.

"수탉은 정말 멍청해. 이야기에는 많은 진실이 있을 수 있는데."

"그런데 수탉은 존경을 받기 위해서만 높이 오르려는 게 아냐. 잠깐, 어디서였더라. 누군가 모든 걸 한눈에 볼 수 있다고 말했어!"

"맞아, 요 앞 이야기에서도 그랬지."

펠리가 말했다.

"하지만 태양은 자기만 한눈에 볼 수 있다고 생각했어. 조금 더 멀리 떨어져 있다고 모든 걸 볼 수 있는 건 아니지. 오히려 더 적게 볼 거야. 멀리 있으면 세상을 그렇게 많이 이해한다고 할 수 없어."

펠리는 이렇게 적었다.

수탉은 왜 일상에서 벗어나 높이 오르려고 할까?

거름 더미를 왜 스스로 만들지 않을까?

암탉들은 수탉을 보고 왜 감탄하지 않을까?

(다른 수탉들도 그럴까?)

남자와 여자는 서로 다른 세상에서 살아야 할까?

(남자는 높은 곳에서, 여자는 낮은 곳에서?)

수탉은 왜 암탉과 함께 땅 위에 있을 수 없을까?

남자가 여자보다 어리석을까, 아니면 여자가 남자보다 어리석을까?

이 이야기에서 펠리는 모두 똑같이 어리석다고 생각했다. 하지만 어리석은 이유는 서로 다르다. 그리고 결국 모두 벌을 받는다. 암탉은 멍청한 일에 순순히 응하고 수탉은 교회의 닭처럼 되려고 했기 때문이다. 왜냐하면 교회의 닭은 살아 있는 닭이 아니기 때문이다. 그리고 감명을 줄 수도 없다. 이것은 완전히 잘못된 일이다!

필은 자기 반 아이들을 생각했다. 필과 같은 나이의 남자아이들과 여자아이들은 보통 서로 상관하지 않으려고 한다. 남자아이는 남자아이들끼리 있고 여자아이는 여자아이들끼리 있으려고 한다. 언제나 와자지껄하다!

남자아이들은 너무 멋있는 척한다. 하지만 사실은 그렇지 않다는 것을 아무도 눈치 채면 안 된다. 정말 멍청하다! 누나나 여동생을 무시하듯이 얘기해야 멋있게 보인다. 필은 여동생과 사이가 좋다고 절대 말할 수 없다. 필은 덧붙여 적었다.

인정을 받는 일은 왜 필요할까?

우스꽝스러운 바보가 되지 않고 인정받는 방법은 무엇일까?

우리는 왜 다른 사람의 생각에 매일까?

펠리는 필이 쓴 질문을 읽고 말했다.

"오빠 반의 남자애들은 바보들이야."

"네 친구들은 어떻고? 네 친구들은 멍청해."

필이 받아쳤다.

펠리는 버럭 화를 내며 소리쳤다.

"오빠는 잘 알지도 못하면서!"

"그것으로 충분해."

필이 대답했다.

"그건 선입관이야."

펠리는 필을 비난하며 마치 전투를 벌이듯 제안했다.

"다음 이야기를 읽어야 해! 선입관에 대한 이야기야!"

"내일 읽자."

필이 대답했다. 펠리와 싸우고 싶지 않기 때문이다. 펠리는 좋은 동생이다. 필과 펠리는 수수께끼를 아직 풀지 못했을 뿐이다.

쇼펜하우어

날이 어두워졌다. 칸트는 필과 펠리를 보자 반가운 나머지 짖어 댔다. 이제 가족으로 받아들인 것 같다. 필은 칸트에게 먹이를 주고 함께 저녁 산책을 나갔다.

할아버지는 안락의자에 앉아서 음악을 들으며 포도주를 한잔 마셨다. 할아버지는 클래식 음악을 아주 좋아한다! 음악은 영혼의 상처를 치료할 수 있다. 왜 그럴까? 조화를 체험하기 때문일까? 음악은 그저 시끄러운 소리가 아니다. 완전히 정신적인 것이다. 음악은 악기와 악기의 가능성을 아는 사람이 만든다. 악보를 읽고 조바꿈을 하며 악기를 연주하는 데에도 많은 노력과 예술적 능력이 필요하다.

아무것도 없는 무에서 아름다운 것, 새로운 것, 세상에 단하나뿐인 것을 만들어 내는 능력에 할아버지는 감탄한다. 음악은 사람을 전율하게 만든다. 지성과 감정이 함께 일어난다.

일정하게 반복되는 소리를 듣고서 이렇게 기쁠 수 있다니! 이와 동시에 작곡가가 의도한 작품의 구성을 이해할 수 있다. 주제를 구성해서 다시 해석하거나 계속 새롭게 바꾸는 방법을 이해할 수 있다. 그러나 변형에서도 주제는 다시 알아볼 수 있어야 한다. 음악은 완전히 문화다. 음악을 즐기면서 할아버지는 정신을 집중하고 긴장을 풀 수 있다. 지성과 감정이 함께 일어난다!

할아버지 자신의 문화, 생각의 문화에서는 아쉽게도 그것이 더는 일어나지 않는다.

어떻게 그렇게 되었을까? 이성적인 사람은 왜 다른 사람에 대한 자신의 감정에 이끌리면 안 될까? 철학자 칸트는 감정과 성향에 이끌리는 사람을 비판했다. 그것은 동물에게서나 발견할 수 있으므로 저급하다고 생각했다. 그러므로 도덕적으로 훌륭한 사람은 자신의 표상에 따라 이성으로 감정과 성향을 제어하고 어쩔 수 없는 경우에는 억제해야 한다. 감정과 이성 사이에는 깊은 골이 있다. 사람은 이성적이든가 아니면 감정적이다. 이성은 감정에 절대 상관하면 안 된다. 그렇지 않은 이성은 저급하다.

그렇기 때문에 할아버지는 아르투르 쇼펜하우어를 좋아한

다. 쇼펜하우어는 비록 평생 염세주의자였지만 상반된 개념을 발전시켰다.

"신사숙녀 여러분!"

할아버지는 마음속으로 외쳤다. 쇼펜하우어에 대한 강의가 얼마 뒤 예정되어 있기 때문이다.

"이성이라는 개념은 수백 년 동안 발전해 왔습니다. 그러나 오늘날 우리가 생각하는 뜻과 항상 같은 의미는 아니었습니다. 그리스 사람들은 '로고스'를 말, 언어, 생각, 의미, 우주의 법칙이라고 생각하기도 했습니다. 왜냐하면 로고스는 세상에 가득 차서 세상을 하나로 결합하는 것이기 때문입니다. 그런데 생각의 역사 속에서 이런 표상의 폭은 점점 좁아졌습니다. 순전히 논리적 이성에 대한 표상의 결과로 감정적인 것, 즉 감정과 성향을 경시하게 되었습니다. 오늘날 무엇이 이성적이라고 말할 때에는 단지 일종의 기술적 합목적적 사고인 경우가 많습니다. 이는 이성과 지성을 단지 목적을 달성하기 위한 수단으로만 보는 경우가 많다는 사실을 의미합니다. 예를 들어 경제적이거나 기술적 목적을 이루는 방법으로 말이지요."

그러고 나서 논리적이고 목적 달성에 도움이 되는 대화를 나누는 것이 좋다. 사람은 이렇게 자기 생각의 상아탑으로 들어가 인생의 중요한 일부가 전혀 존재하지 않는 것처럼 굴

수 있다.

"신사숙녀 여러분, 그래서 제게는 쇼펜하우어가 특별합니다. 쇼펜하우어는 모든 생각의 이면에 의지와 관심이 있다는 사실을 중요하게 여겼습니다. 인간은 이원적(二元的)이 아니라 일원적(一元的)입니다!"

지성과 감정의 분리를 분석하는 일은 비록 흥미롭지만, 그 분리는 삶과 아무런 관계가 없다. 지성과 감정의 분리로 나타난 결과는 지독한 몰인정이다. 인간은 아주 끔찍한 일들을 저질렀다. 그 악행이 합목적적이라는 이유를 내세우고 모든 감정을 차단할 수 있었기 때문이다.

할아버지는 독일의 나치 정권을 의식적으로 경험하지 못했다. 제2차 세계대전이 끝난 해에 열 살이었던 할아버지에게는 사이렌 소리, 한밤중 터지던 폭탄, 불길에 휩싸인 집, 추위와 배고픔 따위 끔찍한 기억밖에 없다.

사유하는 모든 문화는 전쟁을 막지 않았다. 이것이 재앙이었다. 세계 곳곳에서 고문과 민족 말살이 여전히 자행되었다. 쇼펜하우어가 요구한 도덕은 칸트의 도덕과 다르다. 쇼펜하우어는 모든 사람이 똑같이 행동으로 옮기고 법처럼 지켜야 하는 이성적 원칙을 요구하지 않았다. 그는 인간이 감정을 이입하고 동정을 느껴서 행동해야 한다고 주장했다.

할아버지는 앞에 펼친 책을 보았다.

"그러나 만약 내가 전적으로 다른 사람 때문에 행동한다면, 내 행동의 동기는 그 사람의 행복과 불행이어야 한다. (……) 이것의 전제조건은 내가 그의 불행을 정말로 동정하고 내 자신의 불행처럼 느끼며, 내 행복을 바라듯이 그의 행복을 바라는 것이다. 내가 그를 동정하려면 나는 어떤 방식으로든 그 사람과 나를 동일시해야 한다. (……) 하지만 여기서 분석한 과정은 꿈이나 꾸며낸 것이 아니라 사실이며 결코 드물지 않다. 바로 동정의 일상적인 현상이다. 다른 모든 동기와 무관하게 타인의 고통을 보고 바로 느끼는 동정이다."

다른 사람의 입장에서 생각하고 다른 사람의 느낌을 자기 느낌처럼 느낄 때에만 도덕적으로 행동할 수 있다. 쇼펜하우어는 이것을 비이기적 행위라고 말한다. 비이기적 행위의 초점은 자신의 목적이 아니라 다른 사람에게 맞추어 있다.

만일 법과 의무가 아니라 실제 고통당하는 사람들을 더 생각했다면 역사는 다르게 흘렀을까? 혹시 이들을 동정했다면? 감정을 저급하다고 낮게 평가하지 않았다면? 그러나 이러한 것을 니체가 압도했다. 니체는 '인간을 예술작품처럼' 꾸미기 위해서 자기의 고통과 다른 사람의 고통에 동요하지 않고 자신을 수양해야 한다고 주장했다. 오직 이렇게 해서만 니체의 위버멘쉬(übermensch, 니체 철학의 핵심. 무엇을 넘어선 사람, 극복하는 자 등의 의미로 이해할 수 있다*)는 태어날 수 있었다. 그리고 위버멘쉬에 대한 이런 생각은 안타깝게도 독일 역사에 큰 불행을 초래했다.

사람이 자기 생각만 요구하지 않고 '항상 다른 사람의 입장에서 생각'해야 한다는 칸트의 주장은 아무튼 고려해야 한다. 진지하게 받아들인다면 그것은 엄청난 일이다! 이웃이나 친구 또는 아들의 입장만 생각하는 것이 아니다. 그리고 하고 싶은 기분이 들 때나 마음에 부담이 없을 때에만 생각하는 것이 아니다. 항상 다른 사람의 입장에서 생각해야 하는 것이다! 할아버지는 이것만으로도 얻는 것이 많을 거라고 생각한다.

하지만 그런데도 아직 너무나 부족하다. 다른 사람의 입장에서 생각만 하는 것이 아니라 다른 사람의 감정도 느껴야 한다. 어쩌면 남자는 이를 받아들이기가 특히 어려울지 모른다. 생각은 남성적이고 느낌은 여성적이라는 식으로 불행히도 개념이 분리되기 때문이다. 마치 여자는 생각하지 못하고 남자는 감정을 느끼지 못한다는 양! 아직도 남성이 지배하는 철학에서 감정은 여전히 중요하지 않은 주제로 취급된다.

이것은 칸트가 미친 큰 영향과 관계가 있을까? 칸트는 행복한 적이 있었을까?

남자답지 못할까 봐 두려워하는 그 어리석음이란! 이 주제를 연구할 용기 있는 여성 철학자들이 나타나기를 기다려야 할지도 모른다. 아니면 '진짜' 철학자로 대접받지 못할 것이 두려워 실행하지 못할까? 할아버지는 우리가 세상 사람들의 생각에 크게 지배당한다고 믿는다.

쇼펜하우어에게는 감정의 중요성을 알릴 용기가 있었다.

감정 교육. 할아버지는 이렇게 생각한다. 비록 계몽주의의 공로가 크더라도—생각해 보면 비판적 사유는 꼭 필요하다—사유의 문화를 대체해야 할 감정의 문화가 도래할 시간이다.

이것은 쓸모없는 감정이나 무질서한 감정을 의미하지 않는다.

감정의 문화에서 가장 중요한 부분은 정신을 표출하는 감정이다. 여기에는 체계가 있다. 생각해 보면 감정을 깨닫는 일에는 그것이 자신의 감정이든 타인의 감정이든 인식도 관여한다. 사람은 수치, 후회, 열광, 사랑, 자비, 분노, 근심 따위를 항상 특별한 감정으로 인지하고 인식해야 하며, 또한 이러한 감정이 어떤 동기에서 일어나는지 알아야 한다. 그런 뒤 비로소 자신과 다른 사람이 느끼는 감정의 특징을 그 자체로 지각하고 이해할 수 있다. 그리고 체험을 비교할 수 있기 때문에 타인의 입장에서 생각하고 느낀다면 그에게서 자기 자신을 다시 발견한다는 사실을 의식하게 된다.

생각해 보면 사람은 근심을 알기 때문에 다른 사람의 근심을 이해할 수 있고, 기쁨을 알기 때문에 다른 사람의 기쁨을 함께 느낄 수 있다. 자신이 알기 때문에 공감할 수 있는 것이다! 지성과 감정의 합일이다! 동양에서는 지성과 감정을 뚜렷이 구분하지 않는다. 예를 들어서 명상의 문화가 그렇다. 그리고 불교에서는 모든 사람에게 무조건 호의를 베푸는 원칙과 감사해야 할 의무가 있다. 유럽의 사고는 왜 동양의 사고와 다르게 발달했을까? 할아버지는 자문하며 음악에 다시 귀를 기울였다.

감정의 교육! 음악의 조화를 체험하는 일이 감정의 교육에 도움이 될까? 사회성이 부족한 아이들이 함께 음악을 연주하도록 한다. 아이들은 연주를 통해 서로 귀 기울이고 어울려 노는 법을 배우며 노력으로 얻은 결과에 자랑스러워할 수 있다. 얼마나 많은 아이들이 관심과 인정에 목말라 하는지! 관심과 인정을 받지 못한 아이들은 성격이 난폭해지고 의지할 대상이 없는데도 아무렇지 않은 척 행동한다.

할아버지는 늘 약간 나이 먹은 학생들을 가르쳤는데 이들의 부모 가운데 자녀를 위한 시간이 많은 부모는 드물다는 사실을 깨달았다.

누가 아이들의 말에 귀를 기울이는가! 아이의 감정에 공감하는 부모의 손에 자라서 건강한 자아의식이 발달하고 이와 동시에 — 어쩌면 바로 그렇기 때문에 — 다른 사람의 문제에 마음이 열린 아이들은 많지 않다. 할아버지는—동료 교사들처럼—이런 학생들의 이름을 즉시 델 수 있다. 이들은 예외였다. 할아버지는 또한 세계적으로 증가하는 폭력과 높은 이혼율도 그런 현상과 관계가 있다고 생각한다. 학급에서 눈에 띄는 행동을 보이는 학생은 갈수록 많아진다.

기술이 발달한 사회에서는 강요가 점점 는다. 시간적 강제는 아이들을 힘들게 한다. 아이들의 관심은 무시된다! 어른들은 아이들에게 바보 같은 어린이 프로그램과 광고를 퍼붓지만 아이들이 정말로 바라는 것에는 아무 관심이 없다. 그러면 아이들은 좋든 나쁘든 관심을 반드시 받아 내야 한다. 그러나 다른 사람이 자신을 이해한다고 느끼는 아이는 그럴 필요가 없다. 감정의 문화! 많은 부모는 정말 무지하다! 부모들은 아이에게 비싼 장난감과 유행하는 물건을 잔뜩 사 주고 만화를 실컷 보여 주면 모든 것을 다 해 주었다고 믿는다.

그러나 이것은 단지 강요된 욕구일 뿐이다. 광고와 소비산업은 부모로 하여금 아이들을 위해 가장 좋은 것을 해 준다고 믿게 만든다. 그렇지만 부모와 아이는 자신이 진정 바라는 것이 무엇인지 차츰 잊어버리고 자신이 낯설어진다. 이것은 무서운 일이다. 많은 부모는 아이가 정말 원하는 것을 어떻게 모를 수 있을까? 그리고 그것에 어떻게 관심이 없을까? 왜 많은 아이는 부모를 이해할 노력을 하지 않을까? 더욱 나쁜 것은 아이들이 자신에게 정말 좋은 것이 무엇인지 아는 느낌을 발전시키지 않는다는 사실이다. 직접 체험하지 않고 다른 사람의 느낌을 공감하고 이해하는 방법을 어떻게 배울 수 있을까? 여기서 인간성은 큰 위험에 빠진다. 할아버지는 쇼펜하우어에 대한 책을 더 많이 읽어야겠다고 생각한다.

낯선 것을 이해하기

"선입관."

펠리는 큰 소리로 읽었다. 어제 겪은 기분 나쁜 일을 아직 잊지 못했다.

필은 펠리의 친구들을 어떻게 그렇게 흉볼 수 있을까? 잘 알지도 못하면서. 이것은 필도 인정한 사실이다. 펠리도 친구들과 간혹 다투고 친구들을 항상 좋아하지는 않지만 이것은 조금 다른 문제다. 여자아이들에게는 공격을 받으면 단결하는 특성이 있다.

남자아이들은 정말 고약하다! 펠리는 이야기를 읽기 시작했다.

선입관

작은 생쥐 한 마리와 거북 한 마리가 뜰에서 마주쳤습니다. 생쥐와 거북은 서로를 보자 깜짝 놀랐습니다.

'참으로 끔찍하게 생긴 짐승이로세!' 건방진 생쥐는 이렇게 생각했습니다. 투박한 다리와 콧수염 없는 얼굴! 생쥐는 자신의 콧수염을 언제나 자랑스럽게 여겼습니다. 콧수염이 없으면 뭘로 더듬는다지? 머리와 다리를 움츠려 넣으니 짐승 같지도 않아. 이게 짐승이 맞을까? 갑옷을 입은 반구(半球)처럼 생겼어! 특이하네.

어이쿠, 맙소사! 거북은 등딱지와 잔디 사이로 조심스럽게 머리를 내밀며 말했습니다. 저건 대체 무슨 짐승이지? 작고 날렵한 게 도망치더니 이제는 수풀 밑에서 나를 관찰하고 있네. 저건 등딱지도 없잖아! 눈과 입과 다리는 멀쩡한데 저렇게 길고 가느다란 꼬리는 본 적이 없어. 도대체 뭐에 쓰는 걸까! 그리고 저 이상한 회색 털! 저건 몸을 전혀 보호하지 못하잖아. 가여워라! 난 내 등딱지가 더 좋아. 믿을 만하니까…….

등딱지가 없는 짐승은 사실 모두 불쌍해.

저 괴물은 얼마나 거대하고 굼뜬지! 생쥐는 거북을 관찰했습니다. 다리가 저리 느리면 분명 아주 멍청할 거야. 정말로 못 봐주겠어! 쨍쨍 내리쬐는 태양 아래 계속 있으면 피곤하지도 않나!

하긴 뭐, 게으를 여유가 있다면야…….

회색 짐승은 이제 치즈까지 먹네! 거북은 치즈를 먹는 일이 역겨웠습니다. 정말로 싫어! 난 달팽이랑 지렁이랑 가끔 먹는 푸른 잎 채소가 좋아. 치즈에다가 베이컨까지, 끔찍해! 그런 건 인간이나 먹는 거잖아! 왜 그렇게 빨리 달렸는지 이제 알겠어! 곡식 창고에서 훔쳐 낸 거니까! 이런 도둑놈 같으니라고! 저렇게 빨리 먹어 대면 건강에 나쁠 텐데. 아주 어리석은 짐승이군. 하긴, 그렇게 빨리 먹으면 어떻게 되는지 곧알 테지. 그리고 자꾸만 어두운 곳으로 기어 들어가는 걸 보니 녀석은 변태임이 틀림없어! 햇살이 이렇게 따뜻한데! 한데 호기심은 있는 모양일세! 어이쿠, 또 내 쪽으로 오네. 어서등딱지 안으로 숨어야겠다.

위에서 닥치는 위험을 항상 경계해야 하는 생쥐는 안전을확인했습니다. 생쥐는 정말 궁금했습니다. 저 갑옷을 한번검사해야겠어. 갑옷도 이 짐승의 것일까 아니면 짐승이 단지그 안에 숨은 것일까? 나와 우리 새끼들한테 아주 쓸모가 있겠어. 어쩌면 저 안에 있는 멍청한 녀석을 쫓아 내 버릴 수 있을지도 몰라.

"말도 안 돼."
필이 말했다.

"누가 어리석거나 멍청하다고 집에서 내쫓으면 안 되지. 모든 일에는 정도가 있는 법인데."

"이 이야기는 계속 쓸 수 있을 것 같아."

펠리가 큰 소리로 말했다.

"생쥐와 거북은 서로 잘 몰라. 낯설기 때문에 이해할 수 없는 거야. 잘 알게 되면 돼!"

"그래, 둘은 서로 많이 달라."

필이 동의했다.

"생쥐는 빠르고, 거북은 느려. 둘은 서로 다른 먹이를 먹지. 생쥐는 그늘을 좋아하고 거북은 태양을 좋아해. 생쥐는 작고 거북은 크고, 한 놈은 털과 콧수염이 있지만 다른 한 놈은 등딱지가 있고 콧수염은 없어."

"그런데 단지 서로 다르다고 업신여길 필요는 없잖아."

펠리가 말했다.

"생쥐는 거북이 느리기 때문에 멍청하다고 생각해. 하지만 거북은 빠를 필요가 없어! 시간을 두고 철저히 살면 되니까. 그리고 거북은 생쥐가 너무 빠르다고 생각하지만 그렇지 않으면 생쥐의 생명이 위험할 수 있어."

"만약 서로에 대해 더 많이 알게 된다면 업신여길 필요도 없을 거야. 둘은 서로 너무 빨리 판단하고 심지어 비난까지 하고 있어."

필이 말했다.

"남자애들이나 여자애들도 마찬가지야!"

펠리는 하고 싶은 말을 참지 않았다.

필은 펠리의 말 속에 있는 뼈를 흘려 듣고 다시 말했다.

"아니면 터키 사람과 쿠르드 족, 선생님과 학생, 젊은 사람과 나이 든 사람, 옛 동독 사람과 옛 서독 사람 등등도 서로 잘 이해하지 못해. 어쨌든 진짜 누구인지 몰라. 그걸 알려고 노력도 하지 않지. 그러니까 서로 낯선 거라고."

"동물은 서로 관심도 없잖아!"

펠리가 소리쳤다.

"내 생각에는 저마다 잘났다고 서로 업신여기는 것 같아."

"하지만 둘은 상대를 잘 알 수 있는 기회를 놓쳐 버리잖아. 모두 자기 생각만 하기 때문이지. 이건 물론 더 쉬운 일이야! 오로지 자기 삶만 알고 다른 것은 전혀 생각하지 않아. 이건 앞의 이야기와 관계가 있어! 생쥐와 거북은 어쩐지 눈이 먼 것 같아."

"이들의 눈을 열어 줄 방법은 없을까?"

필이 말했다.

"내가 말했잖아. 둘이 서로에 대해 알게 해야 해."

펠리가 대꾸하며 몽당연필로 천천히 뭔가를 쓰기 시작했다.

생쥐는 앞발로 거북의 따뜻한 등딱지를 더듬었습니다. 참 편하네. 생쥐는 속으로 생각했습니다. 날 잡아 먹는 새나 고양이가 나타나도 도망갈 필요가 없겠어. 생쥐는 킁킁거리며 조심스럽게 냄새를 맡았습니다.

등딱지 안은 공기가 뜨겁고 차가웠습니다. 보아하니 녀석 때문에 겁먹을 필요는 없을 것 같아. 거북은 생각하며 머리를 아주 조심스럽게 내밀었습니다.

펠리는 쓰다가 멈췄다.
"어떻게 계속 써야 할지 알겠어."
필이 말했다.
"둘은 서로 이야기를 나눠야 해."
필이 이어서 쓰기 시작했다.

"넌 짐승이니?"
생쥐가 물었습니다.
"등딱지는 원래 네 거야?"
"넌 어쩜 그렇게 빨리 달리고 먹을 수 있니?"
거북이 물었습니다.
"난 그래야만 해! 고양이와 말똥가리가 여기저기 숨어 있고 새끼들에게 내가 꼭 필요하기 때문이야."

생쥐가 대답했습니다.

"네 몸은 전혀 보호가 안 되잖아! 무섭지 않니?"

거북이 궁금해 했습니다.

"오, 난 아주 재빨라서 어느 곳이든 볼 수 있어. 만약 내가 등딱지 속에 들어가 숨는다면 아주 많은 것을 모를 거야. 어쩌면 네가 느려서 모르는 이야기도 들려줄 수 있을 거야. 난 세상에서 일어나는 일을 정말 많이 알고 있거든."

생쥐는 자청했습니다.

"그런데 난 생각할 시간이 아주 많아."

거북이 말했습니다.

"아마 넌 없을걸. 하지만 난 많은 시간을 혼자 보내. 우리 가끔 만나서 이야기할래?"

이렇게 생쥐와 거북은 진짜 친구가 되었습니다.

"친구는 소중해."

필이 말했다.

"서로 모르는 사람들은 저마다 상대의 그림을 그리는데 만약 이야기를 나누지 않는다면 그 그림도 변하지 않아."

"하지만 난 항상 그림을 그려!"

펠리가 큰 소리로 말했다.

"예를 들어 이야기를 마음속으로 그리고, 생쥐와 거북, 콧수염과 등딱지의 모습을 상상하는 거야. 나는 그림을 그릴 수 있어! 그러면 이야기를 더 잘 이해할 수 있지. 스스로 그림을 그리면 이야기는 낯설지 않아."

"하지만 그건 네 그림일 뿐이야. 다른 사람은 다르게 상상할 수 있어!"

필이 지적했다. 문제는 그렇게 간단한 것이 아니다. 이 그림에도 어떤 좋은 점이 있을까? 이 그림으로 더 잘 이해하는 법을 배울 수 있을까?

"이젠 그림 우화를 읽고 싶어."

펠리가 말했다.

"두 이야기를 건너뛰자!"

여기저기 그림이 있다!

할머니는 거실에 앉아 잡지를 본다. 할머니는 항상 좋은 요리법을 찾는다. 남편의 사랑은 아내의 요리 솜씨에 달려 있다는 말이 있다. 똑같은 음식을 또 만드는 것은 사랑이 끝났음을 의미한다. 그래서 할머니는 언제나 새로운 요리를 실험하기를 멈추지 않는다. 물론 성공적인 요리를 만들기 위해서 남편과 아이들이 바라는 대로 요리한다.

할머니는 더 좋은 음식을 만들기 위해 배우는 것도 즐긴다. 또한 나이가 들면 건강한 음식을 먹는 일이 특히 중요하기 때문에 이제는 그다지 맛은 없지만 몸에 좋은 음식을 만들려고 한다. 그런데 이런 음식을 설명한 요리책은 별로 없다!

그래서 할머니는 스스로 실험을 하는 것이다. 하지만 요리 책에 나오는 방법에서 항상 자극을 받는다.

요리책의 사진은 얼마나 멋진지! 그릇과 요리도 정말 잘 어울린다! 요리에 대한 호기심을 먼저 일으키는 것은 사실 사진이다. 만약 사진이 없다면 요리책을 읽게 될까?

할머니는 사진작가가 요리를 먹음직스럽게 보이게 하는 비결을 알고 있다. 색과 모양을 유지하기 위해 재료를 모두 익히지 않는 것이다. 기름이나 녹인 버터, 심지어 스프레이 를 써서 윤기가 흐르게 한 뒤 빛을 잘 비춘다. 보는 사람의 눈 을 유혹해야 하기 때문에 모든 것을 정확히 계획해야 한다. 하지만 설령 이런 사실을 알아도 보는 일은 언제나 즐겁다. 인간은 진정 시각적 동물이라고 할머니는 생각한다.

인간은 본래 그런 걸까? 아니면 오늘날에 와 그렇게 된 걸 까? 어쩌면 텔레비전이 나온 뒤부터 그런 건지도 모른다. 할 머니는 잡지를 계속 넘기다가 패션 모델 사진을 보았다. 사 진을 찍히는 대상은 제대로 꾸미고 준비를 잘해야 한다. 화 장을 하지 않은 모델은 아무것도 아닌 것처럼 보인다. 화장 을 하고 잘 꾸며야 시선을 끌 수 있다.

할머니는 늘 유행에 관심이 있었다. 유행하는 옷을 입으면 오랫동안 젊게 보이고 군살을 감출 수 있었다. 자신에게 어 울리는 스타일과 어울리지 않는 스타일을 잘 알았지만, 자꾸

자꾸 바뀌는 새 유행을 따르는 일이란 게 늘 재미있지만은 않았다. 할머니에게는 물론 자신이 어떻게 보이는지도 중요했다. 그것은 허영심이라기보다는 고리타분한 사람으로 보일지 모른다는 두려움과 더 관련이 있었다. 옛날에 할머니는 자신을 이렇게 돌이켜보았다.

할머니는 화장품에 관한 부분으로 넘어갔다. 여기서도 주제는 꾸미기다! 피부를 오래도록 젊게 유지하는 크림도 있다. 다른 사람이 자신을 어떻게 보는지는 왜 그렇게 중요할까? 그것은 유명한 사람들에게도 아주 중요하다. 영화배우는 심지어 운명이 달려 있다. 팝송은 왜 뮤직 비디오와 함께 보여 줄까? 듣기만 하는 것은 충분하지 않기 때문이다! 통신 판매 회사와 여행사의 카탈로그도 모두 그렇다! 그림을 보고 사고 싶은 마음이 생기기를 바라기 때문이다. 그리고 텔레비전의 영상들! 할머니는 사실 텔레비전이 없어서 좋다. 그렇더라도 남몰래 좋은 영화나 영어 방송이 보고 싶을 때가 가끔 있다. 영어 실력이 녹슬어서 적어도 듣고 이해하는 연습을 다시 할 수 있을 것이다. 할머니는 아들딸네 집이나 이웃집 또는 휴가지에서 가끔 텔레비전을 본다. 그러나 텔레비전을 너무 많이 보면 감각이 무디어진다고 믿는다. 예를 들어 전쟁 장면을 보면 그렇다. 사람들은 아무 생각 없이 영상을 소비한다. 중요하지 않은 그림과 끔찍한 장면은 계속 영향을 미치며 생각을 좌지우지한다. 할머니는 머릿속이 마치 영상으로 꽉 찬 느낌이 든다. 자신의 소리에 점점 더 귀 기울이지 않는다. 자신이 참으로 누구인지 더욱 알 수 없다! 할머니는 정신을 집중하지 못하고 자신이 바라는 것이 무엇인지, 자신을 위해 진정 원하는 것이 무엇인지 갈수록 생각하지 않는다는 사실을 깨달았다. 할머니는 힘을 얻을 수 있는 평온함을 바란다. 넘쳐나는 영상, 쓸데없이 늘어놓는 말은 할머니가 바라는 것이 전혀 아니다.

할머니는 맞은편 벽에 걸린 그림에 시선을 돌렸다. 할아버지의 옛 동료가 그린 그림이다. 그 친구는 학교에서 미술을 가르치면서 그림을 그렸다. 전시회 연회에 초대를 받아 갔을 때 할아버지와 할머니는 이 그림을 보자마자 마음에 들었다. 그림을 보면 그 속으로 빠져 들 것 같은 느낌에 기분이 좋아진다. 그림에는 길이 있다. 이 길을 따라 걸어갈 수 있을 것 같다. 어디로 향하는 길일까? 지금 내가 가는 길은 어느 것일까? 두 갈래 길 가운데 어느 쪽을 선택할까? 나는 지금 어떤 결정을 내려야 할까? 밖에는 물론 많은 길이 있지만 그림틀은 바깥 길에는 없는 의미를 부여한다. 사람은 그림을 보고 자신을 잘 알 수 있다.

할머니는 아들딸과 손자 손녀 사진이 든 액자를 바라본다. 사진을 보면 아름다운 기억이 많이 떠오른다! 사진이 없어도 많은 것을 생생히 기억할 수 있을까? 아이들이 어렸을 때 할아버지가 찍은 아이들의 영화는—당시 비디오 카메라는 아직 없었다—할머니가 즐겨 생각하는 추억이다. 비록 아이들은 손을 흔들거나 계단을 오르고 내리는 것을—물론 감독은 할아버지였다—점점 싫어했지만 지금은 그것을 보며 웃고 추억할 수 있어서 즐겁다. 할머니는 영화의 몇 장면을 회상한다. 기억은 항상 이미지와 같을까? 아니면 이미지와 결합되어 있을까?

머릿속에서 옛 그림이 수없이 스쳐 지나간다. 할머니는 병실에 누워 있는 아들을 생각한다.

그리고 미래도 그려 본다. 예를 들어 외로운 바닷가에 서서 저무는 해를 바라보는 남편과 자신의 모습을 상상한다. 아니면 언제나 꿈꾸어 오던 선박 유람 여행을 떠올린다. 이런 수영복과 저런 옷을 입은 모습은 어떨까?

할머니가 생각하는 자신의 모습은 진짜일까? 생각해 보면 그것은 단지 거울에 거꾸로 비춰진 모습이다. 사람들은 거울 앞에 서면 자연히 가장 좋은 자세를 취한다. 옷가게 손님은 거울에 자신의 모습이 가장 멋지게 보일 때 옷을 사기 때문에 거울은 사람을 실제보다 날씬하게 보여 주어야 한다. 할머니는 사진 속 자신의 모습이 대개 어색하고 이상하다. 다른 사람들이 생각하는 할머니의 모습은 할머니가 생각하는 자신의 모습과 다르다!

오늘은 램프에 석유를 채워 넣고 늦게 다락방에 올라왔다. 필과 펠리는 낡은 소파 위에 앉았다. 자고 가는 손님이 가끔 있을 때 아래층으로 옮기기 때문에 소파는 비닐이 씌워져 있다. 필과 펠리는 비닐을 벗기고 소파 위에 편히 앉았다. 필은 벌써 상자에서 책을 꺼내 왔다.

"읽어 줘!"

펠리가 말하며 소파 위에 엎드렸다. 필은 펠리 옆에 책상다리를 하고 앉았다. 이렇게 앉으면 책이 무릎에서 떨어지지 않도록 잘 놓을 수 있기 때문이다. 석유 램프는 팔걸이 위에 올려놓았다. 필과 펠리는 천창 바로 아래에 앉았지만 다락방 안은 벌써 조금씩 어두워지고 있다. 필은 읽기 시작했다.

그림 세상

"세상은 추하고 지루해."

공작이 말했습니다.

"나보다 멋진 새는 없을 거야. 난 아름다운 것만 보고 싶어. 초라한 참새, 생쥐, 지렁이, 거미는 모두 불쌍해. 쳐다볼 가치조차 없지. 사는 게 너무 재미없어. 더 멋진 생을 살고 싶어! 난 하늘을 잘 날지 못해. 그렇다면 대단한 걸 체험해 보고 싶지. 하지만 그건 귀찮고 힘든 일이야. 난 차라리 뽐내며 돌아다니고 가끔 꼬리로 멋들어진 부채꼴을 만들어서 사람들의 감탄을 자아내는 일이 더 좋아. 하지만 나도 멋진 것을 보고 싶다고!"

"그건 어려운 일이 아냐."

지혜로운 올빼미가 말했습니다.

"사는 게 재미없고 지루하다는 생각을 잊도록 가짜 세상을 만들면 돼. 예를 들어 재미있는 이야기를 지어내고 이야기의 그림을 그려 볼 수 있어. 만약 아이디어가 더 이상 떠오르지 않는다면 다른 동물에게 돈을 줘서 우리를 즐겁게 해 주도록 시키지."

"맞아, 재미! 바로 그거야!"

공작이 말하자 삶이 고달픈 다른 동물들도 환호했습니다. 힘든 일상을 뒤로하고 마음이 불안한 원인을 잠시나마 잊고 싶었기 때문입니다.

이래서 동물들은 엄청 많은 그림과 이야기를 만들어 내기 시작했습니다. 많은 동물들이 아름다움을 열망하고 꿈꿀 수 있는 세상을 그리워했기 때문입니다.

점점 더 많은 동물들이 마치 마법에 걸린 듯 화려한 그림과 이야기 속으로 빠져 들어갔습니다. 밤낮으로 아름답고 흥미로운 것을 보고 그 이야기를 듣고 싶었습니다. 심지어 내면의 시계 소리를 듣지 못해서 겨울잠을 자거나 둥지 치는 일을 잊은 동물도 있고, 따뜻한 남쪽으로 날아가는 일을 잊은 철새도 있었습니다. 왜냐하면 차츰 진짜 세상처럼 느껴지는 가짜 세상이 너무도 좋았기 때문입니다. 화려한 그림 세상은 이제 동물들의 현실이 되었고, 동물들은 세상에서 아픔과 기쁨 그리고 희망을 체험했습니다.

그런데 이상하게도 동물들의 마음에는 의욕이 생기지 않았습니다. 아름답고 흥미로운 것을 마음대로 고를 수 있다는 사실은 아주 멋진 일이었습니다! 그렇게 누구나 세상을 원하는 대로 만들고 편하고 즐거운 삶을 살 수 있었습니다. 그림과 이야기는 동물들이 무한한 자유를 느끼도록 속였습니다. 동물들이 자유롭게 선택할 수 있었으니까요.

그러나 또한 동물들은 점점 의존적이고 이기적으로 변해 갔습니다. 어느 동물도 공작을 보고 감탄하지 않았습니다. 공작보다 더 멋진 것이 있었으니까요. 더 이상 다른 동물을 돕거나 다른 동물의 말에 귀 기울이지 않았습니다. 힘들고 시간이 많이 드는 일이었기 때문입니다. 그 사이 다른 일을 놓쳐 버릴 수 있기 때문이지요!

이처럼 가짜 세상은 진짜 세상을 가리고 변하도록 만들었습니다. 동물들이 상상한 그림으로 원래 세상은 변하기 시작했습니다. 동물들은 화려한 그림 세상에서 세상의 그림을 발견할 수 없었습니다. 자기 자신도 그 안에서 거의 찾아낼 수 없었습니다. 동물들의 머릿속은 모험으로 가득 찼지만 그것은 진정 동물들 자신의 모험이 아니었습니다. 동물들은 점차 서로 낯설어졌습니다. 더불어 사는 것이 아니라 단지 공존할 뿐이었기 때문입니다. 동물들은 저마다 만든 가짜 둥지에서, 자신의 그림 동굴에서 혼자 살아갔습니다. 어느 동물도 바깥으로, 밝은 곳으로 나오지 않았습니다.

그렇기 때문에 동물들은 자신과 자신이 바라는 일에 관심이 점점 커졌습니다. 그리고 이 바람 가운데 대부분이 가짜 세상에서 생겨난 사실을 알아차리지 못했습니다. 나중 세상이 처음 세상이 되었습니다. 동물들은 처음 세상을 점점 더 알지 못하고 관심도 잃어버렸습니다. 더는 그림의 실제가 궁금하지 않았습니다. 그림은 새로운 현실이 되었기 때문입니다. 옛날에 중요한 것이 이제는 쓸모가 없어졌습니다.

"이야기의 끝이 아주 나쁜걸."

이야기가 끝나자마자 펠리가 말했다.

"난 그림이 좋은데 왜 나쁘다는 걸까? 그림은 화려하면 화려할수록 좋아!"

"하지만 상상하는 이미지는 틀릴 수도 있다는 걸 앞에서 봤잖아."

필이 자신의 생각을 말했다.

"하지만 재미가 있다면 사실이 아니어도 나쁘지 않잖아!"

펠리가 말했다.

"나도 컴퓨터 게임을 할 때 가끔 그렇게 생각해."

필이 펠리의 말에 동의했다.

이때 펠리는 선입관을 떠올렸다.

"그게 다른 사람에 대한 상상과 같은 종류의 이미지일까? 머릿속에 있는 이미지 말이야. 때로는 이미지가 현실과 같은 게 중요한 것 같아. 그리고 때로 그것은 전혀 나쁘지 않고 오히려 재미가 있어! 상상의 그림이라니!"

펠리가 덧붙였다.

"그걸 어떻게 구별할 수 있을까?"

"구별하는 건 어려워. 좀 생각해 봐야 해."

필이 말했다.

펠리는 책에 위풍당당한 공작 한 마리를 그리면서 언젠가 조류 공원에서 본 공작을 상상해 보았다. 공작은 잔뜩 뽐내며 꼬리를 활짝 폈다. 펠리는 공작의 꼬리털을 주워서 보물처럼 간직했다. 필은 그림을 그리는 펠리의 모습을 지켜보았다. 펠리는 공작 주위에 다른 동물들을 그렸다. 그런데 다른 동물들은 모두 안경을 쓴 채 딴 곳을 바라보았다.

"광고에 나오는 비디오 안경 같은 거야."

필은 펠리의 설명을 듣고 기억을 떠올렸다. 광고에는 베두인 족 두 사람이 등장한다. 이들은 해가 지는 화려한 배경 앞에서 안경을 쓰고 영화를 보고 있다. 진 켈리인가 하는 배우가 나오는 흑백 영화다!

어쩌면 베두인 사람들은 일몰 풍경이 평범하고 지루해서 다른 것을 보고 싶었는지 모른다. 아름다운 일몰에는 흥미가 없기 때문이다.

필은 책을 들고 펠리의 그림 아래 이렇게 적었다.

우리에게는 왜 이미지가 필요할까?

이미지에는 어떤 종류가 있을까?

참된 이미지와 거짓된 이미지를 어떻게 구별할까?

이미지와 현실이 다르면 무엇이 나쁠까?

너무 많은 이미지가 존재할 수 있을까?

이미지는 우리에게 무슨 일을 꾸밀까?

이미지로 삶을 잊을 수 있을까?

대체 무엇이 아름다울까?

어떤 아름다움이 필요할까? 그 이유는?

우리에게는 나쁜 이미지도 필요할까?

스스로 그린 이미지와 주어진 이미지의 차이는 무엇일까?

가짜 세상이란 무엇일까? 우리는 그것을 원할까, 원하지 않을까?

"와, 난 이렇게 많이 생각해 내지 못했을 거야!"
펠리가 감탄했다.

정치

"할아버지, 위험한 그림도 있어요?"

필은 그림에 대해 오래전부터 생각해 왔고 지금도 여전히 생각하고 있다.

포로노 그림은 물론 나쁘지. 할아버지는 생각한다. 포르노는 재미만 있으면 다른 사람을 물건처럼 이용할 수 있다는 생각을 보여 주고 젊은 사람들에게 사랑에 대한 잘못된 상상을 심어 준다고.

할아버지가 말했다.

"만약 누가 자신의 세계상을 진실이라고 믿고 그것으로 모든 것을 설명할 수 있다고 생각한다면 그것은 위험한 그림이지. 자신의 의견과 다른 의견도 중요하다는 사실을 인정하지 않는다면 특히 위험하단다."

할아버지는 필과 함께 정원 탁자에 앉아서 프랑스 신문을 읽던 참이다.

"『르 몽드』."

필이 신문의 이름을 읽었다.

"몽드는 라틴어인 문두스(mundus), 즉 세상이라는 말에서 왔나요?"

할아버지는 고개를 끄덕였다.

"신문에도 세계상(世界像)이 있을까요?"

할아버지는 아마 다른 생각에 빠져서 필의 말을 듣지 못한 것 같다.

펠리는 다리를 흔들며 배나무에 달린 그네를 타고, 필은 주머니칼로 나뭇가지 껍질을 깎으며 생각에 잠긴다.

어제는 우화집을 읽지 않았다. 할아버지, 할머니와 함께 자전거를 타고 할아버지가 낚시하던 호숫가로 갔기 때문이다. 필과 펠리는 호수의 물고기들이 놀라지 않도록 소곤소곤 말해야 했다.

필과 할아버지는 생각에 빠져 들었다. 말은 항상 필요 없다.

호수는 강에서부터 생겨났지만 물은 마치 고여 있는 듯 보인다. 할아버지는 이런 움직임 속의 고요함을 즐겼다! 모든 것은 흐른다. 비록 그것을 깨닫지 못하더라도. 할아버지는 인생의 커다란 움직임 가운데 일부다.

할아버지는 낚시 고리 없이 미끼로만 낚시를 한다. 물고기를 잡으면 어떻게 할까? 도로 물속에 던져 넣겠다고 할아버지는 생각한다.

물고기를 잡는 것보다 평화로운 고요가 더 좋기 때문이다.

필은 수수께끼에 대해 생각했다. 어떻게 생겨났는지 아는 자가 없으니. 이 호수와 같은 자연물이 어떻게 생겨났는지 정확히는 모르지만 추측을 하거나 책에서 찾아볼 수는 있다. 따라서 호수는 수수께끼의 정답이 될 수 없다.

없으면 나쁘니라. 무엇이 없다는 말일까? 친구와 가족. 하지만 친구와 가족도 어디서 왔는지 알 수 있다. 역시 정답이 아니다. 또 무엇이 없을까? 컴퓨터와 주머니칼은 오랫동안 갖고 있지 않다면 나쁠 것 같다.

펠리는 할머니와 함께 허브를 찾으러 갔다. 할머니는 허브의 이름과 효능을 설명해 주었다. 저녁이 되자 두 사람은 햇빛에 얼굴이 달구어진 채 허브를 들고 집으로 돌아왔다. 그리고 피곤한 몸으로 이내 잠자리에 쓰러졌다. 물고기는 잡지 못했다.

필은 이야기의 핵심을 다시 생각했다.

"자신의 의견과 다른 의견도 중요하다는 사실을 인정하지 않는다."

필은 반복했다.

"하지만 만약 자신의 생각이 옳다고 확신한다면 어떻게 하죠?"

"바로 그런 생각이 위험한 거란다."

할아버지는 대답하며 신문을 내려놓았다.

"어쩌면 다는 알지 못한다거나 자신은 틀리고 다른 사람이 옳을 수 있다는 생각을 항상 염두에 둬야 해."

"그럼 세계상은 왜 있어요?"

필이 물었다.

"글쎄, 사람은 저마다 자기 눈으로 세상을 보지. 모든 걸 설명할 수 있고 자신이 그린 이미지와 맞으면 매력을 느낀단다. 어쩔 수 없을 때에는 억지로 맞추기도 하고."

할아버지는 이어서 말했다.

"그러면 더는 다른 설명을 찾지 않고 생각하기를 멈추어 버린단다. 이게 더 편하니까. 그리고 자신과 다르게 생각하는 사람들을 위험하다고 판단해 버려. 자신의 안전을 위협하기 때문이야. 이렇게 되면 자신과 똑같이 생각하는 사람과 다르게 생각하는 사람만 남게 돼. 그리고 결국 본래의 문제는 잊어버리고 자신의 생각을 관철하고 주도권을 장악하려고 든단다."

"그래서 설명이 많으면 안 되나요?"

"그렇단다. 그것은 세계상의 힘을 위태롭게 할 수 있지. 왜
냐하면 그 힘으로 정치도 할 수 있기 때문이야. 대부분 나쁜
정치를 말이지."

"왜 나쁜 정치예요?"

"오로지 지배에만 관심이 있으니까 그런 거지. 이런 정치
에는 생각이 너무 많은 건 위험한 일이란다. 가장 좋은 건 사
람들이 더는 생각하지 않거나 감히 생각할 엄두를 내지 않는
것이지."

"정말이요?"

"물론 지배자에게만 그래."

"그러면 세계상은 더는 변하면 안 되나요?"

"사람들은 안정을 원한다. 만약 정당이 끊임없이 변하고
생각을 바꾼다면 사람들은 자신이 어느 곳에 속하는지, 어떤
세계상을 따라야 하는지 더 이상 알 수가 없지."

"스스로 세계상을 만들지 않는다면 말이죠."

"스스로 만든다면 가장 좋은 거지."

그러고는 할아버지는 다시 신문을 읽는 데 몰두했다. 세상
에는 별의별 일이 다 일어난다! 적극적으로 참여하는 정치
는 얼마나 중요한지! 할아버지는 자신이 좋아하는 한 여성

철학자를 떠올렸다. 하지만 아쉽게도 이 여성과 알게 되지는 못했다.

"필, 한나 아렌트라는 이름을 들어 봤니?"

할아버지가 묻자 필은 없다고 대답했다.

"할아버지는 이 여성이 생각하는 정치를 좋아한단다."

할아버지는 말했다.

"아렌트의 철학은 독특해. 아렌트는 판단력이 단호했지. 사람들을 통제하려는 국가 형태에 맞서 싸우고 시민의 힘을 내세워 국가 권력에 저항했어! 하지만 물론 저항에는 스스로 생각하고 생각한 대로 행동할 사람들이 필요해. 그래서 아렌트는 개인의 행동하는 삶과 일상의 일이 중요하다고 생각했단다. 이때 개인은 세상과 동떨어지면 안 돼. 자신의 생각과 행동을 포기하면 안 되지!"

필은 고개를 끄덕이며 속으로 말했다.

'네 자신의 오성을 사용할 용기를 가져라! 칸트의 말이 옳다.'

할아버지는 자주와 자유를 끊임없이 실현해야 한다고 생각한다. 한나 아렌트는 또한 반정치의 총체적 지배에 맞서 싸웠다. 소비 지향적 세상에 대항하는 무엇이 있어야 한다! 하지만 이를 위해서는 우선 세상에서 자신의 생각을 찾아내야 한다. 한나 아렌트는 참으로 멋진 여성이었다.

햇볕이 바로 내리쬐는 곳이 너무 더워서 칸트는 사과나무 그늘에서 졸고 있다.

개에게도 세계상이 있을까? 필은 궁금했다. 개도 이미지를 그릴까? 예를 들어 칸트에게도 이 정원에 대한 표상이 있을까? 꿈에서 그것을 볼 수 있을까? 필은 확신할 수 없었다.

점심을 먹은 뒤 필과 펠리는 다시 다락방으로 올라갔다. 천창을 열었지만 이곳도 더 시원하지는 않다. 어두울 뿐이다. 하지만 적어도 뜨거운 햇빛 때문에 피부에 화상을 입는 일은 없을 것이다.

"오늘은 두 가지 이야기를 읽자."

필이 말했다.

펠리는 벌써 책을 펼쳐 놓았다.

"이건 전혀 오래된 책이 아니야!"

펠리가 갑자기 말했다.

"책 안은 새것 같아. 겉만 낡아 보일 뿐이지."

"옛것에서 새것을 만들고."

필이 중얼거렸다. 책! 책이 바로 그 비밀일까? 단지 오래된 듯 보인다고? 하지만 옛것에서 새것을 만들고, 어떻게 생겨났는지 아는 자가 없다?

"곧 생각나겠지. 계속 읽어 보자!"

펠리가 말했다.

고양이 앞발

"난 내 앞발이 좋아. 그걸로 어루만지면 무지 보드랍지! 털을 청소할 때 계속 쓰다듬고 싶어. 털이 비단처럼 부드러워지고 윤기가 나거든. 기분이 정말 좋아."

수고양이 카를로가 여자 친구 카를라에게 말했습니다.

"그래, 맞아."

카를라는 카를로의 말을 증명하듯 부드러운 앞발로 그의 털을 가볍게 쓰다듬었습니다.

"이렇게 부드러운 앞발이 없다면 노는 것도 재미없을 거야. 그리고 앞발이 있어서 아주 조용히 움직일 수도 있어. 거의 아무 소리도 나지 않게 말이야!"

"바로 저게 위험한 거야."

흥분한 아빠 쥐가 새끼 쥐들에게 말했습니다. 잔뜩 겁을 먹은 새끼 쥐들이 아빠 쥐 주위에 모여 들었습니다.

"지금 들은 그 말을 절대 믿으면 안 돼!"

아빠 쥐가 크게 소리쳤습니다.

"고양이 앞발은 정말로 끔찍해. 꼭 명심해야 한다! 너희 할아버지는 결국 당하고 말았지. 그래서 우리에게 더 이상 이야기를 들려줄 수 없단다. 하지만 할머니는 심한 상처를 입고 기적처럼 살아났어. 할머니 말을 들어야 해! 고양이 앞발에는 크고 날카로운 발톱이 있단다. 발톱은 대개 아주 치명적이야!"

쥐와 고양이는 커다란 마당에서 함께 살고 있었습니다. 쥐에게는 위험한 고양이를 피할 수 있는 안전한 쥐구멍이 있었습니다. 그렇지만 먹이를 얻기 위해서는 위험을 무릅써야 했습니다.

"그래, 고양이가 하는 말을 믿으면 절대 안 된다!"

엄마 쥐는 아빠 쥐를 거들었습니다.

"옛날부터 쥐와 고양이는 서로 적이란다. 그건 앞으로도 달라지지 않을 거야. 고양이는 거짓말을 해서 너희가 마음을 놓으면 덤벼들지! 고양이 앞발은 달라. 우린 그걸 알지! 모든 건 단지 정치일 뿐이야. 너희가 진실을 모르도록 경계심을 풀게 만드는 거란다. 사실 고양이는 집안의 주인이 항상 누구인지 보여 주고 싶을 뿐이지. 그걸 위해서는 모든 걸 믿는 멍청한 녀석들이 필요한 법이야. 고양이 앞발은 끔찍해! 내 말을 못 믿겠다면 한번 조사를 해 볼까? 사실 고양이한테 물어 보는 일은 너무 위험해. 분명 거짓말을 할 테니 소용도 없을 테고. 고양이에게 희생당한 쥐를 조사하는 편이 낫겠지만 살아남은 쥐가 많지 않아서……."

새끼 쥐들은 쥐구멍을 통해 카를로와 카를라가 다정히 노는 모습을 관찰했습니다. 카를로와 카를라는 성질이 고약한 것 같지는 않았습니다. 새끼 쥐들은 아빠 쥐와 엄마 쥐가 한 말을 도무지 믿을 수 없었습니다. 새끼들은 아빠 쥐와 엄마 쥐의 경험에서 배워야 할까요?

아니면 이들이 그저 새끼들을 걱정해서 이야기한 걸까요? 그리고 자신들과 다르게 되는 것을 바라지 않았기 때문에?

누구의 말이 옳은지 어떻게 알 수 있을까요? 고양이 앞발의 정체는 무엇일까요? 이런 서로 다른 이야기를 듣는다면 누구의 말을 믿어야 하지요? 무엇이 합목적적 주장이고 무엇이 아닌가요?

결국 옳은 건 하나뿐입니다. 그것을 쥐의 백과사전을 보고 확인할 수 있나요? 아니면 고양이의 백과사전을 보는 게 나을까요? 누가 진실을 알까요? 누가 저들에게 사실을 말해 줄 수 있을까요? 새끼 쥐들은 그걸 꼭 알고 싶어서 점쟁이를 찾아가기로 마음먹었습니다.

"쥐는 점쟁이가 진실을 말해 줄 수 있다고 생각해."

필은 말하며 책을 내려놓았다.

"다음 이야기를 계속 읽어 봐! 오늘은 두 가지 이야기를 읽기로 했잖아."

펠리가 말했다.

"깨우침."

필이 큰 소리로 읽었다.

"난 벌써 받았어."

펠리는 우쭐하며 말했다. 부모님은 펠리에게 갓난아이를 물어 온다는 황당무계한 황새 이야기를 들려준 적이 한 번도 없다.

"그래도 한번 읽어 봐."

"그럼."

필은 책을 다시 들어 올렸다.

깨우침

"난 항상 토끼가 부활절 달걀을 낳고, 부활절 달걀이 새끼 토끼가 되는 줄 알았어요."

토끼 학교에서 어린 토끼가 말했습니다.

드디어 날씨가 따뜻해지고 연초록 풀잎 끝 사이로 작은 사프란(붓꽃과에 속하는 여러해살이 풀*)이 조심스럽게 머리를 내밀었습니다. 해마다 이 때가 되면 어린 토끼들은 토끼 학교의 사프란 풀밭에 모였습니다. 흥분한 어린 토끼들은 확신이 들지 않습니다. 사실은 모두 부활절 달걀을 믿어 왔기 때문입니다.

"그건 맞는 이야기가 아닌가요?"

어린 토끼들이 곧장 한 목소리로 외쳤습니다.

"그럼 한번 설명해 줄게요."

토끼 선생님이 말했습니다.

"믿는 것이 반드시 진실은 아니에요. 여러분은 진실을 알아야 하지요! 예를 들어 황새가 아기를 물어 온다는 이야기나 어린 토끼들이 꽃양배추 안에서 자란다는 이야기를 믿는 토끼들이 있어요. 하지만 이런 걸 믿는 토끼들은 점점 줄어들고 있지요. 옛날 사람들은 마녀가 있다고 믿었어요. 점성(占星)을 믿고, 검은 고양이나 깨진 거울 유리가 불행을 부른다고 믿는 사람도 있었지요. 그리고 새끼 토끼들은 버릇없는 어린 토끼를 잡아가는 검은 토끼나 불행을 몰고 오는 사냥꾼을 무서워해요. 검은 토끼는 이 세상에 존재하지 않는데도 말이지요. 세상에는 많은 미신이 있어요. 그러나 여러분은 이런 미신을 믿어도 두려워해서도 안 된답니다.

터무니없는 일을 모두 믿고 확인하지 않는 바보가 많다는 건 어떤 사람들에겐 아주 좋은 일이지요. 그래서 여러분은 진실이 무엇인지 스스로 생각하거나 선생님에게 물어 봐야 해요."

"털이 하얗고 눈이 빨간 토끼는 열등하기 때문에 가두어야 한다고 우리 엄마 아빠가 말씀하셨어요. 우리와 다르기 때문에 믿을 수 없다구요."

토끼 소년이 말했습니다.

"그것도 옳지 않아요."

토끼 선생님이 말했습니다.

"모든 토끼는 똑같이 소중하답니다. 우리의 몸 안에는 똑같은 토끼 심장이 뛰고 있어요. 털과 눈의 색은 겉모양일 뿐이지요. 하얀 토끼는 특별히 예쁜 토끼라고 생각할 수 있고, 우리보다 성격이 더 나쁜 것도 더 좋은 것도 아니에요. 하얀 토끼랑 함께 놀면 알 수 있잖아요? 여러분 자신의 오성을 사용할 용기를 내세요! 듣는 말을 모두 믿지 마세요! 그렇게 하면 슬기롭게 살 수 있답니다. 어리석은 토끼만이 잡기 쉬운 먹이가 되는 법이에요. 두려워하지 마세요! 이것도 중요해요. 겁쟁이는 더 이상 필요 없어요. 여러분은 다른 토끼들이 하는 말을 스스로 깨닫고 확인해야 해요. 여러분에게는 알 권리가 있어요. 모든 토끼한테 똑같은 권리가 있는 걸 평등이라고 부르지요. 하지만 이 권리를 깨닫는 일도 필요해요! 그래야 우리는 두려움에서 벗어날 수 있거든요. 그러니까 모두 정확히 판단해야 한답니다!"

"우리가 믿는 건 모두 엉터리인가요?"

나이가 가장 어린 토끼가 풀이 죽어서 물었습니다.

"저는 우리 엄마 아빠가 저를 사랑하고 돌본다고 믿어요."

"물론 믿어도 돼요. 엄마 아빠의 사랑을 믿으면 여러분은 강해진답니다. 하지만 무엇이 진실인지 확인하는 일도 항상 중요해요. 그러면 옳은 것과 잘못된 것을 구별할 수 있게 돼요. 그리고 아무도 여러분을 속일 수 없을 거예요. 그래야만 여러분은 자유롭고 강하고 용감한 토끼가 될 수 있답니다."

이때 어린 토끼 한 마리가 말했습니다.

"저는 그것이 조금 두려워요."

"토끼도 쥐도 두려움이 너무 커."

펠리는 깨달았다. 펠리는 특별히 겁을 낸 적이 한 번도 없다.

"어른이 하는 말을 다 믿을 필요는 정말 없어!"

펠리가 말했다.

"많은 어른들은 거짓말을 해! 예를 들어 전화할 때도 그렇고, 평소에는 우리더러 거짓말을 하면 안 된다고 말하지! 또는 우리가 위험에 빠질 걸 염려할 때도 진실을 말하지 않아. 혹시 아이들이 모든 걸 이해하지 못한다고 생각하기 때문일까? 하지만 우리는 어른들이 생각하는 것보다 훨씬 똑똑해."

필과 펠리는 크리스마스 선물을 주는 산타클로스의 비밀을 벌써 오래전에 알게 되었다. 그러나 필과 펠리의 반응은 다소 냉담했다.

"어쩌면 어른들도 잘 모르는 것이 있을 거야."

필은 중세의 마녀사냥에 대해 쓴 책을 읽은 적이 있다. 요술을 부릴 줄 몰라도 사람들이 마녀라고 믿으면 의혹만으로도 화형을 당했다. 중세 사람들에게는 지금 사람들보다 더 큰 두려움이 있었을까? 모든 사람의 두려움이 한 사람에게 집중될 수 있을까? 그리고 만약 이 사람을 없앤다면 그런 두려움도 사라질까? 사람들은 옳든 틀리든 단순한 설명을 좋아한다. 그렇기 때문에 두려움을 이용해서 사람들을 지배할 수도 있다.

이는 매우 위험한 일이다! 그렇게 해서 사람들을 정치적으로도 나쁜 일에 이용할 수 있기 때문이다. 필은 할아버지와 나눈 이야기를 떠올렸다. 그러니까 깨우침에는 다른 의미가 더 있는 것이다. 하지만 주제는 같다.

다른 사람의 속임수에 넘어가지 말고, 예속되지 말고, 비판적으로 생각해야 한다. 그러면 다른 사람에게 쉽게 지배당하지 않는다.

펠리는 꿈을 꾸듯이 말했다.

"내 친구 리지는 하얀 토끼를 갖고 있어. 난 하얀 토끼가 훨씬 예쁘던데."

"하지만 다른 사람과 다르면 무시를 당할 때가 많아."

필은 반대 생각을 말했다. 필의 반에는 피부가 아주 검은 인도 소년이 있다. 이 아이는 독일로 입양되어서 온 지 오래되지 않아서 독일어를 잘 할 줄 모른다. 그리고 다른 남자아이들과 잘 싸우지 않아서 여자아이들은 그를 좋아한다. 남자아이들은 이 소년이 이상하다고 놀이에 끼워 주지 않는다. 필도 그를 이해하려고 노력하지 않았다. 그에 대한 평가를 이미 내렸기 때문이다. 필은 큰 소리로 말했다.

"우리가 믿는 것이 항상 옳지는 않아. 그렇다면 무엇이 옳은지 어떻게 알 수 있을까?"

펠리는 겁이 많은 쥐를 생각했다. 하지만 이야기에서 흥미로운 점은 또 있다. 똑같은 대상, 즉 고양이의 앞발은 이럴 수도 있고 전혀 다를 수도 있다. 그리고 두 가능성은 모두 옳다! 그러므로 고양이의 말은 거짓이 아니다. 누구에게나 자신의 진실은 있는 것이다. 그런데도 서로 모순인 주장이 똑같이 진실일 수도 있다!

"그건 그렇고 정치가 뭐야?"

펠리가 필에게 물었다.

"뉴스에서는 항상 정치 이야기를 하는데 도대체 그것으로 말하려는 게 뭐지?"

"할아버지의 말을 이해하고 이 우화에 나오는 정치를 생각해 보면 그건 분명 세계관하고 관계가 있어. 고양이의 세계관과 쥐의 세계관은 서로 달라. 그러면 둘은 서로 다르게 행동해야 해. 어쩌면 쥐는 살아남기 위해서 다르게 행동해야 할지 모르지."

"고양이가 그리는 세상은 쥐가 그리는 세상과 물론 달라."

펠리가 주장했다.

"고양이는 쉬지 않고 무엇을 경계할 필요가 없잖아. 그리고 혹시 개 한 마리가 쫓아온다고 해도 나무 위로 올라가 버리면 그만이야."

펠리는 첫 번째 우화 아래에 다음과 같이 적었다.

사랑스러운 쥐들아, 너희 부모님의 말에 겁을 내서는 안 돼.

너희가 직접 경험을 쌓아 보아야 한단다. 하지만 경험 가운데에는 하지 않아야 좋은 경험도 있어. 부모님은 너희가 이런 경험을 피하기를 바라는 거야. 그렇지만 부모님의 말을 무조건 믿으면 안 된단다. 너희 스스로 그림을 그려야 해!

그리고 점쟁이는 결코 너희를 도와 줄 수 없어.

그러고 나서 펠리는 또 떠오른 생각을 썼다.

어쩌면 언젠가는 쥐와 고양이가 친구가 되는 날이 올지도 몰라. 하지만 그때까지는 항상 조심해야 돼.

쥐와 거북의 이야기는 어땠더라? 펠리는 곰곰이 생각했다. 그리고 필은 두 번째 이야기 아래에 이렇게 적었다.

사람은 왜 거짓말에 속을까?

다른 사람의 말은 모두 믿어야 할까?

진실을 아는 방법은 무엇일까?

사람에게는 어떤 믿음이 필요할까? 필요 없는 믿음이란 어떤 것일까?

사실은 다른 사람의 말이 맞는다고 믿어야 한다. 아무도 신뢰할 수 없다는 것은 상상할 수 없다!

그러나 어쩌면 정말 조심해야 하는지 모른다. 사람을 믿기 전에 자세히 살펴라! 필은 할아버지가 말한 속담이 생각났다. 속담에는 분명 무엇이 있다. 그림을 스스로 그리는 방법은 무엇일까? 선입관은 위험한 것이라고 필은 생각했다. 선입관은 사람을 어리석게 만든다. 그리고 옳든 틀리든 자신이 좋아서 나중에는 바꾸고 싶지 않은 판단도 마찬가지다. 필은 계속해서 썼다.

동등한 권리란 무엇일까?

예속되지 않는 방법은 무엇일까?

사람들은 왜 다른 사람을 속일까?

"사실 토끼 이야기는 계속 쓸 수 있을 것 같아."

펠리가 말했다.

"한번 생각해 봐야겠어. 세상에 대한 신뢰를 잃어버리지 않으면서 토끼들은 용감하고 강해져야 해. 그 두려움을 완전히 떨쳐 버릴 수 있어. 다른 토끼의 말에 좌우되지 않고 모든 일을 스스로 판단할 수 있어."

"내일은 뭘 읽을까?"

펠리가 필에게 물었다.

필은 책을 들여다보며 말했다.

"자아 계발."

"그래 좋아."

자유!

"오전에 혼자 집에 있을 수 있니?"

가벼운 여름 원피스에 모자를 쓰고 할머니가 물었다.

"그럼요. 잘할 수 있어요. 그리고 칸트도 있잖아요."

필이 대답했다.

칸트는 인정이라도 하는 양 큰 소리로 짖어 댔다.

토요일 아침마다 할아버지와 할머니는 외식을 한다. 마을 반대쪽에 있는 낡은 물레방아를 개조해서 만든 레스토랑에서 할아버지와 할머니는 아침을 즐겨 드신다. 방학 같은 주말은 이렇게 시작되었다. 할아버지와 할머니는 아침을 먹은 뒤 가까운 장으로 가서 주말 시장을 볼 예정이다.

"신난다! 아무도 없으니까 우리 마음대로 할 수 있어."

할아버지와 할머니가 집을 나가자마자 펠리가 외쳤다.

"너는 그러잖아도 네가 하고 싶은 대로 하잖아!"

필이 대꾸했다.

"알아, 하지만 지금은 조심할 필요가 없잖아!"

펠리가 말했다.

펠리는 거실 소파 위에서 이리저리 뛰다가 할머니의 굽 높은 구두를 신은 채 부엌에서 커피를 끓였다. 어른이 마시는 커피를!

그리고 빵 위에 간 소시지를 얹고 잼을 발랐다.

"웩! 청어에 딸기 소스까지 먹겠구나! 아니면 계란 프라이에 초콜릿 크림을 얹어서!"

"색다른 걸 먹어 보는 것도 좋잖아?"

펠리가 말했다.

"또 무슨 장난을 쳐 볼까? 칸트 몸에 그림을 그려 볼까? 할아버지 책을 찢어서 순서를 바꾸고 알아차리는지 두고 볼까?"

"이 바보야, 그게 재미있니?"

필이 물었다.

"항상 그렇게 이성적으로만 굴지 마. 지겨워!"

펠리가 삐쳐서 큰 소리로 대꾸했다.

"재미있는 일은 좀 해봐도 되잖아?"

"넌 언제나 재미있는 일만 하잖아."

필은 기분이 언짢아졌다.

"아니면 넌 다른 사람을 골리는 일만 재미있니?"

"하지만 오늘은 아무것에도 신경 쓰지 않을 거야. 내 자유를 만끽하고 싶어!"

펠리는 이렇게 소리친 뒤 부엌으로 가서 설탕통과 소금통을 뒤바꾸어 놓았다. 정말 재미있을걸! 그리고 부엌 안을 두리번거리다가 냉장고 안을 들여다보았다. 하지만 재미있는 것은 더 없다. 할아버지와 할머니가 지금 먹을거리를 보급하는 중이니까. 그런데 크림이 있다!

"필, 이리 와서 캐러멜 사탕을 만들어 보자!"

펠리는 외치고는 프라이팬에 버터와 설탕과 크림을 넣은 뒤 레인지 위에서 천천히 가열했다. 그러나 설탕이 갈색으로 변하는 데 시간이 너무 오래 걸렸다! 펠리는 나무 주걱으로 설탕 반죽을 휘저었다.

"끓인 후 식혀서 단단해졌을 때 썰면 돼!"

펠리는 캐러멜 사탕 만드는 방법을 친구에게서 배운 적이 있다. 그런데 정작 만드는 일은 그리 쉽지 않다. 무엇을 잘못했을까?

아직도 기분이 상한 필은 칸트를 따라 정원으로 나갔다. 캐러멜 사탕은 혼자 다 먹으라지. 필은 시냇가에 있는 사과나무 쪽으로 다가갔다. 사과는 아직 작고 색이 파랗다. 하지만 지금은 사과에 별로 관심이 없다. 사과나무 위에는 예전에 필의 아버지가 판자로 지은 낡은 나무집이 있다.

나무집은 많이 흔들거려서 위험하게 보였다. 이미 오래전에 수리를 해야 했다.

지금까지 필은 나무집에 올라가서는 안 되었다. 그러나 이제는 어린애가 아니다! 위험한 것은 모험심을 자극한다! 필은 항상 나무집에 올라가고 싶은 유혹에 빠졌다. 나무에 기어오르는 것은 사실 위험한 일이 아니다. 필은 나무집 안을 한번 자세히 들여다보고 싶을 뿐이다. 필은 버찌나무에 기대어 놓은 사다리를 가져와 사과나무에 기대 세웠다. 그리고 조심스럽게 사다리를 타고 올라가 나무집 안을 살펴보았다. 나무는 오래되었지만 나무집을 떠받치는 나뭇가지는 사실 튼튼해 보인다. 나무가 썩었을까? 필은 나무집 안으로 들어갔다. 나무집에는 집과 마당을 한눈에 내다볼 수 있는 창문이 있다. 정말 멋지다! 여기 위에서는 모든 것이 전혀 다르게 보인다! 위와 옆에는 판자가 없기 때문에 초록 나뭇잎이 보인다. 머지않아 이곳에 앉아서 손만 뻗으면 사과를 딸 수 있을 것이다. 부엌 레인지 앞에 서 있는 펠리가 보인다. 나무집 옆에는 시내가 흐르고 있다. 반대쪽이 한눈에 잘 보였다. 칸트가 사과나무 아래에서 짖어 댔다. 그러나 필은 신경 쓰지 않았다. 필의 머릿속에 아메리카 인디언과 덫을 놓는 사냥꾼 이야기가 떠올랐다. 이제 말 한 마리만 있다면! 하지만 필은 말을 탈 줄 모른다. 도시에 사는 친구들이 생각났다. 친구들은 필에게 다른 모험거리를 알려 주었다. 그것은 컴퓨터로 하는 놀이였다. 도시에서는 이렇게 멋진 모험을 경험할 기회가 없기 때문에 다른 것을 찾아내야 한다. 길 위에서 노는 일은 너무 위험하기 때문이다.

펠리는 이제 요리에 싫증이 났다. 어찌 된 까닭인지 캐러멜 사탕을 제대로 만들 수가 없다. 그리고 어차피 혼자 만드는 일은 재미가 없다.

필이 그렇게 빨리 삐쳐서 펠리를 혼자 내버려두다니! 펠리는 캐러멜 반죽을 한 숟가락 떠서 맛을 보았다. 웩, 정말 맛이 없다! 이때 갑자기 머릿속을 퍼뜩 스치는 게 있다. 펠리는 자신이 설탕통과 소금통을 뒤바꾸어 놓은 사실을 완전히 잊고 있었던 것이다. 할머니가 요리할 때 골탕을 먹이려는 속셈이었는데. 펠리는 자신의 꾀에 스스로 걸려들고 만 것이다.

'남을 빠뜨리려고 구멍을 파는 사람은…….'

펠리는 필의 비웃는 소리가 들렸다. 물론 상상이다. 필은 밖으로 나가고 없으니까. 화가 난 펠리는 레인지를 끄고 위층으로 올라갔다.

얼마 전 할아버지와 할머니는 천개(天蓋)가 달린 침대를 샀다. 할머니가 갈수록 외풍에 시달렸기 때문이다. 하지만 신선한 바람도 포기하고 싶지 않아서 단철(鍛鐵)로 만든 천개 침대를 산 것이었다. 밝은 색 천을 씌우면 마치 섬 위에 둥둥 떠 있는 느낌이 든다.

기분이 상한 펠리는 침대 위에 앉아서 커튼을 쳤다.

할아버지와 할머니가 시장에서 돌아왔을 때 필은 칸트와 함께 정원에서 놀고 있었다. 필이 알맞게 깎은 막대기를 던지면 칸트는 막대기를 쫓아가서 다시 물어 왔다. 칸트가 막대기를 물고 오면 필은 다시 던졌다. 칸트는 필이 훈련시켰다! 칸트는 이 사실을 자랑스러워하는 것 같다.

"펠리는 어디 있니?"

할아버지가 물었다.

"몰라요. 조금 전에도 여기 있었어요!"

필은 자신이 화가 난 이유를 잊어버렸다.

"펠리!"

할머니가 위층을 향해 불렀다.

"통닭이랑 감자튀김을 사왔단다!"

하지만 아무도 대답하지 않았다. 하늘에 구름이 끼어서 할아버지는 얇은 스웨터를 걸치려고 위층으로 올라갔다.

그리고 방 침대 위에서 잠든 펠리를 발견했다.

암호문을 발견하다

    점심을 먹은 뒤 필과 펠리는 사이가 다시 좋아졌다. 할아버지는 낮잠을 자고 펠리는 부엌을 정리하는 할머니를 도왔다. 지긋지긋한 캐러멜을 버려야 하기 때문이다. 펠리는 아직 풀지 못한 수수께끼를 떠올렸다. 책의 비밀의 단서는 찾았다! 오래된 듯 보이지만 사실은 전혀 오래되지 않은 것이다. 왜 그럴까?

"오후에 다시 올라갈까?"

펠리가 오빠에게 조심스럽게 물었다.

"네 마음대로."

필이 대답했다.

"하지만 램프를 갖고 올라가야 해. 날이 점점 어두워지고 있어. 곧 비가 올 것 같아."

다락방으로 올라가기 전에 펠리는 할머니와 함께 정원에서 꽃을 꺾어 거실 꽃병에 꽂아 놓았다. 이것도 할머니가 주말마다 치르는 의식이다. 물론 케이크 굽는 일도 빠질 수 없다.

필은 펠리와 함께 낡은 다락방에 편히 앉았다. 과자 통은 새로 채워 넣었고 램프는 넓은 소파 팔걸이 위에 다시 올려 놓았다. 펠리가 낡은 책을 갖고 왔다. 마술 지팡이를 책갈피에 끼워 놓았기 때문에 필요한 위치를 바로 펼 수 있었다. 필은 책을 읽기 시작했다.

자아 계발

"너도 노랑나비가 되니?"

나비 애벌레 리아가 친구 미아에게 물었습니다. 리아와 미아는 단풍나무 가지 위에서 느릿느릿 기어가고 있었습니다.

"그럴 거야."

리아는 먹이 찾기에 열중하느라 멍하니 말했습니다. 너무 어린 나뭇잎도 너무 늙은 나뭇잎도 안 되었습니다. 방금 잎을 편 나뭇잎이어야 했습니다.

"나비가 되면 정말 멋질 거야! 드디어 자유롭게 되는 거라고! 난 이 좁은 애벌레 껍질에서 벗어나는 모습을 상상해. 그러면 드디어 어디든 마음대로 날아갈 수 있어! 몸에 묶이지 않는 게 진정한 자유야! 애벌레가 되어 본 나비만이 그 느낌을 공감할 수 있어. 이런 불행 뒤에는 행복이 찾아올 거야! 애벌레가 할 수 있는 일이 기어 다니고 먹이를 먹는 일밖에 또 무엇이 있겠어? 이건 사는 것도 아니라고! 우리 안에 우리를 발전시키는 뭔가 있다는 것을 아는 건 참으로 다행이야!"

"그래, 그건 정말 멋진 일이야."

미아가 동의했습니다.

"난 아주 특별한 노랑나비가 되고 싶어. 날개에는 반짝거리는 빨간 점무늬와 파란 점무늬가 있으면 좋겠어. 빨강과 파랑은 내가 좋아하는 색이거든. 나는 이 세상에 한 번도 존재하지 않은 가장 아름다운 나비가 되고 싶어. 이 세상에 하나뿐인 나비가 될 테야!"

"그게 가능하다고 생각해?"

리아는 의아해하며 물었습니다.

"당연하지."

미아는 말하며 너무 흥분한 나머지 리아에게 부딪혀, 두 애벌레는 모두 나무 아래로 떨어졌습니다. 땅에는 바구미 애벌레 한 마리가 있었습니다.

"안녕, 너도 나비가 되니?"

리아와 미아는 궁금해 하며 물었습니다.

"넌 우리와 다르게 생겼구나. 어쩜 하얗기도 해라!"

"그래서 난 나비가 되지 않고 쌍무늬 바구미가 되지!"

바구미 애벌레가 명랑하게 말했습니다.

"난 빨간 점무늬와 파란 점무늬가 있는 노랑나비가 돼."

미아는 자신을 소개했습니다.

"내 무늬를 구상하던 참이야."

"말도 안 돼."

바구미 애벌레가 웃으며 말했습니다.

"내가 원하면 무당벌레처럼 빨강 바탕에 검정 점무늬가 생긴다고 생각하니? 아니면 마음만 먹으면 노랑나비가 된다고 생각해? 내 자유는 거기까지 미치지 못해. 그건 아니야. 자유란 필연성을 아는 거야. 자연에는 법칙이 있고 자연의 법칙은 거스를 수 없어. 나는 쌍무늬 바구미가 되겠지. 바랄 수 없는 걸 바라는 건 어리석은 짓이야. 어떤 건 미리 정해져 있어. 한계를 넘으려 하면 불행해질 뿐이야. 꼭 필요한 건 일어나게 돼 있어. 그걸 그저 알면 돼. 그러면 행복해질 수 있어. 난 쌍무늬 바구미로, 너희는 노랑나비로."

"그게 무슨 자유야?"

미아는 몹시 흥분했습니다.

"자신을 그렇게 운명에 내맡길 수는 없잖아! 그리고 넌 네 운명을 어떻게 알아?"

"자연의 법칙을 깨닫도록 노력하는 거지."

우리의 바람이 미래를 결정할 수 있을까?

바구미 애벌레가 대답했습니다.

"이제 난 해방이라는 자유가 지겨워."

리아가 말했습니다.

"이 바보 같은 애벌레 껍질에서 벗어날 수만 있다면! 우리는 항상 느리고 둔해. 하지만 먼저 번데기로 변해야 해. 말하자면 몸 안으로 들어가 고치를 지어야 하는 거야. 오로지 나 자신에게 관심을 집중하면 언젠가 고치에서 해방돼 날아갈 힘이 생길 거야. 우주에 있는 모든 물체와 땅이 나를 중심으로 돌고, 난 더 이상 그것에 매이지 않게 될 거야."

"하지만 난 더 많은 걸 원해."

미아가 말했습니다.

"평범한 노랑나비는 되고 싶지 않아. 발전해야 해. 그렇지 않으면 성장할 수 없어. 난 어쨌든 내 미래를 계획할 테야. 나 아닌 어느 누구도 그걸 할 수 없어!"

"하지만 누구나 자신이 하고 싶은 걸 할 수 있다면 어떻게 될까?"

바구미 애벌레가 물었습니다.

"나도 번데기가 돼야 해. 쌍무늬 바구미가 되면 땅을 기어 다니고 하늘을 날 수도 있어. 거대한 전체의 일부가 되는 거지. 난 그것에 만족해. 자연은 우리를 분명 바르게 이끌어 줄 거야. 하지만 그렇다고 우리에게 자유가 없는 건 아니야. 정해진 틀 안에 자유가 있는 거지."

"그런데 그 한계가 너무 좁아! 그렇게 자유롭지 못하다는 사실이 화나지 않니? 그건 불공평하잖아!"

미아가 말했습니다.

"난 내가 되어야 할 것이 되는 데 만족해."

리아가 말했습니다.

그런데 그때 갑자기 하늘에서 커다란 까만 새 한 마리가 쏜살처럼 날아오더니 단풍 나뭇잎으로 보호를 받지 못하고 있던 두 나비 애벌레를 덥석 물어 갔습니다.

펠리는 할 말을 잃었다.

"자유란 필연성을 아는 거라고? 한 번도 들어 본 적이 없어! 그건 결코 자유가 아니야!"

먼 곳에서 천둥이 쳤다. 펠리는 그림을 그리기 시작했다.

그림을 그리면 이야기에 대해 더 깊이 생각할 수 있다. 펠리는 쌍무늬 바구미와 노랑나비를 그렸다. 모두 시골에서 본 적이 있어서 그리는 일은 어렵지 않았다. 펠리는 만화처럼 말 풍선도 그려 넣었다. 하지만 그 안에 말 대신 그림을 그렸다. 쌍무늬 바구미의 말 풍선에는 빨강 바탕에 검정 점무늬가 있는 무당벌레를, 노랑나비의 말 풍선에는 빨강 점무늬와 파랑 점무늬가 있는 노랑나비를 그렸다. 나비가 되는 애벌레

미아에게는 그것이 이루고 싶은 소원이지만, 쌍무늬 바구미가 되는 애벌레에게는 그것이 오히려 우스꽝스러운 상상이다. 이들이 상상하는 자유는 저마다 다르기 때문이다.

"우리는 얼마나 자유로울까?"

펠리는 잠시 뒤 필에게 물었다.

"우리는 우리가 되어야 하는 것이 될까, 아니면 무엇이 될지 스스로 정할 수 있을까?"

"좋은 질문이야. 그림 아래에 써 봐."

필이 말했다.

천둥소리가 또 울렸다. 펠리는 이렇게 적었다.

  우리는 우리가 되어야 하는 것이 될까, 아니면 무엇이 될지 스스로 정할 수 있을까?

그리고 이어서 필이 썼다.

  사람의 자유는 동물의 자유와 다르다.

이것이 답일까? 필은 자신에게 물었다. 사람만이 자기 인생을 스스로 계획할 수 있고 자신의 인생에 영향을 미친다. 예를 들면 칸트는—개 말이다—학교나 여행 가는 것을 스스로 결정할 수 없다.

하지만 이것은 아이들도 혼자서 할 수 없는 일이다. 그렇다면 동물은 아이와 같을까? 필은 스스로에게 또 질문을 던졌다. 그리고 다음과 같이 덧붙였다.

사람은 스스로 결정할 수 있다.

어찌 됐든 자주 그렇다고 필은 생각했다.

"사람은 스스로 결정할 수 있는 게 얼마나 있을까?"

펠리가 물었다.

"우리가 무엇이 돼야 하는지 아는 사람이 있을까?"

펠리는 또 적었다.

"만약 그렇다면 우리에게 자유는 전혀 없을 거야! 그리고 모든 건 미리 결정돼 있을 테고! 단지 우리가 그걸 모를 뿐이지."

필이 말했다.

"하지만 우리에게는 유전자가 있잖아."

펠리가 이의를 제기했다.

"난 엄마와 많이 닮았지만 코는 소피아 고모를 닮았고, 오빠는 아빠 눈하고 머리를 닮았어."

"그렇지만 그건 겉모양일 뿐이야. 성격은 우리 자신과 주변 상황에 달려 있어서 확실히 정해져 있지 않아. 난 그게 미리 결정돼 있다고 생각하지 않아. 누가 자기 부모와 똑같이 되기를 바라겠어!"

필은 잠시 생각에 잠기더니 말했다.

"그런데 할머니는 소피아 고모가 성격이 급한 건 증조 할아버지를 닮았기 때문이라고 말했잖아. 그래서 고모를 보면 증조 할아버지가 생각난다고 했어."

때로 소피아 고모는 자제력을 잃을 때가 있다. 정말 흥미롭다! 필은 이렇게 적었다.

자유의 한계는 어디일까?

우리는 얼마만큼 성장할 수 있을까?

우리 자신에 대해 스스로 결정할 수 있을까?

우리가 영향을 미칠 수 있는 것은 무엇이고, 미칠 수 없는 것은 무엇일까?

우리는 무엇에 영향을 미치기 바랄까?

필연성이란 무엇일까?

우리에게는 어떤 자연의 법칙이 있을까?

예정된 것은 무엇이고 예정되지 않은 것은 무엇일까?

자신의 한계를 아는 것은 좋은 것일까 아니면 나쁜 것일까?

우리는 무엇에서 자유로워지기 바랄까? 그것이 가능할까? 어떻게?

질문은 꼬리에 꼬리를 문다. 그래서 나중에 한 번 더 생각할 때 잊어버리지 않도록 질문을 적어 두는 것이 중요하다.

"이젠 자연에 대해 알고 싶어!"

펠리가 말했다.

"자연에 대한 이야기가 있었지?"

그때 갑자기 번갯불이 번쩍거리면서 천둥이 울렸다. 남매의 머리 바로 위에서 친 것이다! 꽝 하는 굉음에 소스라치게 놀란 필은 팔걸이 위에 걸어 두었던 램프를 바닥에 떨어뜨렸다. 펠리가 떨어지는 램프를 잡았지만 불이 붙은 석유는 이미 책 위로 흘러 책 가장자리에서 불꽃이 일어났다. 필은 책을 소파 위로 떨어뜨렸다. 필과 펠리는 너무도 놀라서 아무말도 못 하고 떨어진 책을 쳐다보기만 했다. 이것은 뭐지? 필과 펠리가 적은 물음 밑에 글자가 뚜렷이 보이기 시작했다! 또박또박 적은 갈색 글자가 나타났다! 비밀의 잉크다! 이 생각이 필의 머리를 번개처럼 스쳐 지나갔다. 필과 펠리는 옴짝달싹할 수 없었다.

책의 비밀을 스스로 발견하라!

하지만 이제는 정말 위험하다. 다락방에 불이 났다! 큰일이다. 필은 바닥에 깔린 담요를 집어 들었다. 뭐라고 했지? 불은 공기가 있어야 산다고? 어느 이야기에 나온 말이다.

필은 불이 붙은 책 위로 담요를 던졌다. 이렇게 하면 공기가 불과 접촉할 수 없다! 펠리는 눈이 휘둥그레진 채 옆에 서 있다.

"천창을 열까? 비가 억수같이 내리잖아!"

펠리가 제안했다. 천창은 조금밖에 열리지 않지만 불을 끄는 데 도움이 될지 모른다. 여기 다락방에는 물 양동이나 수도꼭지가 없다.

"창을 열면 불에 신선한 공기를 줄 뿐이야."

필은 큰 소리로 말하며 담요를 집어 들고 새로 불길을 잡는다.

불은 정말로 잦아들다가 마침내 완전히 꺼졌다. 하지만 책도 소파도 모두 엉망이 되었다. 필과 펠리는 서로 바라보았다. 휴, 무사히 넘어갔다! 필과 펠리는 소파 앞에 무릎을 꿇고 앉아 책을 살폈다. 책 가장자리는 불에 그슬렸지만 아직 글씨는 잘 보였다.

"비밀의 잉크!"

필은 흥분했다.

"이것이 책의 비밀이야!"

왜 바로 생각하지 못했을까? 하지만 사실 비밀의 잉크란 어린이 책에만 나오는 것이 아닌가? 레몬즙으로 글씨를 쓰면 처음에는 보이지 않지만 불에 쬐면 점점 나타나게 된다. 필도 직접 해본 적이 있다.

"빈 면은 모두 비밀의 잉크로 쓴 걸까? 그럼 우리가 아무것도 쓰면 안 되는 걸까?"

펠리가 물었다.

"몰라. 하지만 우리가 쓰면 우리의 책이 되지!"

필이 대답했다.

펠리가 말했다.

"난 그게 마음에 들어!"

"그럼 계속 그렇게 하자."

필이 결정을 내렸다.

"하지만 일단 암호문을 확실히 해 둬야 해!"

"어떻게?"

펠리가 놀라며 물었다.

"글자를 보이게 한 다음 그대로 옮겨 적는 거야."

필이 제안했다.

"난 방법을 알아. 비밀의 잉크로 적은 종이 밑에 촛불을 대고 보이는 글자를 옮겨 쓰면 돼."

"또 불이 나면 안 돼!"

펠리가 외쳤다.

"여기서는 더 읽고 싶지 않아. 석유 램프는 너무 위험해."

"그럼 다른 곳으로 가자. 하지만 촛불은 조금도 위험하지 않아. 종이에 아주 가까이 댈 필요는 없어. 차 주전자를 데우는 작은 초도 위험하지 않지만 차를 따뜻하게 유지해 주잖아. 그게 중요한 거야."

"앞으로 며칠간 할 일을 정했어!"

펠리가 소리쳤다.

"재미있겠다! 종이에 무엇이 더 많이 쓰여 있는지 정말 궁금해."

위대한 철학자들

일요일에 할아버지와 할머니는 항상 늦잠을 잔 뒤 침대에서 아침을 먹는다.

필과 펠리는 발을 이불 속에 넣고 침대 아래쪽에 앉아 있다. 침대 한가운데에 놓인 커다란 쟁반 위에는 전날 저녁 할머니가 구운 효모 빵과 잼이 든 유리병이 있고, 쟁반 주위로 할아버지와 할머니, 필과 펠리가 둘러앉았다. 할머니가 허브 차를 마시는 동안 할아버지는 커피가 담긴 보온 주전자를 옆에 세워 놓고 필과 펠리가 마시는 우유 잔에 커피를 조금씩 부어 주었다. 모두 기분이 좋다. 열린 창을 통해 햇살이 들어오고 지저귀는 새들의 노랫소리가 들렸다.

필과 펠리는 석유 램프로 일어난 사고를 아직 고백하지 못했다. 고백을 한다고 해도 나중에 하는 것이 낫다! 어른들은 항상 금방 화를 내니까! 그리고 그다지 큰 문제도 일어나지 않았으니까.

"할아버지, 흰 종이 있어요? 스케치북을 잊고 안 가져왔어요."

펠리가 물었다.

"할아버지 서재에 가 보렴. 프린터 안에 충분히 있을 거다."

할아버지가 대답했다.

할아버지에게는 컴퓨터가 있다. 컴퓨터 없이는 더 이상 학교 일을 처리할 수 없었기 때문이다. 그러나 할아버지 외에 다른 사람은 컴퓨터를 쓰면 안 된다. 누군가 무엇을 지우거나 망가뜨릴까 봐 할아버지가 걱정했기 때문이다!

할아버지는 강연 내용을 컴퓨터에 저장해 둔다. 혹시 나중에 다시 써야 할 일이 생길지 모르기 때문이다. 하지만 할아버지는 서재에 머무는 것을 좋아하지 않는다. 이제 서재에서 일하는 때는 지나갔다! 서재에 있으면 산처럼 쌓인 시험지와 시간표가 머리에 떠오른다.

펠리는 침대에서 내려와 서재에서 두꺼운 종이 뭉치를 찾아냈다.

"얼마나 가져도 돼요?"

펠리는 고개를 돌리며 큰 소리로 물었다.

"갖고 싶은 만큼 가지려무나."

할아버지가 큰 소리로 대답했다.

펠리는 종이 뭉치를 방으로 들고 와 소피아 고모가 어릴 때 쓰던 책상 위에 내려놓았다. 연필도 몇 자루 갖고 왔다.

그런 뒤 펠리는 아침이 차려진 침대 위로 다시 올라갔다. 할머니가 정원에 잠시 내버려 둔 칸트도 합류했다. 칸트는 어떤 일이 일어나는 곳에 절대 빠지지 않는다! 하지만 아무리 노력해도 잼 바른 효모 빵은 얻어먹을 수 없다. 그리고 침대 위로 올라와서도 안 된다.

점심을 먹고 나서 필은 부엌에서 작은 양초와 성냥을 찾아낸 뒤 펠리의 방으로 가져왔다. 책은 이미 어제 다락방에서 가지고 내려와 펠리 방 침대 아래에 감추어 놓았다. 이제 시작할 수 있다. 필은 침대 아래에서 책을 꺼내 탁자 위에 올려놓았다.

"옛것에서 새것을 만들고."

펠리가 갑자기 소리쳤다.

"맞아! 우리가 옮겨 쓰는 글! 언제나 읽을 수 있도록 옛 글에서 새 글을 쓰잖아."

필은 펠리에게 종이 아래 촛불을 대는 방법을 보여 주었다. 정말 갈색 글자가 다시 나타나기 시작했다.

"쉽지 않겠어!"

펠리가 말했다.

"그래, 노력 없이는 아무것도 얻을 수 없고!"

필은 수수께끼를 외워서 말했다.

필과 펠리는 옮겨 적는 일을 시작했다. 필이 촛불을 종이 아래 들고 있는 동안 펠리는 소리 내어 읽으면서 적었다. 나중에는 번갈아서 펠리가 읽고 필이 적었다. 펠리는 필이 하는 모습을 보고는 촛불이 무섭지 않았다. 글자는 촛불로 따뜻해질 때에만 나타났다. 옮기는 작업은 너무 더뎠지만 필과 펠리는 열중했다. 일요일마다 먹는 케이크는—펠리는 케이크를 깜박 잊었지만 이제는 이상하지도 않다. 케이크 대신 과자를 먹으니까—다른 방해물들과 마찬가지로 중요하지 않았다.

"이상해요. 아이들이 아픈 걸까요?"

아래층에서 할머니가 할아버지에게 물었다.

"아이들 소리가 전혀 들리지 않아요!"

할아버지는 걱정하는 할머니를 안심시켰다.

"아이들이 스스로 무엇에 열중할 수 있는 건 좋은 거라오. 펠리는 그림을 그리고 필은 분명 책을 읽을 거요."

일을 마치는 데 며칠이 걸렸다. 물론 필과 펠리는 이 좋은 여름 날씨에 칸트와 함께 밖에서 놀고 싶었다. 하지만 결국 해내고 말았다.

"맙소사! 이건 역사에 관한 거야!"

펠리가 말했다.

"무슨 역사?"

필이 물었다.

"모두 철학자의 이름 같아. 그리고 철학자의 생각이 무엇인지. 모두 이야기에 나오는 거야! 그런데 순서가 맞지 않는걸. 무엇이 어느 이야기에 나오는지 찾아야 해."

펠리가 말했다.

필과 펠리는 옮겨 적은 종이 뭉치를 바라보았다. 거기에는 이렇게 쓰여 있었다.

밀레토스에서 태어난 탈레스(Thales, 기원전 625~545)는 모든 것이 물에서 나온다고 주장했다. 물은 모든 것의 근원이다. 탈레스는 다른 사람을 화나게 하는 일을 하지 말라고 말했다.

프리드리히 니체(Friedrich Nietzsche, 1844~1900)는 의식이란 단지 물질적 사건의 부수현상일 뿐이라고 생각하고 방랑자와 그림자의 비유를 들었다. 니체에게는 많은 관점에서 생각하는 것이 중요했다. 생존경쟁에서는 오직 강자만이 살아남아야 하고 약자는 당연히 사라져야 한다. 니체는 인간이 낙타의 "짐을 지고 묵묵히 걷는 정신"을 버리고 사자처럼 되기를 바랐다. 그리고 "동일한 것의 영원한 회귀(Die ewige Wiederkehr des Gleichen)"를 믿었다.

소크라테스(Socrates, 기원전 469~399)는 사람들이 스스로 생각하도록 자극하고 도움을 주고자 했다. 소크라테스는 생각을 통해서 진실을 스스로 깨달을 수 있다고 확신했다. 그의 목표도 자기인식이다. 소크라테스는 이런 명언을 남겼다. "부정을 저지르기보다 부정을 당하는 것이 낫다." "욕망이 가난한 자가 부자다."

로마 황제 마르쿠스 아우렐리우스(Marcus Aurelius, 121~180)는 경건하고 용감하고 이성적 인격을 갖추기 바랐다. 그는 새처럼 보는 관점을 추천했다. 이에 따르면 사람은 생각 속에서 지상과 얽힌 것을 모두 버리고 높은 곳에서 모든 것을 바라보아야 한다.

제레미 벤담(Jeremy Bentham, 1748~1832)은 인간의 선한 행동이 최대 다수 사람을 위한 최대 행복을 낳아야 한다고 확신했다.

르네 데카르트(René Descartes, 1596~1650)는 자신의 사상으로 인간을 자연의 주인과 지배자로 만들고 싶었다. 그리고 인간이 자연의 힘에서 자유로워지게 하려 했다. 데카르트는 사고(思考)가 인간의 존재를 증명한다고 보았다. 사고는 우리가 꿈을 꾸고 있지 않고 현실을 잘못 상상하고 있지 않음을 보여 주기 때문이다.

한나 아렌트(Hannah Arendt, 1906~1975)는 권력과 폭력의 관계를 탐구하고 전체주의적 국가사상을 반대했다. 인간은 노동과 생산과 행동을 통해서 능동적이고 활동적인 삶을 살도록 국가의 부름을 받았다.

플라톤(Platon, 기원전 427~347)은 인간이 사고를 통해 그림과 같은 현상의 세계에서 벗어나야 하고, 이로써 마치 어두운 동굴에서 나오듯이 진정한 이데아 세계의 밝은 빛에 이를 수 있다고 생각했다. 사상가는 이렇게 선한 것과 바른 것을 인식할 수 있고, 그렇기 때문에 국가의 지도자로서 가장 적합하다.

블레즈 파스칼(Blaise Pascal, 1623~1662)은 세상에 존재하는 인간의 위치와 마음의 평화에 대해 생각했다. 그는 왕이 된 꿈을 반평생 동안 꾸어 온 수공업자의 느낌이 어떤 것일지에 대해 깊이 생각했다.

시노페에서 태어난 디오게네스(Diogenes, 기원전 412~323)는 극도로 무욕(無慾)하고 구속받지 않는 삶을 살고 싶어서 평생 통 속에서 기거했다. 디오게네스는 권력자가 무슨 말을 하든지 자신의 뜻을 굽히지 않았다. 생각할 수 있도록 햇빛을 가리지 말고 비켜 달라고 알렉산드로스 대왕에게 요구했다고 한다. 사람들은 디오게네스를 사회의 낙오자로 여겼지만 그에게서 조언을 구하기도 했다.

아낙시메네스(Anaximenes, 기원전 585~525)는 만물의 근원은 공기라고 믿었다. 공기가 엷어지면 불이 되고, 짙어지면 바람과 구름, 물, 흙 그리고 돌이 된다. 아낙시메네스는 숨과 공기 역시 인간의 영혼이라고 생각했다.

폴 비릴리오(Paul Virilio, 1932~)는 시대를 비판하면서, 점점 빠르게 변하는 우리의 삶에 대해서, 그리고 현실을 왜곡하는 영상매체에 대해서 생각했다.

토마스 홉스(Thomas Hobbes, 1588~1679)는 모든 사람이 태어날 때부터 모든 사람과 투쟁을 벌인다고 주장했다. 끊임없이 불신하고 죽음을 두려워하기 때문에 삶이 괴로워 조약에 동의하고 국가의 통치자에게 복종하는 것이 이성적이라는 것이다.

아우렐리우스 아우구스티누스(Aurelius Augustinus, 354~430)는 인간의 운명이 예정되어 있다고 생각했다. 그는 인간의 의식을 스스로 확신하는 방법과 사랑을 인식하는 능력을 가르쳤고, 별이 움직이지 않아도 시간이 존재할지 깊이 생각했다. 아우구스티누스에게 현재는 항상 이미 지나간 것이다. 시간은 영원 앞에서 사라지고, 모든 순간은 영원에 비해 지극히 작다.

에른스트 블로흐(Ernst Bloch, 1885~1977)는 유토피아를 꿈꾸고 미래를 구상하는 사고에서 삶을 계획하는 인간 고유의 능력을 보았다. 이 능력으로 미완성의 세상을 더 좋은 세상으로, 더 인간적인 세상으로 만들 수 있다는 희망을 품을 수 있다.

존 로크(John Locke, 1632~1704)는 인간 지식의 원천, 확실성, 범위를 탐구했다. 그는 인간의 의식이 처음에는 완전히 백지 상태[타불라 라사(tabula rasa)]이며 경험을 통해서 비로소 인식에 이른다고 믿었다. 지식은 반드시 경험에서 나온다(경험주의).

루키우스 안나이우스 세네카(Lucius Annaeus Seneca, 기원전 4~기원후 65)는 태연자약하고 도덕적인 삶을 추구했다. 세네카에게는 사람이 자신에게 성실한 것이 으뜸인 덕이다. 세네카는 고통이 없고 욕정을 잠재우면 행복을 누릴 수 있다고 생각했다.

임마누엘 칸트(Immanuel Kant, 1724~1804)는 경험뿐 아니라 사고의 고유한 형태가 인식을 특징짓는다고 주장했다. 그는 인간은 자신의 감정과 경향을 이성으로 지배해야 하고, 오직 이를 통해서 도덕적으로 선한 인간이 될 수 있다고 생각했다. 사람은 자신의 의도를, 예를 들어서 도둑질하겠다는 생각을 보편타당한 법처럼 원할 수 있는지 항상 자신에게 물어야 한다.

아리스토텔레스(Aristoteles, 기원전 384~322)는 모든 발전에 목표와 목적이 있다고 생각했다. 그에게는 물질과 생각이 만나서 현실이 된다. 그는 사고하는 삶을 중요하게 여기고 성공한 삶이 행복이라고 생각했다. 덕이란 모든 것에서 중도를 찾아내는 능력을 의미한다. 국가의 덕은 바로 정의다.

존 스튜어트 밀(John Stuart Mill, 1806~1873)은 경험이 가치를 결정한다고 생각했다. 지향하는 목적은 행동의 가치를 평가하는 데 중요한 구실을 한다. 그렇기 때문에 행위는 그 결과에 따라 판단되어야 한다. 유익한 행위는(즉 행복을 불러오거나 고통을 줄이는) 선한 행위다(공리주의).

토마스 네이글(Thomas Nagel, 1937~)은 철학하기란 자연스러운 욕구이며 대학과 책에 달려 있지 않다고 생각했다. 네이글은 낯선 의식의 문제를 깊이 연구했다. 이것은 박쥐처럼 다른 감각 경험에 묶여 있고 우리가 그것에 대해서 아무것도 알 수 없는 문제다. 그런데도 네이글은 초개인적 견해의 '초객관성'을 추구하기를 바란다.

막스 셸러(Max Scheler, 1874~1928)는 인간이 우월한 지성 때문에 우주 안에서 특별한 존재라고 보았다. 인간에게는 지성이 있기 때문에 모든 동물과 달리 세상만사에 마음을 열고 능동적으로 행동할 수 있다. 반면 동물은 인간과 달리 항상 자유롭지 못하고 환경의 구속을 받으므로 열등하다는 것이다.

장-자크 루소(Jean-Jacques Rousseau, 1712~1778)는 인간이 비록 자유롭고 선한 존재로 태어나지만 어느 곳에서나 구속되어 있다고 생각했다. 그렇기 때문에 사회계약은 공동체로 생각하는 모든 사람에게 자유를 보장해 주어야 한다.

앙리 베르그송(Henri Bergson, 1859~1941)은 삶을 개념적으로 이해할 수 없다고 생각했다. 왜냐하면 삶은 근본적으로 창조적 행위이기 때문이다. 이때 시간은 자유로운 발전을 위한 기본 조건이다.

엠페도클레스(Empedocles, 기원전 483~424)는 물, 불, 흙, 공기인 네 원소가 생성하고 소멸해서 만물을 이룬다고 생각했다. 이 요소들은 발생하지 않았고 불변하며 영원하다. 만물은 이 기본 물질이 섞이고 나뉘고, 결합되고 분리되어서 생성한다.

마르틴 하이데거(Martin Heidegger, 1889~1976)는 존재와 존재의 의미를 이해하려고 노력했다. 인간은 존재에 던져지고 존재 안에서 스스로 자아를 실현해야 한다. 무에 대한 기본 경험 은 두려움을 낳는다. 그러므로 존재란 '염려'여야 한다. 그러 나 또한 다른 사람을 '배려하는 것'이어야 한다.

압데라 출신 데모크리토스(Democritos, 기원전 460~371)는 원자 가 결합되고 분리되어서 만물이 발생한다고 가르쳤다. 이것 은 그가 불과 같은 것으로 본 영혼에도 적용된다. 감각으로 알아차리는 것은 어둡다. 오직 지성으로만 분명히 인식할 수 있다.

아르투르 쇼펜하우어(Arthur Schopenhauer, 1788~1860)는 사람이 세상을 상상하는 모든 사고에는 인간의 의지가 작용한다고 생각했다. 그렇기 때문에 그는 일방적 이성철학을 비판하고 선한 행위를 하는 데에도 경직된 원칙이 아니라 동고(同苦)와 감정이입의 자세를 원한다. 그러나 쇼펜하우어는 너무 가까이 가면 서로 아프게 하는 호저(몸에 가시가 돋은 멧돼지*)에 인간을 비유했다.

모리스 메를로-퐁티(Maurice Merleau-Ponty, 1908~1961)는 지각 과정과 감각을 탐구했다. 그는 특히 몸과 환경의 관계, 공간(위/아래)과 시간(이전/이후)의 방향 감각을 결정하는 조건을 밝히는 데 집중했다.

게오르크 빌헬름 프리드리히 헤겔(Georg Wilhelm Friedrich Hegel, 1770~1831)은 정신이 일정한 법칙에 따라서 발전한다고 생각했다. 이 정신은 시대정신으로서 국가에 존재한다. 인간이란 단지 그것을 지닌 존재일 뿐이고 정신의 발전 법칙에 어쩔 수 없이 순응해야 한다. 그러므로 자유란 정신 발전의 필요성을 통찰하는 것일 뿐이다.

아르놀트 겔렌(Arnold Gehlen, 1904~1976)은 인간을 '결핍 존재'로 본다. 인간은 동물에 비해 자신이 타고난 결점을 보완하기 위해 제2의 자연, 즉 문화와 기술을 창조해야 한다. 제2의

자연으로 인간은 자신의 욕구를 충족하고 세상을 만들어 갈 수 있다.

에리히 프롬(Erich Fromm, 1900~1980)은 인간이 소유에 관심이 있는 한 자신과 세상에 낯선 존재라고 가르쳤다. 프롬은 자유를 가능하게 하는 능동적 존재를 소유와 대비했다.

장-폴 사르트르(Jean-Paul Sartre, 1905~1980)는 인간의 실존이 자아의 자유로운 구상을 통해서만 자아실현을 한다고 가르쳤다. 비존재(Nichtsein)에 대한 불안은 우리가 자유를 누려야 하는 이유이고, 이 자유는 우리에게 또한 절망적 책임을 지운다.

아리스토파네스(Aristophanes, 기원전 445~385)는 완전한 인간의 본디 형상은 공과 같았다고 상상했다. 신들은 자신을 위협하는 오만한 인간에게 두 쪽으로 나뉘는 벌을 내렸다. 그래서 인간은 지금도 자신과 완전한 인간을 이루는 다른 한 쪽을 한평생 찾아다닌다.

장 보드리야르(Jean Baudrillard, 1929~)는 현실이 점점 사라지고 대중매체의 시뮬라시옹(simulation)으로 대체된다고 생각한다. 그렇기 때문에 우리는 점점 더 인위적인 세계에서 살며 그 결과 사회적 관계는 갈수록 붕괴한다.

위르겐 하버마스(Jürgen Habermas, 1929~)는 항상 관심(Interesse)이 인식을 유도하기 때문에 객관적 인식이란 존재하지 않는다고 가르쳤다. 그러므로 사회의 연대가 가능하기 위해서는 언제나 대화에서 의견 일치를 찾아야 한다.

조지 버클리(George Berkeley, 1685~1753)는 사고와 인지에서 자유로운 외부 세계는 없다고 생각했다. 존재하는 것은 지각되는 것이다. 그 외에는 현실에 대해 진술할 수 없다.

엠마누엘 레비나스(Emmanuel Levinas, 1906~1995)는 타자(他者)에게 마음을 열어야 한다고 주장했다. 또한 우리의 지성으로는 다른 사람을 완전히 이해할 수 없기 때문에 다른 사람을 평가해서는 안 된다. 평가의 권리를 주장하는 것이 이미 폭력이다.

경제철학을 주창한 카를 마르크스(Karl Marx, 1818~1883)는 착취와 억압을 반대하고 자유롭고 평등하고 정당한 사회를 이루기 위해 노력했다. 이런 목표를 달성하기 위해서 그는 사유재산 제도를 폐지해야 한다고 생각했다. 사유재산은 노동자가 노동의 잉여가치를 자신을 고용한 자본주에게 넘겨주어서 발생하기 때문이다.

프란시스 베이컨(Francis Bacon, 1561~1626)은 자연을 다스리고 목적에 맞게 만들어 가는 것이 학문의 가장 중요한 과제라고 설명했다. 따라서 인간은 잘못된 표상과 선입관에서 자유로워져야 하고 모든 것을 경험으로 끊임없이 검토해야 한다.

장-프랑수아 리오타르(Jean-Francois Lyotard, 1924)는 계몽주의의 합리적 사고를 비판하며 자유와 평등에 대한 위대한 말들이 이성의 다양성을 제한한다고 생각했다. 예를 들어, 감정도 그렇다.

데이비드 흄(David Hume, 1711~1776)은 모든 관념(Idea)이 감각경험을 통해 일어난다고 생각했다. 원인과 결과에 대한 믿음도 습관과 기대를 통해 생긴다. 흄에게 자아는 끊임없이 변하는 표상과 감정의 다발이고, 행위는 이성이 아니라 경향과 열정에서 나온다.

요한 고틀리프 피히테(Johann Gottlieb Fichte, 1762~1814)는 행동

하는 자아를 정신, 의지, 도덕, 믿음의 총체라고 여겼다. 자아는 표상에서 자신의 세계를 만든다. 그래서 또한 자유롭게 발전할 수 있다. 신체·정신의 수련과 인간 공동체 편입이 여기에 속한다.

루트비히 비트겐슈타인(Ludwig Wittgenstein, 1889~1951)은 언어와 세계의 관계를 논리적으로 연구한 업적으로 유명하다. 그는 철학적 문제가 단지 언어의 혼란으로 발생하고 언어분석을 통해 해명될 수 있다고 생각했다. 말할 수 없는 것에 대해서는 침묵해야 한다. 왜냐하면 언어의 한계는 우리가 언어로 생각하는 세계의 한계이기 때문이다.

"맙소사. 할 일이 정말 많은걸. 무엇이 어느 이야기에 맞는 걸까? 다 찾아내기까지 분명 오래 걸릴 거야."

펠리가 말했다.

"시간은 많으니까 괜찮아."

필이 펠리를 위로했다.

암이 아니래!

어머니가 전화를 걸었다. 식탁에 앉아 손으로 머리를 받치고 있던 할머니는 안도하며 눈물을 흘렸다. 그리고 비로소 마음을 얼마나 졸이고 있었는지 깨달았다. 조직검사 결과가 나왔다.

음성이다! 아버지는 다시 건강해질 것이다.

"음성이야!"

할머니는 기뻐서 소리쳤다.

아이들도 어머니와 통화를 했다. 내일은 아버지에게 전화를 걸어도 된다.

할아버지는 옆에 서서 할머니의 어깨를 팔로 감싸며 말했다.

"성질이 못된 녀석은 없어지지도 않아."

이런 상황에서 무슨 바보 같은 말을 못 하랴!

필은 기뻤다. 필은 알고 있었다. 다른 결과는 상상도 하지 않았다.

펠리는 잘 이해할 수 없다.

"음성인데 왜 좋아하지?"

"음성은 아주 좋은 것이고 양성은 아주 나쁜 것이란다."

할머니가 행복해 하며 말했다.

"그런데 왜 반대로 말해요?"

펠리가 물었다. 어른들이란! 정말이지 어른들은 표현을 정확히 못 한다니깐!

"음성이라고 말하는 이유는 찾는 것이 없기 때문이야."

할아버지가 설명해 주었다.

"그리고 양성이라고 말하는 이유는 무엇을 발견하고 의심한 것이 사실임을 확인했기 때문이지. 영어로 '포지티브 (positive)'는 확실하다는 뜻이란다."

할아버지는 펠리의 말이 옳다고 생각했다. 말의 뜻이 뒤바뀌었다. 뒤바뀐 말의 뜻은 모호해서 잘못 이해할 수 있다.

"무엇이 양성이거나 음성이라는 말이에요?"

펠리가 물었다.

"암일 가능성이 있었단다."

할머니가 몸서리를 치며 말했다. 할머니는 할머니의 아버지가 오랫동안 암으로 당한 고통을 옆에서 지켜보았다. 그런데 자식을 잃어버리는 것은 그보다 훨씬 고통스러운 일이다. 자식에게서 느끼는 육체적 친밀감은 더 강하다. 자식은 보통 그렇게 느끼지 못하더라도. 왜 자식을 낳을까? 자식을 먼저 보내려고?

"만약 양성이었다면 다시는 건강해지지 못할지도 모른단다."

할머니가 천천히 말했다.

"아빠가 돌아가실 수도 있었단 말인가요?"

펠리가 물었다.

"당장은 아니었겠지."

할머니가 대답했다.

"하지만 점점 나빠졌겠지."

"죽는 건 어떤 거예요?"

펠리가 물었다. 펠리는 자신이 아끼고 좋아하던 햄스터 여러 마리를 눈물을 쏟으며 땅에 묻은 적이 있다. 하지만 시간이 얼마 지난 뒤 슬픔은 사라졌다.

하지만 아버지는 다르다. 펠리는 아버지를 영영 그리워했을 것이다. 그런 것은 생각조차 하기 싫다!

"잠드는 것과 같나요?"

펠리가 다시 물었다.

"바흐가 지은 코랄 가운데 죽음을 '잠의 형제'라고 부르는 곡이 있단다."

할아버지가 천천히 대답했다.

"하지만 난 죽음이 잠에 드는 것과 다르다고 생각해. 사실은 아무도 그걸 말해 줄 수 없지. 그래서 많은 사람들이 죽음을 두려워한단다."

"하지만 죽었다가 다시 살아난 사람들이 있잖아요. 그 사람들에게 물어보면 되지 않나요?"

필이 말했다.

"그래, 하지만 그 사람들이 정말 죽음을 경험했는지는 확실하지 않아."

할아버지가 말했다.

"우리는 예를 들어 생각이 언제 멈추는지 알 수 없단다. 그리고 정신이 육체에 의지하지 않고 계속 존재할 수 있는지도 모르지. 우리가 언제 죽는지조차 정확히 알 수 없지 않니? 숨 쉬기를 멈추면 죽은 걸까? 옛날 로마 사람들은 아니마(anima)란 호흡과 영혼을 모두 의미한다고 생각했단다. 여기서 '숨을 거두다'라는 말이 나왔지. 아니면 피를 흘리면 죽은 걸까? 피에 영혼이 있다고 믿던 시대와 사람들이 있었단다. 그래서 짐승을 잡는 데 특별한 규칙이 있었지. 예를 들어 유대인들은 피를 완전히 뺀 짐승만 먹을 수 있어. 그리고 여호와의 증인들은 헌혈을 거부한단다. 아니면 심장이 뛰지 않으면 죽은 걸까? 뇌가 일하기를 멈추면? 장기를 이식하기 위해서는 뇌사의 기준이 필요해. 장기가 쓸모있고 피가 충분히 남아 있어야 하니까."

"여보! 지금 그런 얘기를 해야 해요?"

할머니가 말했다.

"필이 물으니까. 이건 중요한 문제요."

할아버지는 대꾸했다.

철학하기란 죽는 법을 배우는 것이라고 어느 철학자가 말했다. 소크라테스인가? 그것은 맞는 말일까? 무슨 뜻일까? 어쩌면 그것은 물질을 버리는 방법을 배우는 것인지 모른다. 그것을 마음으로 연습할 수 있을까? 열반에 드는 것일까? 불교에서는 소아(小我)를 버리고 대아(大我)가 되는 연습을 해야 한다. 이것으로 죽음을 준비할 수 있을까?

만족하는 삶을 살 때 인생의 종점을 향해서 두려움 없이 나아갈 수 있다. 어쨌든 이것이 할아버지의 바람이다. 무엇이 만족하는 삶인지는 각자 스스로 찾아내야 한다. 아무튼 밖에서 안으로가 아니라 안에서 밖으로 살아야 한다.

"죽음을 피한 사람은 지금까지 한 명도 없단다."

할아버지는 큰 소리로 말했다.

"그러니까 죽음에 대해서 늦지 않게 생각하는 게 좋아."

그러면 죽음에 대한 두려움을 이길 수 있을지 모른다고 할 아버지는 속으로 생각했다. 죽음이란 언제나 길고 풍요한 인생의 끝에서 기다리는 것은 아니기 때문이다. 죽음은 아무 길모퉁이 뒤에 숨어 있다가 아무 때 달려들 수 있다. 인생이 영원하지 않기 때문에 사람은 자신에게 있는 시간의 소중함을 잘 안다. 그래서 시간을 잘 이용하고 감사해야 한다. 이제는 아버지도 그 사실을 안다. 아버지의 머리뿐 아니라 몸도 알고 있는 것이다.

"오빠, 이리 좀 와."

저녁에 펠리가 필을 불렀다.

펠리는 자기 방 이층침대 위에 앉아서 우화집을 펼쳐 놓았다.

"아까 할아버지가 '잠의 형제'라는 말을 했잖아. 여기 차례에서 그것과 비슷한 걸 본 게 생각났어."

펠리는 찾는 쪽을 이미 펼쳐 놓았다.

필은 펠리 곁으로 올라갔다.

"여기!"

펠리는 말하며 페이지를 손가락으로 가리켰다. 필은 호기심에 가득 차서 이야기를 읽기 시작했다.

잠의 형제

"너희는 정말 이상한 족속이야."

집 없는 집쥐가 두더지와 이야기를 나누고 있었습니다.

집쥐는 낡은 통 속에 편히 들어앉아 햇볕을 즐기고 있었습니다. 이렇게 따사로운 햇볕을 쬐고 있으면 좋은 생각이 떠올랐습니다. 집쥐는 더 이상 바랄 것 없이 만족했습니다. 집쥐는 철학하는 경향이 있었기 때문입니다. 집쥐는 이어서 말했습니다.

"난 왜 두더지 떼가 바닷속으로 뛰어드는지 도무지 이해할 수 없어. 암초에 부딪혀 박살이 나지 않으면 처참히 물에 빠져 죽잖아. 한 마리도 예외 없이! 그건 정말 미친 짓이라고."

"흠."

두더지는 곰곰이 생각하다가 말했습니다.

"그게 정말 미친 짓인지 아닌지는 잘 모르겠어! 넌 1년에 새끼를 몇 마리 낳니? 아마 한 마리도 낳지 않을 거야. 넌 무리를 떠나서 살고 있으니까. 하지만 우리는 새끼를 1년에 세 번 서른다섯 마리까지 낳을 수 있어. 그리고 새끼는 또 새끼를 낳고……. 그러면 자리가 비좁아서 다른 곳으로 옮겨야 하지."

"무리를 떠나 온 우리는 몇 안 되어도 살아갈 수 있어. 아무것에도 의지하지 않으려고 노력하지."

집쥐가 말했습니다.

"하지만 우리는 수가 너무 많아."

두더지가 대꾸했습니다.

"우리에게는 여름집도 필요하고 새로운 겨울집도 필요해. 우리는 그 사이 다시 많아졌거든. 눈이 내리면 모두 함께 땅 속에 통로를 만들어. 넓은 집이 필요하기 때문이지. 넌 그걸 이해해야 해!"

"그게 집단자살과 무슨 상관이 있는데?"

집쥐는 다시 물었습니다.

"그걸 그렇게 부를 수 있는지 난 모르겠어."

두더지는 대답했습니다.

"맞아, 모두 그렇게 말하지. 하지만 살아남아서 말해 줄 수 있는 두더지는 한 마리도 없어. 그래서 추측에 의존할 수밖에 없지. 우리가 다른 곳으로 옮길 때에는 강과 바다도 헤엄쳐 건너야 해. 그리고 살면서 물론 죽음을 항상 염두에 둬야 하지. 죽음은 삶의 일부이니까. 아무 곳에서 아무 때나 닥칠 수 있어! 그래서 다행이야. 그렇지 않다면 우리는 수가 너무 많아. 그러니까 그건 미친 짓이 아니라 의미 있는 일이지."

"수가 너무 많아지지 않도록 물에 뛰어들어서 죽는다. 하지만 수가 너무 많지 않으면 뛰어들 필요도 없잖아!"

집쥐는 이의를 제기했습니다.

"정말 미친 짓이야."

"그건 그냥 일어나는 일이야. 우리는 아무 생각도 하지 않는다고."

두더지는 대답했습니다.

"그리고 모두 함께 죽는 건 전혀 나쁘지 않다고 생각해. 아무튼 혼자 외로이 죽는 것보다 낫잖아!"

"죽는 건 혼자 하는 거야. 너무 늦지 않게 죽음에 대해 생각해야 해."

집쥐는 당당히 반대 의견을 말했습니다. 그러자 두더지가 말했습니다.

"우리는 생각할 필요가 없어. 그건 우리에게 아주 자연스러운 일이거든. 죽음은 잠의 형제라고 해. 아마도 잠을 자는 것과 비슷할 거야. 자신에게 무슨 일이 일어나는지도 모르지. 비록 언제나 죽음으로 끝이 나지만 이렇게 많은 동지와 함께 사는 건 멋진 일이야. 나는 우리가 모두 하나가 되고 죽어도 함께 죽는다는 느낌이 들어.

강으로 뛰어드는지 바다로 뛰어드는지 어떻게 미리 알겠어? 새로운 물가가 우리를 기다리고 있는지 아닌지 어떻게 알아? 위험은 항상 있는 법이야. 우리는 마음을 결정하고 행동해야 해. 그래서 매 순간을 즐기고 있지!"

"무리에서 벗어났기 때문에 나도 순간을 즐길 줄 알아."

무리를 떠나온 집쥐가 말했습니다.

"난 생각을 하면서 나와 세상에 대해 더 많은 걸 경험해."

"하지만 우리는 무리를 지어서 사는 동물이야."

두더지가 말했습니다.

"다른 두더지와 다르게 죽는다면 이상하지."

"한번 생각해 봐야겠어."

철학하는 집쥐는 이렇게 말하며 통 안으로 도로 들어가고
두더지는 두더지 무리를 따라서 다시 갔습니다.

"하지만 지금 우리는 그걸 생각할 필요가 없어. 아빠는 다
시 건강해질 테니까."

펠리가 우화집을 덮으며 말했다.

"그럼, 잘 자!"

필은 인사를 하고 자기 방으로 돌아갔다.

오직 이름뿐

"얘들아, 어떤 과자가 가장 맛있는지 말해 준다고 하지 않았니?"

할머니가 물었다.

필과 펠리는 자신 있게 큰 소리로 대답했다.

"빨간 잼이나 노란 잼을 바른 구멍 난 샌드위치 과자요! 그게 가장 맛있어요."

"그건 소피아 고모도 가장 좋아하던 과자란다."

식탁에 앉아 신문을 뒤적이던 할머니가 흐뭇한 표정으로 말했다.

"카트라이너를레(Kathreinerle)라고 하지. 하지만 스위스 사람들은 슈피츠부벤(Spitzbuben)이라고 부르고, 오스트리아 사람들은 린처 아우겐(Linzer Augen)이라고 부른단다. 마치 우리가 먹는 베를리너(Berliner. 잼이 든 도넛*)가 오스트리아에서는 크라펜(Krapfen)인 것과 같아. 하지만 베를린에서는 베를리너가 판쿠헨(Pfannkuchen. 팬케이크*)이고 오스트리아에서는 판쿠헨이 팔라트성켄(Palatschinken)이란다."

"맙소사, 똑같은 것에 이름이 세 개나 있어요!"

펠리는 놀랐다.

"내가 스위스에서 카트라이너클레를 사고 싶어도 아무도 알아듣지 못하겠네요?"

"네가 뭘 원하는지 종이에 써도 설명을 해야 할 거다. 아니면 손가락으로 가리키든지."

"만약 과자가 앞에 없어서 가리킬 수 없다면 어떻게 설명하죠?"

필이 질문했다.

"너희가 조금 전 말한 대로 하면 되지."

할머니는 설명했다.

"아까도 이름을 몰라서 과자의 모양을 설명하지 않았니? 물론 잼을 이해하지 못하는 사람이 있을 수 있지. 다른 곳에서는 잼을 마멀레이드라고 말하거든. 정확히 말한다면 잼과 마멀레이드는 조금 다르지만 말이다. 그러면 그 차이도 설명해야 하지. 설명에는 물론 좋은 설명이 있고 나쁜 설명이 있어. 하지만 어떤 방법으로든지 문제를 해결할 수 있단다."

"똑같은 물건에 이름이 여러 개 있다고요? 그러면 여러 물건에 한 이름이 있을 수도 있나요?"

필이 호기심에 차 물었다.

"그럼."

할머니는 말했다.

"케임브리지라는 도시는 미국에도 있고 영국에도 있단다. 무터(Mutter)는 나사도 되고 어머니도 되고. 알아맞히기 놀이가 있지? '탁자'는 우리 앞에 있는 이런 탁자뿐 아니라 모든 종류의 탁자를 통틀어 부르는 말이란다. 이 세상에는 아주 많은 탁자가 있지만 아마 서로 완전히 똑같은 탁자는 없을걸. 그렇지만 우리는 일반적인 이름이 필요해. 만약 그런 게 없다면 무엇을 가리키는지 전혀 알 수 없을 거야. 세상에 있는 탁자의 이름이 모두 다르다고 상상해 봐! 그리고 모든 의자, 모든 나무, 모든 정원, 모든 집의 이름이 다르다면? 사물의 수만큼 이름이 있다고 상상해 보렴. 어쩌면 평생 외워도 다 못 외울 거야. 외국어는 말할 것도 없고. 많은 말을 배우는 건 더 어렵겠지!"

"그런데 두 사람이 '탁자'를 말할 때 저마다 다른 걸 상상할 수도 있잖아요! 자신이 아는 탁자이거나 자기가 배운 다른 단어이거나!"

필이 물었다.

"네 말이 맞단다. 하지만 모든 탁자는 어떤 점에서 서로 닮았지. 그래서 전부를 일컫는 말이 있으면 충분하단다."

할머니가 대답했다.

마침 부엌에 들어온 할아버지가 대화를 흥미롭게 듣다가 이렇게 말했다.

"그리고 모든 탁자를 일컫는 그런 말은 여러 탁자의 차이가 아니라 본질과 관계가 있단다."

필은 그것에 대해 한 번도 생각해 본 적이 없다.

"만약 그렇지 않다면 말이 제 구실을 하지 못하겠군요!"

필은 놀랐다.

"'크렙스'(Krebs. 가재 또는 종양*)에도 두 가지 뜻이 있어."

펠리가 말했다.

"문제는 누가 누구를 잡아먹느냐는 거지."

그때 부엌 안으로 칸트가 들어왔다. 아이고, 칸트는 빠지는 곳이 없다!

"칸트도 둘이야!"

펠리가 말했다.

"하지만 만약 칸트가 죽는다면 다시 하나지."

"다른 칸트도 이미 죽지 않았니? 그런데도 그 이름에는 아직 의미가 있어!"

할아버지는 문제를 던졌다.

"비록 더 이상 존재하지 않아도 의미는 남는 경우가 많단다. 그걸 잊지 않고 기억한다면 말이야."

많은 철학자의 이름이 그렇다고 펠리는 생각했다.

"그렇다면 사물의 수보다 단어의 수가 더 많지 않나요?"

필이 질문했다.

"그건 잘 모르겠다."

할아버지가 말했다.

"왜냐하면 아직 존재하지 않거나 앞으로 결코 존재하지 않을 것에도 이름이 있기 때문이지. 예를 들어 로봇 의사나 개구리 왕! 그 의미를 상상할 수 있겠지? 상상할 수 있다는 건 그 말에 의미가 있다는 말이란다."

"하지만 상상은 머리로만 하는 거잖아요! 만약 말만 있다면 다른 사람이 뭘 생각하는지 어떻게 알죠?"

필은 궁금했다.

"만약 한 단어에 여러 가지 의미가 있을 수 있다면, 예를 들어 책을 읽다가 어느 단어가 뭘 의미하는지 어떻게 알 수 있나요?"

이것은 무슨 해석학인가? 할아버지는 생각했다. 이해에 대한 가르침은 한갓 관념적 학문으로 머무르면 안 된다. 철학자 프레게는 의미(Sinn)와 지시체(Bedeutung)에 관한 글을 쓰고, 아침별(Morgenstern)과 저녁별(Abendstern)의 의미와 지시체를—아침별과 저녁별은 물론 모두 금성이다—설명하려고 노력했다. 그리고 여기서는 갑자기 과자와 탁자 이상으로 많은 문제가 제기되었다!

"예를 들어 어느 개념을 어떻게 사용했는지 관찰할 수 있지. 설령 글을 쓴 사람이 무슨 의미로 썼는지 더 이상 알려줄 수 없더라도 말이야."

하지만 할아버지는 이것으로 모든 문제가 해결되는 것은 아니라고 생각했다. 이해하기란 텍스트와 책 그리고 이야기뿐 아니라 다른 사람들 그리고 그들의 감정과 관계가 있기 때문이다. 바르게 이해하는 방법은 무엇일까? 이해는 어떻게 가능할까?

사과나무 아래에서

"필, 펠리! 손님이 왔다!"

할아버지가 외쳤다. 정원 울타리 앞에 야콥이 서서 필과 펠리가 나타나기를 기다렸다.

"네, 가요!"

필과 펠리의 소리가 들렸다.

"그렇지 않아도 정원에 가려던 참이에요! 사과나무 밑에 앉으려는데 파라솔을 가져가도 되나요? 다락방은 정말 더워요!"

"파라솔 대는 여기 둘게요. 없는 게 편해요."

펠리는 무거운 파라솔 대를 움직이려고 애쓰다가 그냥 두기로 결심했다.

"네, 아가씨! 알겠습니다."

할아버지는 파라솔 대를 뺀 지붕을 정원 끝 사과나무가 있는 곳으로 옮겼다.

'아가씨'는 웃음이 터져 나왔다.

"야콥, 들어와!"

펠리가 불렀다.

"안녕, 야콥!"

할머니가 인사했다.

"안녕하세요."

"그럼 난 맛있는 걸 한 바구니 싸주마."

할머니는 바구니 안에 유리컵과 레모네이드 한 병 그리고 과자 통을 담았다. 그리고 필과 펠리는 배낭에 커다란 수건과 수영복, 색연필과 그림책을 집어넣었다. 그림책 사이에는 우화집을 숨겼다.

"마치 탐험대 같구나!"

할머니가 웃었다.

"담요도 가져가겠니?"

필과 펠리는 야콥과 함께 사과나무 아래로 갔다. 펠리는 야콥이 멋있어 보였다. 야콥은 벌써 사춘기에 들어섰다. 저런 징그러운 여드름이 나도 어떻게 그리 태연할 수 있는지! 야콥의 몸통과 팔다리는 서로 다른 속도로 성장하는 것처럼 보인다. 필과 펠리가 놀러 올 때마다 변해 있다. 어느 때에는 팔이 몸통에 비해 너무 크다. 몸통이 팔의 성장 속도를 따라잡지 못했기 때문이다. 그리고 어느 때에는 다리가 더 자랐다. 우선 턱이 커지고, 그 다음에 귀가, 그리고 이마나 코가 나중에 더 커졌다. 그의 몸은 왠지 균형을 이룬 적이 한 번도 없다! 야콥은 분명 기분이 좋지 않을 것이다. 하지만 이제는 거의 어른이다! 해야 할 일이 무엇인지 알 나이다.

펠리는 사춘기가 질병이라고 생각한다. 언젠가 대부분 다시 정상으로 돌아오지만 큰 위로는 되지 않는다. 펠리는 차라리 애벌레처럼 고치를 짓고 난 뒤 비로소 멋진 나비로 다시 태어나고 싶다. 아니면 주위에 가시나무 울타리가 무성해서 자신에게 오고 싶은 사람이 울타리에 비참하게 걸린다면! 사춘기를 극복하려면 용기가 필요하다. 필도 벌써 사춘기가 시작되었다! 사춘기의 징후는 감출 수 없다.

야콥은 사과나무 그늘에 담요를 펼치고 펠리는 커다란 파라솔을 그 앞에 비스듬히 세워 놓았다.

"이제 거의 동굴 속 같아!"

펠리는 만족했다.

"이 안에 있으면 집에서 우리가 보이지 않을 거야."

필과 펠리와 야콥은 담요 위에 편하게 앉았다. 필은 레모네이드를 컵에 따랐다.

"비밀이 있어. 그리고 수수께끼도!"

펠리가 야콥에게 말했다.

필은 배낭 안에서 우화집을 꺼냈다.

야콥이 놀랐다.

"아주 낡은 책이구나!"

"우리는 그렇게 생각하지 않아."

펠리가 책을 펼치며 말했다. 그러고 나서 수수께끼와 암호문을 어떻게 발견했는지 설명했다.

"그래, 다락방을 거의 태워 버릴 뻔했다고!"

야콥이 씩 웃었다.

"하지만 적어도 다음부터는 석유 램프를 조심히 다루겠지."

필과 펠리와 야콥은 함께 수수께끼를 읽었다.

"흥미로운걸."

야콥이 말했다.

"만약 책을 더 많이 읽는다면 수수께끼의 답을 꼭 찾아낼 거야."

필이 말했다. 야콥은 필이 좋다. 필은 정말 똑똑하다! 그리고 잘난 체도 하지 않는다.

"오늘은 이야기를 세 개까지 읽자!"

펠리가 제안했다.

"읽지 못한 걸 만회해야 해."

머리 위에서 사과나무가 바람에 바스락거리고 나무 옆에서 시냇물이 졸졸 흐른다.

"자연에 대한 이야기를 읽으려고 했잖아."

필이 책을 펴며 기억을 떠올렸다.

필과 펠리와 야콥은 이야기를 읽기 시작했다.

자연의 자연

"왜 아침이 되면 하늘은 밝아지나요? 우리는 왜 한낮에 휴식을 취하죠? 그리고 왜 저녁이 되면 하늘은 다시 어두워지는 건가요?"

어린 사자 레아가 아빠 사자 레오에게 물었습니다.

"자연이 왜 그런지 알고 싶은 거구나."

레오는 천천히 대답했습니다.

"글쎄, 자연은 항상 그랬다고 말할 수밖에 없구나. 아버지의 아버지, 그리고 할아버지의 아버지가 살던 때도 그랬으니까. 아침은 언제나 밝고 저녁은 어둡단다."

"만약 그렇지 않다면요?"

레아가 물었습니다.

"예를 들어 계속 어두우면요? 전 어둠이 무서워요. 잠에서 깰 때 아직 어두우면 정말 겁이 나요. 어둠에서는 이상한 소리가 많이 들려요. 그리고 다시 밝아질 거라고 어떻게 알지요?"

"그런 일은 한 번도 일어나지 않았어."

레오는 레아를 안심시켰습니다.

"우리와 선조의 경험을 믿어도 된단다. 안심하고 믿어도 돼."

그러나 아기 사자는 아직도 마음이 불안했습니다.

"왜 모든 건 항상 원래 모습대로 있어야 하나요?"

흥분한 레아가 큰 소리로 말했습니다.

"모든 건 변할 수 있잖아요! 예를 들어 노란 풀은 말라서 갈색으로 변해 이전과 달라요."

"레아야, 넌 아직 오래 살지 않아서 모른단다."

큰 사자는 말했습니다.

"많은 일이 반복된다는 사실을 알게 될 거다. 초원의 색도 그래. 다만 느릴 뿐이지. 그게 바로 자연의 자연이란다. 많은 일이 날마다 또는 해마다 반복해서 일어나는 사실을 우리는 경험으로 알 수 있지. 그러니 믿어도 된단다. 할아버지의 아버지가 할아버지에게 말했고 할아버지는 아버지에게 말했어. 항상 그랬기 때문에 앞으로도 계속 그럴 거란다."

"무슨 경험이요!"

그때 엄마 사자가 끼어들었습니다.

"늘 똑같은 소리예요. 항상 그랬기 때문에 앞으로도 계속 그럴 거라고요! 말도 안 돼요! 애한테 그렇게 말하지 마세요! 레아야, 자연에는 법칙이 있단다. 자연의 법칙은 언제나 유효해. 그걸 알면 모든 걸 아는 거지. 그건 또한 세상의 과거와 현재를 나타낼 뿐 아니라 세상이 영원히 변하지 않을 거라는 사실을 말해 준단다. 날마다 아침이 되면 태양이 떠오르지. 지구가 자전하기 때문이야. 그래서 태양은 지구 곳곳을 비출 수 있어. 태양은 사실 뜨거나 지는 게 아니란다. 단지 그렇게 보일 뿐이야.

그리고 계절이 있단다. 이건 지구가 큰 원을 그리면서 태양 주위를 돌고, 태양이 서로 다른 시간 동안 지구를 비추기 때문이야. 항성은 지구 둘레를 항상 똑같은 순서로 돈단다. 적어도 지구 위에서는 그렇게 보이지. 비는 언제나 하늘에서 내리고, 사자는 태어났다가 죽어야 하고, 우리는 먹고 마시고 숨을 쉬어야 해. 그게 바로 우리 자연이란다."

"그렇다면 모든 게 미리 결정돼 있나요? 모든 것에 법칙이 있어요?"

레아가 물었습니다.

"그걸 알 수 있다면 좋을 텐데!"

엄마 사자는 깊이 생각하는 듯 말했습니다.

"그러면 인간의 자연은 뭘까?"

필이 큰 소리로 말했다.

"우리도 먹고 마셔야 하잖아. 특히 날씨가 이렇게 더운 날에는."

펠리는 말한 뒤 레모네이드를 한 모금 마셨다.

"그리고 숨쉬기도 멈출 수 없어. 짐승처럼 태어나서 고통 당하다가 죽어야 해. 인간의 자연과 짐승의 자연은 서로 같을까?"

"그걸 적어 둬!"

필이 말했다.

"나중에 또 생각해 볼 수 있으니까. 지금은 우선 이야기를 계속 읽자."

필은 책을 야콥에게 건네주고 야콥은 책을 계속 읽었다.

모든 것이 거꾸로 되었다

"우리가 사는 곳에는 모든 게 거꾸로 돼 있어."

불개미가 귀뚜라미에게 불평했습니다.

"왜 우리 개미나라 길에는 유명한 개미의 조각상을 세운 가로수가 없지? 왜 스무 권짜리 개미 역사 전집이 없냐고? 개미가 다니는 길과 교통 규칙이 있고, 도둑개미와 경찰개미도 있어. 세상은 아주 재미있게 돌아가지. 흥미로운 이야깃 거리도 많지.

그런데 우리는 그걸로 뭘 하지? 아무것도 하지 않아. 눈먼 개미처럼 하루하루 살아갈 뿐이야. 발전이 없어! 단지 이따금 영웅개미의 이야기만 할 뿐이지. 우리는 아주 강해, 알아? 하지만 모든 걸 너무도 빨리 잊어버려! 결국 유명해지지 않는다면 뭘 위해 노력해야 할까? 이 점에서는 네 사정이 더 나아. 넌 따뜻한 여름밤에 아름다운 음악을 연주할 수 있잖아. 그러면 모두 네 음악에 귀 기울이지. 하지만 누가 우리를 거들떠보겠니? 난 유명해지고 싶어. 명성을 얻는 일이란 분명 멋질 거야! 다른 개미들이 내 사진을 찍고 나와 인터뷰를 할 테지. 그리고 토크쇼에 나를 초대할 거야……. 난 아주 특별하고 중요한 개미가 된 느낌이 들 거라고."

"그렇지만 모든 개미는 특별해. 서로 똑같은 개미나 귀뚜라미는 존재하지 않아."

귀뚜라미가 말했습니다.

"그건 나한테 위로가 못 돼."

개미가 말했습니다.

"난 인정받고 싶어! 우리에게는 훈장과 표창이 필요해. 신문과 책, 음악과 연주회가 있어야 한다고! 나는 정말 음악을 연주하고 싶어. 네가 나에게 가르쳐 줄래? 우리는 개미집을 짓는 솜씨 말고도 재주가 뛰어나거든.

우리에게는 문화가 필요해! 문화는 삶을 윤택하게 하지. 그리고 개미의 역사에서 배우고, 개미의 미래를 위해 생각하고, 바르게 행동하는 진정한 개미정치가 필요해. 또한 올바

자신의 문화에서 벗어날 수 있을까?

른 것을 분간하고, 개미정치의 기본 원칙을 만들 철학자 개미도 몇 마리 있어야 하고.

난 여행을 다니며 다른 개미집을 알고 싶어. 여행을 하면 똑똑해지니까! 어쩌면 내 부족한 점을 발견할지 몰라! 우리는 왜 비행기를 발명하지 않을까? 아니면 최소한 자동차라도! 우리에게도 휴가가 필요하다고!"

"관광개미가 있다는 말은 들어 본 적이 없는데. 그거야말로 거꾸로 된 일이지."

귀뚜라미는 이렇게 말하며 연주에 다시 열중했습니다.

펠리는 웃음이 터져 나왔다.

"관광개미라고? 하하하! 목에 카메라를 매고 가방을 든 채 개미 조각상을 찍는 개미! 개미 도서관에 앉아서 개미 책을 쓰는 철학자 개미를 상상해 봐! 아니면 개미 휴양지로 가는 개미 비행기를 조종하는 비행사 개미를! 개미 패션! 개미 비키니! 그림으로 그려야겠어!"

펠리는 색연필을 집어 들었다.

야콥이 웃었다. 패션에 대한 여자아이들의 관심이란!

"문화란 정확히 뭘까?"

펠리가 물었다.

"인간의 자연인 문화."

필은 혼잣말로 중얼거렸다. 어디서 들은 말일까?

"맞아!"

필이 갑자기 소리쳤다.

"우리가 옮겨 쓴 철학자의 말이야. 그건 이것과 맞아. 이름이 뭐였더라? 플라톤은 사상가가 지혜롭고 항상 옳은 일을 하므로, 아니면 적어도 그렇게 하려고 노력하기 때문에 국가의 통치자가 되어야 한다고 생각했다."

필은 설명했다.

"우리는 암호문에 있는 어느 철학자가 어느 이야기에 맞는지 찾아내야 해. 이건 우리가 옮겨 적은 거야. 우리가 생각하고 지성을 사용하도록 순서는 일부러 맞지 않게 쓰였어. 자!"

필은 책 앞쪽에 있는 인용문을 손으로 가리키며 소리 내 읽었다.

"네 오성을 사용할 용기를 가져라!"

필은 책에서 플라톤을 찾았다.

"플라톤의 그림 동굴은 공작과 올빼미가 가짜 세상을 만들어 내는 이야기와 맞아."

야콥은 호기심에 책의 빈 면을 손으로 어루만지며 종이의 감촉을 느낀다. 비밀의 잉크라! 정말 흥분된다!

"너희가 이걸 모두 옮겨 썼다고?"

야콥이 물었다.

"응, 옮기는 데 며칠 걸렸어."

필이 종이를 내밀자 야콥은 호기심에 얼른 종이를 잡았다. 펠리는 개미가 바라는 세상을 그리는 데 온통 정신을 쏟고 있다.

"그건 그렇고 우리가 사는 세상은 그다지 좋지 않은데. 숙제, 산더미 같은 쓰레기, 전쟁, 매연과 더러운 공장 그리고 바보 같은 남자아이들."

필과 야콥은 시냇물에서 더위를 식히기로 결정했다. 수영할 줄 몰랐을 때는 시내에 들어가는 일이 엄격히 금지되었다. 시냇가 가까이 있는 것조차 허락되지 않았다. 하지만 이제는 모두 컸기 때문에 상관없다.

수영하고 돌아오면서 필은 생각이 떠올랐다.

"경험주의. 인간은 경험을 통해 깨달음에 이른다는 주장 말이야. 존 로크! 로크는 자연 우화에 맞는 철학자야. 그 옆에 적어 둬야겠어."

펠리는 놀랐다. 필의 기억력은 정말 대단하다! 그래서 학교 공부도 많이 할 필요가 없다. 필은 벌써 철학자의 이름을 모두 외운 걸까? 모든 철학자의 사상을? 그렇다면 무엇이 무엇과 맞는지 이제는 더 많이 생각날 것이다. 그건 마치 퍼즐 맞추기와 같다. 점점 더 많은 조각이 들어맞을 것이다. 점점 더 많이 보고 더 잘 알기 때문에 가능하다. 한번 시작하면 갈

수록 쉬워진다. 퍼즐 조각이 적어지기 때문이다.

펠리는 개미 그림 아래에 질문을 적었다.

개미는 왜 유명해지고 싶을까?

왜 완전히 다른 삶을 살고 싶을까?

왜 인간처럼 살고 싶을까?

문화란 무엇일까? 문화에는 무엇이 있을까?

인간 세상에 있는 것은 모두 좋은 것일까?

어떤 것은 차라리 바라지 않는 편이 좋을까?

귀뚜라미는 개미를 어떻게 생각할까?

동물은 왜 책을 쓰지 않을까?

왜 기술을 발명하지 않을까?

동물은 사고할 수 있을까?

미래를 계획할 수 있는 동물이 있을까?

삶을 바꿀 수 있는 동물이 있을까?

개미는 여행을 결심할 수 있을까?

"오늘은 이야기를 세 개 읽으려고 했잖아."
야콥이 기억을 떠올렸다.
"스파게티 먹고 싶은 사람 있니!?"

할머니가 정원을 향해 소리쳤다.

"좋아. 세 번째 이야기는 밥 먹고 읽자."

필이 말했다.

"그것도 재미있겠다! 그런데 점심을 해서 식탁에 차려 함께 밥 먹는 동물들이 있을까?"

펠리가 큰 소리로 말했다.

필은 점심을 먹은 뒤 다시 사과나무 아래에 앉아 큰 소리로 책을 읽기 시작했다.

기계기계의 발명

"이제 난 기계기계를 만들겠어."

올빼미가 말했습니다.

"기계를 만드는 기계지. 예를 들어 강의 먼지를 빨아들이고 산을 물로 씻을 수 있는 기계 (……) 그리고 나쁜 공기를 좋은 공기로 바꾸는 기계, 아무도 힘들게 일할 필요 없도록 돈이 샘솟는 기계, 착한 아이들만 만드는 기계, 그리고 자연의 날씨에 의존하지 않아도 좋은 날씨를 만드는 기계가 필요해. 그래서 기계기계는 생각하는 능력이 있어야 해. 그것도 아주 생각을 잘할 줄 아는 능력 말이야. 우리도 한번 쉴 수 있도록 우리 대신 생각할 수 있어야 해. 무엇을 끊임없이 새로 발명하기란 정말 힘들어 (……) 난 항상 똑똑하고 지혜롭고 싶지는 않아. 물론 기계기계는 발명품에 대한 책임을 지고 모든 기계를 제어할 수 있어야 해. 기계에 대해서는 가장 잘 아니까. 기계기계에는 우리가 찾아낼 수 있는 최상의 전자뇌를 넣어야 해. 왜냐하면 발명한 모든 기계의 결과를 생각할 수 있어야 하니까. 결과가 좋아야만 우리는 행복해지고 또 기계를 만들 수 있어."

기계기계는 크게 성공했습니다. 엄청 똑똑하기 때문에 모두 감탄했습니다. 대단한 기계기계를 보기 위해 먼 곳에서도 몰려왔습니다. 텔레비전 화면을 통해 기계기계가 막 무엇을 구상하는지 지켜볼 수 있었습니다. 그리고 비록 지금까지 아무도 생각하지 못한 아주 이상한 것이라도 기계기계의 발명품은 이내 당연한 기계가 되었습니다. 이제 기계기계가 없는 삶은 더 이상 상상할 수 없게 되었습니다. 예를 들어 원격 감지가 그렇습니다! 원격 감지가 없던 시절에는 얼마나 많은 걸 놓치며 살았는지! 한 번도 가 본 적이 없어도 이제는 남극 펭귄의 느낌이나 알래스카 갈색 곰의 털을 느낄 수 있게 되었습니다. 설령 큰 바다가 앞을 가로막는다 하더라도 잠자기 전에 멀리서 쓰다듬을 수 있게 되었습니다.

기계기계는 온갖 찬사와 경탄에 너무 교만해졌습니다. 더 많은 기계를 지배하면 지배할수록 자신의 힘을 자랑했습니다. 난 더 많은 기계를 만들어야 해. 동물은 사실 방해만 될

뿐이야. 그리하여 기계기계는 자신의 일을 돕는 기계를 만들었습니다.

똑똑한 보조 기계 역시, 스스로 움직이며 고장을 고치는 기계가 있다면 모든 일이 더 쉬워질 거라고 생각했습니다. 그렇게 해서 기계의 수가 점점 늘었을 뿐 아니라 지능도 높아졌습니다.

이를 모두 지켜본 지혜로운 까마귀는 고개를 절레절레 저었습니다. 기계기계를 만드는 일은 과연 좋은 생각이었을까? 까마귀는 자신에게 물었습니다. 기계가 다니는 길은 곧 막혀 기계들의 교통을 정리할 기계가 필요할 것입니다. 기계는 어떻게 손쓸 수도 없이 쉬지 않고 증가할 것입니다. 모든 것이 조금씩 위험해질 것입니다. 이를 막을 수만 있다면 좋으련만! 되돌려 놓을 수는 없을까요?

그러나 기계기계와 보조 기계는 더 이상 멈출 수가 없었습니다. 이제 보조 기계는 권력과 명예를 바라며 기계기계의 힘을 막을 기계를 만들어 내기 시작했습니다. 기계기계를 훼손하고 위협할 방법을 생각해 내기 시작했습니다. 아주 사악하고 이로운 기계를 만들어 냈습니다. 기계기계의 힘을 꺾어야 했기 때문입니다.

하지만 기계기계가 온 세상을 지배하려고 했기 때문에 보조기계는 반란을 일으켰고 즉시 두 당파가 생겨났습니다. 기계기계를 추종하는 무리가 아직도 많았기 때문입니다. 그리고 이제는 최악의 경우를 대비해 상대 기계를 무력하게 할 수 있는 기계까지도 만들어야 했습니다.

"쳇, 기계끼리 하는 전쟁이잖아!"

필은 어이가 없다는 듯 말했다.

"사람이 하는 전쟁보다야 낫지!"

펠리가 말했다.

"난 기계가 많아지는 게 별로 나쁘지 않다고 생각해."

야콥이 말했다.

"그러면 아마 트랙터 가족이 생겨서 우리가 해야 할 일이 적어질지도 몰라."

"하지만 통제할 수 없을 때 모든 걸 멈출 수 있는 주문이 필요해. 그렇지 않다면 무슨 소용이 있어!"

펠리가 말했다.

"소용…… 라틴어로 우틸리스(utilis)는 유익하다는 뜻이야…… 공리주의(utilitarianism)!"

필이 말했다.

"그건 이 이야기와 맞아!"

필은 또다시 퍼즐 조각을 찾아냈다. 그리고 옮겨 적은 글 가운데 존 스튜어트 밀 부분을 다시 적었다.

"지향하는 목적은 행동의 가치를 평가하는 데 중요한 구실을 한다. 그렇기 때문에 행위는 그 결과에 따라 판단되어야 한다. 유익한 행위는 선한 행위다."

이것은 옳을까? 필은 자신에게 물었다. 예를 들어 선한 목적을 추구한다면 거짓말을 해도 될까? 그런데 선한 목적이란 과연 무엇일까? 선한 목적을 항상 쉽게 알아볼 수 있을까? 역사 속에서 사람은 다른 사람을 해치는 기계를 발명했다. 이것은 틀림없이 모든 사람이 인정하는 목적이 아니다. 필은 이렇게 썼다.

우리에게는 어떤 기계가 필요할까?

"나도 써도 되니?"
야콥이 물었다.
"물론이지!"
펠리는 야콥을 보며 미소를 지었다.
"그러면 난 아빠랑 엄마랑 아기가 있는 트랙터 가족을 그릴래."
펠리가 키득대며 웃었다.
야콥은 이렇게 질문했다.

이미 존재하는 기계는 어떤 기계일까?

더 많은 기계가 필요할까? 그렇다면 어떤 기계가 더 있어야 할까?

기계란 무엇일까?

기계가 우리에게 주는 유익은 무엇일까?

기계는 언제 그리고 어떻게 위험한 존재가 될까?

기계에 의존하는 것은 좋을까?

기계는 자연과 동물 그리고 인간을 위협할까?

인간 대신 사고할 수 있을까?

사고란 대체 무엇일까?

기계는 무엇을 위해 필요할까?

선한 목적이란 무엇일까?

기계는 행복을 불러올까?

세상을 지배할 수 있을까?

우리에게는 어떤 발명이 필요할까?

"좋아! 이제는 그림을 그릴게. 그림을 그리면서 질문을 생각해 낼 수 있으니까."

펠리가 말했다.

"야콥, 자주 놀러 오너라!"

늦은 오후에 야콥이 작별인사를 하자 할머니가 말했다.

"난 손님에게 요리해 주는 게 즐겁단다."

"부모님이 허락하시면요……."

야콥이 말했다.

소피아 고모

필은 꿈에서 기계기계를 보았다. 기계기계가 세상을 지배하고 필과 펠리와 야콥은 기계가 되었다. 하지만 마음은 아직 인간이라는 사실을 아무도 몰랐다. 아니면 실제는 인간이 아니고 단지 인간이었던 사실만 기억한 것뿐일까? 심지어 몹스 종 개 기계도 있었다!

"꿈은 어느 정도 사실이에요?"

필은 아침을 먹으며 할아버지에게 물었다.

"꿈은 우리의 생활과 곧잘 밀접하게 관련되어 있지."

할아버지가 말했다.

"사람은 무언가를 계속 생각한단다. 실제로는 우리가 스스로 생각하는 것이 아니라 잠재의식이나 상상으로 생각하는 것이야. 그렇지 않다면 꿈은 소원이나 떨쳐 버린 불안을 표현해."

"만약 지금 제가 모든 능력을 가진 기계가 되는 꿈을 꾼다면 이것은 소원이나 두려움인가요?"

필이 다시 물었다.

"그 질문에는 대답할 수가 없구나."

할아버지가 말했다.

"그런 꿈은 네 자신에 대해 네 스스로 생각하는 동기를 만들어 준단다. 너는 그것이 소원을 나타내는 꿈인지 두려움을 나타내는 꿈인지 스스로 찾아내야 해."

가끔은 두 가지 꿈이 모두 맞을 때가 있다고 할머니는 생각한다. 오후에는 소피아 고모가 온다. 할머니는 딸이 와서 기쁘기도 하지만 한편으로는 두렵다. 소피아도 그녀의 아이들도 성격이 매우 까다롭기 때문이다. 물론 할머니는 딸을 사랑한다. 어쩌면 특별히 더 사랑할지 모른다. 소피아는 힘든 시기를 겪었기 때문이다.

"여보, 새 전나무 꿀이 필요해요."

할머니가 말했다.

시장에도 꿀을 직접 만들어 파는 양봉가가 있다. 물론 꿀은 꿀벌들이 만드는 것이라고 할머니는 다시 말했다. 아이들 때문에 정확한 표현을 쓰지 않을 수 없다.

"살 물건을 적었어요?"

할머니가 물었다.

토요일이다. 물레방아에서 아침을 먹고 시장을 보러 가야 한다.

"안반녕병히비 다바녀벼오보세베요뵤!"

펠리는 할아버지와 할머니 뒤에서 인사를 했다.

"그브리비고보 품붐위뷔를블 지비키비세베요뵤!"

아버지도 필과 이런 식으로 인사한 적이 있다. 단지 물론 비읍 말이 아닌 것뿐이다.

"약뱍속복하바마바!"

할아버지는 웃으며 대답했다. 그리고 할머니를 보고 찡긋 윙크를 했다.

"노력해 봅시다."

할아버지와 할머니가 나가자 필과 펠리는 우화집을 들고 테라스에 앉았다. 칸트는 필과 펠리의 발 아래 따뜻한 테라스 바닥에 누워 평화롭게 졸고 있다.

"꿈에 관한 이야기가 있었지?"

필은 기억을 떠올렸다.

"벌에 관한 것도 있었잖아!

펠리가 말했다.

"하나는 지금 읽고 다른 건 오후에 읽자."

펠리가 결정했다. 둘은 용계(龍鷄) 이야기를 읽었다.

용계

옛날 옛날에 암탉 한 마리가 살았습니다. 암탉은 세상이 자신을 별로 영리하지도 특별하지도 않게 생각한다면서 괴로워했습니다. 혹 그렇지 않더라도 수탉에게만 관심이 있다고 암탉은 서글퍼 했습니다. 암탉은 옛날부터 오로지 알을 낳기 위해 존재했으니까요. 운이 좋으면 수프용 닭으로 쓰일 수도 있었습니다. 암탉은 대개 거대한 닭 공장에서 사육되었는데 이것 역시 유용했습니다. 공장의 암탉은 햇빛을 거의 보지 못하고 오직 우리 속 네온관만 볼 수 있었습니다. 이 중에는 멋진 깃털 옷을 입은 암탉이 거의 없었습니다.

암탉은 순순히 알을 낳았습니다. 이것은 힘든 일이 아니었습니다. 그래서 따분한 암탉은 많은 시간 동안 공상에 빠졌습니다. 언제나 똑같은 상상이었습니다. 암탉은 자신이 석류석을 지키는 전설의 그리핀(사자 몸에 새 머리가 달린 신화적인 동물*)이 되는 상상을 했습니다. 거대한 몸집에는 용의 날개가 달렸습니다. 상상 속에서 암탉은 재미있는 모험을 하고 어떤 위험도 물리칠 수 있었습니다.

그런데 계속 공상에 빠진 암탉은 시간이 얼마 지나지 않아서 진짜 현실과 가짜 현실을 구분할 수 없게 되었습니다. 상상 속에서 암탉은 경외심을 일으키고 경계를 늦추지 않았습니다. 아무도 암탉을 멍청하다고 생각하지 않았습니다. 모두 그를 존경하고 두려워했습니다. 세상은 암탉이 바라던 바로 그런 세상이었습니다!

자신을 용이라고 생각하는 암탉에게 곧 '용계'라는 별명이 생겼습니다. 웃음거리가 되지 않기 위해 암탉은 이름에 걸맞은 닭이 되어야 했습니다! 그래서 우리에서도 용처럼 불을 내뿜고 긴 꼬리가 자라도록 꼬리털을 뽑아냈습니다. 용계는 몹시 격앙된 소리로 씩씩거리며 꼬리 깃털을 뽑았습니다.

다른 암탉들이 그의 백일몽을 깨뜨리면 용계는 자신의 도피가 얼마나 멋진 일인지 그들에게 설명했습니다.

"용계로 사는 게 훨씬 좋아! 너희 안에 용의 영혼이 숨어 있다고 믿으면 돼. 최소한 하루 중 절반 동안이라도 상상해 봐. 그러면 세상이 다르게 보일 거야!"

용계는 울어 댔습니다.

정말로 암탉 몇 마리가 용계의 말대로 했습니다. 어차피 사는 일이 지루하던 참이었습니다. 생각으로 하는 모험은 해볼 만했습니다.

"이제 우리도 용의 영혼을 가졌어!"

어느 날 이런 말이 들렸습니다.

"그러나 우리는 초라한 몸뚱이 때문에 불행해. 마치 우리

어떤 꿈이 실현되어야 할까?

것이 아닌 것 같아. 무슨 방법이 없을까?"

용계는 곰곰이 생각했습니다. 용의 영혼 때문에 자의식이 더 강해지고 영리해진 용계는 양염소를 사육한 연구자들이 생각났습니다. 이들은 양과 염소를 교배해서 새로운 품종을 개발했습니다. 이 연구자들에게 도움을 요청하면 될 거야! 적어도 용계의 후손은 진짜 용계가 될 수 없을까요? 이 우스운 주둥이 대신 최소한 날카로운 이빨을 가지고 제대로 불을 내뿜으며 어떤 것과 싸워서도 이길 수 있어야 합니다. 그렇게 된다면 못생기고 멍청한 보통 암탉은 역사에 묻힐 것입니다!

다만 문제는 어디서도 진짜 용이나 심지어 그리핀을 찾아낼 수 없다는 사실이었습니다. 이들은 정말로 상상 속 동물이었나 봅니다.

"내 자손은 이런 모양일 거야."

용계는 설명했습니다.

"깃털이 없고 상처가 나지 않는 강한 피부, 둥지를 지키고 알을 빼앗기지 않기 위해서 자신의 몸을 휘감고 적을 맞힐 수 있는 긴 꼬리, 박쥐 날개보다 훨씬 커서 우리의 강력한 몸을 공중으로 들어 올릴 수 있는 힘세고 커다란 날개. 내 후손은 자기 몸에 만족한다면 좋겠어! 닭의 영혼을 가진 용이 용의 영혼을 가진 닭보다 나아.

그러니까 우리의 품종을 바꾸자고! 우리의 후손이 고마워

할 거야.

인간이 닭을 저열하게 사육한 것은 닭에 대한 모욕이야. 이제 우리는 반드시 대책을 세워야 해."

그러나 불행히도 연구자들은 용의 영혼을 가진 닭들에게 소원을 이루어 줄 능력이 부족했습니다. 그래서 용계들은 자신의 소원이 언젠가는 이루어지기를—달리 할 도리가 없었기 때문에—간절히 바랐습니다.

만약 어느 날 알을 낳는 암닭이 마구 홍분해 씩씩거리는 소리를 듣는다면 이것은 용의 영혼을 가진 암닭이 백일몽을 꾸는 것임을 알 수 있습니다. 꿈 속에서 실제 용계가 되어 말입니다.

"암닭이 씩씩거리는 소리를 들어 본 적이 있어?"

펠리가 필에게 물었다.

"자기 몸에 만족하지 못한다면 정말 끔찍할 거야!"

자기 몸에 항상 만족하는 사람이 과연 있을까? 필은 생각하며 책에 적었다.

자신이 바라는 꿈이 이루어지지 않는다면 어떻게 할까?

스스로 할 수 있는 일은 무엇일까? 계속 꿈을 꾸는 걸까? 다른 사람에게 도움을 청하는 걸까?

아니면 단념하고 씁쓸한 기분으로 있을 수 있다고 필은 생각했다. 필은 그런 사람들을 안다. 적어도 암탉은 자신의 해결책을 찾았다.

필은 덧붙였다.

두 가지 인생을 살 수 있을까?

다른 사람에게 경멸을 당하거나 불행하다면 어떻게 해야 할까?

현실을 피해서 달아난다면 자의식이 생길까?

펠리는 필에게서 펜을 받아 적었다.

용의 영혼을 가진 암탉은 자신의 후손이 닭의 영혼을 가진 용이 되고 싶다는 것을 어떻게 알까? 아니면 진짜 용계가 되고 싶다는 것은?

어쩌면 암탉의 자손은 용계가 되어서 불행할지 모른다!

더 멋진 삶을 꿈꾸는 암탉은 실제 존재할까?

필의 머릿속에 어떤 생각이 떠올랐다.

"여기!"

필은 책 뒤쪽에 꽂아 둔 사본을 꺼냈다.

"블레즈 파스칼! 파스칼은 자신이 왕이 된 꿈을 반평생 동안 꾸어 온 수공업자의 느낌은 어떤 것일까에 대해 생각했어. 어떤 느낌일까? 파스칼이 이 이야기에 맞아."

필은 줄을 그어 이름을 지웠다.

좋은 생각이라고 펠리는 생각했다. 줄을 그으면 무엇을 더 찾아야 하고 무엇을 이미 찾아냈는지 한눈에 알 수 있다. 할머니도 시장에 갔을 때 사야 할 물건을 적은 종이에 줄을 긋는다. 필과 펠리는 지금까지 이야기에 나타난 철학자의 이름을 모두 지웠다. 철학자와 어울리는 우화를 찾는 것도 물론 가능하다. 하지만 먼저 이야기를 읽고 인상을 받는 것이 더 낫다.

펠리는 자고 있는 칸트를 쳐다보았다. 칸트의 생각을 알아내는 방법이 없을까? 칸트도 자신의 개 인생이 지겨워서 차라리 다른 무엇이 되고 싶을까?

"석류석 위에 앉은 용계를 그릴래."

펠리가 말하는 순간 자동차 경적 소리가 들렸다.

"빨리 책을 숨겨!"

필이 소리쳤다.

"소피아 고모일 거야."

그러나 그것은 시장에서 돌아온 할아버지와 할머니였다.

"배고픈 사람 있니?"

할머니가 명랑한 목소리로 외쳤다.

"따뜻한 소시지를 사왔단다!"

할머니는 정원 탁자 위에 접시를 놓고 냉장고에서 샐러드가 담긴 커다란 그릇을 꺼내 왔다. 좀 있다 케이크를 구울 생각이다. 그러고 나면 오후에는 소피아가 올 것이다!

소피아! 소피아는 지혜를 의미한다. 그리고 소원이 담겨 있다. 그러나 소피아는 현명하지 못하다. 할머니는 딸이 불행하다고 생각한다. 너무나 많은 일을 혼자 해내야 하기 때문이다. 남편은 외국 출장을 자주 다니고 쌍둥이의 머리는 그녀보다 더 자랐다. 이것은 물론 비유일 뿐이다. 쌍둥이는 아직 어리다.

소피아는 아동 작가다. 일은 현실을 벗어나는 방법일까? 할머니는 자신에게 묻는다. 그러나 현실은 소피아를 자꾸만 따라잡는다. 말하자면 혼자서 평생을 감당한다는 것은 어떤 걸까? 할머니는 생각한다. 할머니에게는 언제나 할아버지가 있다. 소피아는 아주 매력적인 프랑스 남자와 사랑에 빠졌다. 스트라스부르가 고향인 모리스는 기술자다. 회사가 외국에서 많은 프로젝트를 벌이기 때문에 모리스는 여러 달 동안 집에 없을 때가 많다. 모리스는 이메일을 많이 쓴다. 전화는 돈이 많이 들기 때문이다. 그러나 그것이 그의 빈 자리를 채워 줄 수는 없다. 가족 모두 모리스를 그리워한다. 소피아는 모든 일이 힘에 부쳐서 남편이 더 자주 곁에 있어 주기를 바란다.

소피아는 감수성이 예민한 아이였다. 남을 돕기 좋아하고 마음이 꾸밈없고 바르며 곧은 아이였다고 할머니는 슬픔에 잠겨 생각한다. 소피아는 상상력도 매우 풍부했다! 항상 스스로 지은 이야기를 얼마나 좋아했는지 모른다! 그런데 지금은 신경이 너무 날카롭고 근심에 차 있을 때가 많다. 할머니도 근심하는 것이 어떤 건지 알기 때문에 딸의 심정을 충분히 공감한다. 그렇지만 이런 마음을 너무 드러내 보여서는 안 된다. 소피아는 동정받는 것을 싫어하기 때문이다. 할머니는 소피아를 그냥 안아 주고 싶지만 소피아는 이를 물리친다. 이제는 소피아도 어른이니까! 그러나 할머니는 가끔 쌍둥이라도 돌봐 주고 싶다. 그러면 소피아도 조금 쉴 수 있으니까.

고모가 탄 낡은 자동차가 덜그럭거리며 길을 달려오는 사이 필과 펠리는 이미 정원 탁자에 커피 잔들을 차려 놓았다. 고모는 마치 인사를 하듯 경적을 울리며 차에서 내려 복잡한 심정으로 집을 바라보았다. 소피아는 부모가 항상 루츠 오빠를 편애한다고 생각했다. 자신만 늘 심부름을 가고 오빠는 덜 했다. 오빠는 언제나 생글생글 웃고 소피아는 부모의 관심을 쟁취해야 한다고 생각했다. 어쩌면 얼굴을 자주 보이지 않는 것이 더 좋은 방법인지 모른다! 모리스처럼. 그러면 어쩌다 곁에 있을 때 더 많은 사랑을 받을 수 있다. 먼지 날리는 오랜 가뭄에 시들고 말랐다가, 생명이 거의 꺼질 무렵 짧게 억수같이 내리는 사막의 비를 맞고 다시 화려하게 피어나는 사막의 꽃이 있다. 소피아는 자신이 이 꽃과 같다고 생각한다. 아름답게 피어라! 하지만 이런 일은 거의 일어나지 않는다. 그러나 모리스에게는 상대를 무력하게 만드는 힘이 있다. 그는 이 매력으로 소피아를 눈 멀게 할 수 있었다. 그런데 어쨌든 아무것도 없는 것보다 낫다. 남편을 사랑하니까.

"막스! 모리츠! 너희 정말 왜 이러니?"

소피아가 화가 나서 소리쳤다.

뒷좌석에 앉은 쌍둥이는 배낭을 두고 서로 머리카락을 쥐어뜯으며 싸웠다. 기운이 빠진 소피아는 정말 기대에 찬 등장이라고 생각했다. 차를 타고 오는 것만으로도 너무 힘들었는데!

싸움에서 우위를 지키던 막스는 모리츠가 휘두르는 주먹을 한 대 맞았다. 필과 펠리는 서로 쳐다보았다. 시작부터 좋은걸!

일곱 살의 막스와 모리츠는 나이에 비해 키가 작다. 둘은 얼굴이 꼭 닮았다. 주근깨, 포동포동한 두 볼, 빨강 머리.

"저기 빨간 위험이 온다!"

언젠가 누가 쌍둥이의 이름이 떠오르지 않아서 이렇게 외친 적이 있다. 그 뒤로 쌍둥이는 그 사람을 아주 미워했다. 머리색이 빨간 것이 쌍둥이의 잘못인가! 소피아의 머리는 왠지 항상 곤두선 금발이고 모리스의 머리색은 새까맣다. 그럴 경우 빨간 머리 아이들이 태어날 수도 있다!

그런데 이름만큼은 머릿속이 장난기로 꽉 찬 쌍둥이와 잘 어울린다. 그 가운데에는 오직 쌍둥이에게만 재미있는 장난도 있다. 누구든 쌍둥이를 조심해야 한다. 게다가 둘은 항상 붙어 다닌다. 커피를 마시던 할머니가 막스는 필과, 모리츠는 펠리와 함께 방을 쓰라고 제안하자 필과 펠리는 그 자리에서 거절했다.

"제 물건을 벌써 펠리 방에 갖다 놓았어요."

필이 말했다.

"그러면 막스와 모리츠는 이층침대를 나누어 쓸 수 있어요."

"와, 좋아요!"

막스와 모리츠가 한목소리로 합창했다. 쌍둥이를 떼어 놓는 것이 좋을 텐데. 소피아는 한숨을 쉬며 생각했다. 할머니가 옳았지만 실패했다.

"소피가 잘 다락방에 있는 손님용 소파는 막스와 모리츠 방으로 옮겨 주마."

할아버지가 말했다.

"아니면 내 서재로 옮기든지."

막스와 모리츠의 실망하는 표정을 보고 할아버지가 다시 말했다.

펠리는 필을 쳐다보았다. 그리고 소피아 고모의 말에 한시름 놓았다.

"아니, 그러실 필요 없어요. 여기 거실 소파에서 자면 돼요."

막스와 모리츠는 탁자 주위를 빙빙 돌며 칸트를 쫓다가 할아버지의 말에 달리기를 멈추었다.

"이제 너희는 짐을 올려다 놓고 우리는 식탁을 치우자. 안녕, 야콥!"

할아버지가 정원 울타리를 향해 소리쳤다.

"들어오너라!"

필과 펠리는 지원군을 보자 마음이 놓였다. 지긋지긋한 사촌들이 있을 때 지원군은 정말 필요하다.

"저희는 야콥이랑 사과나무로 가요!"

필과 펠리가 큰 소리로 말했다.

펠리는 재빨리 위층으로 올라가 책이 든 배낭을 가지고 내려왔다.

"야콥 오빠, 암탉이 씩씩대는 소리를 들어 본 적이 있어?

오빠네 닭들은 행복해 해? 아니면 혹시 걔들이 다른 삶을 꿈꿀지도 모른다고 생각하지 않아?"

펠리는 사과나무 아래 앉아서 야콥에게 물었다.

"나는 다른 삶을 꿈꿔!"

야콥이 말했다.

"일을 덜 하는 꿈 말야. 그런데 씩씩거리는 암탉? 글쎄, 들어 본 적이 없는데."

"오빠네 닭들은 자유롭게 움직일 수 있으니까. 어쩌면 닭들도 멋진 삶을 살지 몰라."

펠리가 말했다.

"오늘 오후에는 꿀벌에 대한 이야기를 읽으려고 해."

필이 말했다.

"좋아."

야콥이 대답했다.

꿀벌의 부지런함

어느 어둡고 따뜻한 벌집 안에서 일벌들은 부지런히 꿈틀거리며 기어 다녔습니다. 일벌들은 나이에 따라서 하는 일이 서로 달랐습니다.

벌집 안의 일벌들은 애벌레에게 꿀과 꽃가루와 먹이 즙을 먹이고 다른 벌들은 꿀이 꽉 찬 벌집을 밀랍으로 봉한 뒤 한

육각에서 다른 육각으로 열심히 기어갔습니다.

벌집 밖에서 일하는 벌들은 꽃에서 꿀과 꽃가루를 날라다 윙윙거리며 벌집에 내려놓았습니다. 오직 수벌만 아무 일도 하지 않고 곧 부화할 새로운 여왕벌과 치를 결혼 비행을 위해서 힘을 비축해 두었습니다. 그런데 게으른 두 어린 일벌 베아와 테아는 일하기가 싫었습니다.

"겨울에 먹을 꿀은 이미 충분히 모았잖아!"

한 일벌이 날아와 춤을 추며 먹음직스러운 먹이의 방향을 알려 주었을 때 베아와 테아는 싫은 기색으로 말했습니다. 다른 벌들은 막 출발하려는 참이었습니다.

"우리도 수벌처럼 쉬고 싶어."

베아와 테아가 말했습니다.

"하지만 빈 벌집이 이렇게 많은데!"

부지런한 벌들이 말했습니다.

"겨울에 먹을 꿀은 충분해."

베아가 말했습니다.

"어차피 우리 몫도 없는데 무엇 때문에 일을 해야 해?"

테아가 물었습니다.

"인간은 우리에게서 꿀만 빼앗으려고 하잖아. 꿀은 더 값진 거라고! 우리가 왜 인간을 위해 힘들게 일해야 해? 우리에게 돌아오는 게 뭔데? 아무것도 없다고! 그리고 우리의 삶은 우리가 상상하는 대로 되지 않잖아. 벌집은 물론 모두 똑같아. 하지만 왜 어떤 벌은 특별한 먹이를 먹지? 그건 엄청나게 값진 거라던데! 나도 한번 먹어 보고 싶다고!"

"맞아! 이건 불공평해!"

베아가 소리쳤습니다.

"그리고 그 벌들은 여왕벌이 되기까지 하잖아. 몸도 크고 모든 수벌과 결혼 비행도 하고! 나도 여왕벌이 되고 싶어! 하지만 우리는 그저 평범한 일벌이고 몸이 부서져라 일만 해야 해."

"참 어이가 없네!"

감독 벌 하나가 말했습니다.

"우리가 해야 할 일은 서로 달라. 그렇지 않으면 아무 일도 제대로 돌아가지 않게 돼! 우리는 모두 전문가라고. 모든 벌은 자신의 본분을 다해야 해.

결혼 비행을 마친 여왕벌은 여러 해 동안 그저 알만 낳고 절대 벌집을 떠나서는 안 돼. 그렇지만 너희는 언제든지 밖으로 나가서 봄을 즐길 수 있잖니!"

"단지 우리를 부려먹으려는 수작이야."

베아가 테아에게 말했습니다.

"그런데 그게 뭘 위해서지?"

"그건 너희가 해서는 안 되는 질문이야."

감독 벌은 단호히 말했습니다.

"우리는 한 공동체야. 만약 모든 벌이 저마다 원하는 일을 한다면 우리는 아무것도 이루어 낼 수 없어. 어떤 꿀벌 사회도 마찬가지지! 그걸 알려고 해서는 안 돼. 더군다나 평등에 대한 질문은 하면 안 되는 거야. 지금 이대로가 옳아. 너희는 그게 보이지 않니?"

베아와 테아는 아무 대답도 하지 않았습니다.

"정말 너희랑은 사회를 만들 수가 없구나."

감독 벌이 말했습니다.

"그런데 솔직히 말해서 우리 사회의 근본 가치, 그러니까 근면과 근면 그리고 또다시 근면을 인정하지 않는 벌은 여기에 있을 자격이 없어. 너희가 그것에 순응하지 않는다면 우리와 어울릴 수 없어!"

"좋아, 그렇다면 다른 곳으로 이민을 가 버리지 뭐."

베아가 말했습니다.

"매일 일만 하고! 어차피 이런 삶이 지겨웠어. 재밌게 살 테야!"

"우리는 기필코 다른 꿀벌 사회를 찾아낼 거야."

테아는 희망을 품으며 한숨을 쉬었습니다.

"그러면 행운을 빌게!"

감독 벌이 말했습니다.

"너희가 어디까지 갈 수 있는지 알게 될 테니……."

"이민은 해결책이 아냐."

야콥이 한숨을 쉬었다.

"어느 곳에서도 삶이란 일해서 얻는 거라고. 설령 공평하지 않을 때가 많더라도 말이야. 아무튼 우리 아빠는 그렇게 말씀하셔."

"하지만 항상 모든 걸 참고 견딜 필요도 없어."

필이 자신의 생각을 말했다.

"그건 아주 잘못된 거야!"

"꿀벌은 그저 한번 팔각형 벌집을 만들 수는 없어. 꿀벌에게는 언제나 모든 게 미리 결정돼 있는 것 같아."

펠리가 말했다.

"사람에게는 아냐! 불평등은 맞서서 물리쳐야 해!"

"하지만 도대체 평등이 뭔데?"

야콥은 궁금했다.

"특정한 일에 남다른 능력이 있는 사람들이 있어. 그러면 이들이 그 일을 처리하는 것도 옳은 거잖아. 그리고 특별히 좋은 일에 대한 보수는 받을 수 있지."

"사실 사람은 누구나 똑같은 대우를 받을 권리가 있어. 평등이란 어쩌면 차별을 없애는 것인지도 몰라."

필이 말했다.

"예를 들어 가난한 나라에서는 많은 어린이들이 학교에 다니지 못하고 먹을 것이 부족해서 혜택을 받지 못해. 그리고 힘이 없고 약해도 아주 어릴 때부터 일을 해야 해!"

"뛰어난 능력이 있어도 발휘하지 못하는 아이들은 우리나라에도 많아."

야콥이 말했다.

"평등은 어려운 거야."

"여기 좀 봐!"

필은 소리친 뒤 다시 암호문을 들추었다.

"카를 마르크스는 모든 사람이 평등해지고 착취와 억압이 사라지기를 바랐어. 이를 위해 사유재산 제도를 폐지하려고 했지. 사유재산이란 노동자를 착취해서 발생하기 때문이야. 유산자들이 잉여가치를 차지하는 거지!"

그리고 필은 카를 마르크스의 이름에 줄을 그어서 지우고 마르크스에 대한 글을 우화 뒤에 적었다.

"사유재산을 폐지한다! 그러면 모든 게 모든 사람의 소유가 되잖아!"

필이 말했다.

"그건 어려울 것 같아. 사람들은 아마 끊임없이 싸울걸."

펠리가 말했다.

"아니면 모든 게 그 어떤 사람의 소유도 아니라면! 만약 그렇다면 그건 누구 거지? 아무튼 난 불평등이 싫어."

펠리가 덧붙였다.

"그리고 꿀벌은 여왕이나 공주처럼 변장조차 할 수 없어. 또는 잠시 한번 다른 역할을 하지도 못하고."

펠리는 색연필을 바라보았다.

"벌은 잘 못 그려. 내가 그린 벌은 아마 개미처럼 보일 거야."

펠리가 말했다.

"베아와 테아에게 편지를 써 볼까? 그런데 무슨 말을 하지? 내가 편지를 쓰는 동안 오빠들도 책에 써 봐. 난 조금 더 생각해 봐야겠어."

이때 테라스에서 비명 소리가 들렸다.

"쥐, 쥐야! 여보, 어떻게 좀 해봐요!"

끔찍한 쌍둥이

할머니는 깜짝 놀라서 꼼짝도 할 수 없었다. 커피 마시던 탁자를 막 치우던 참이었다. 짐을 정리하기 위해 소피아 고모가 쌍둥이를 데리고 위층으로 올라갔을 때 쌍둥이의 배낭은 탁자 밑에 그대로 있었다.

그러고는 이제 쥐 한 마리가 기어 나와서 테라스 위를 이리저리 뛰어다녔다. 칸트가 큰 소리로 짖어 댔다. 이곳은 자기 구역이라고! 할아버지는 어쩔 줄 모른 채 서 있다. 쥐! 할아버지는 이 시커멓고 사나운 녀석이 너무 날렵해서 도저히 잡을 수 없다.

모리츠가 계단을 쏜살같이 내려오며 소리쳤다. 그 뒤를 소피아 고모가 바로 따라 내려왔다.

"그 쥐는 아주 순해요!"

할머니는 아무 말 없이 배낭을 손가락으로 가리켰다.

"쥐가 줄곧 차 안에 있었니?"

놀란 소피아가 쌍둥이에게 물었다.

막스가 고개를 끄덕였다.

"우리 반 여자애가 여행에 가져갈 수 없다고 우리한테 봐 달라고 했어요."

"엄청나게 착하구나."

소피아는 짧게 중얼거렸다.

그 사이 할아버지는 재빨리 낡은 광으로 가서 옛날에 소피 아의 카나리아가 살던 오래된 새장을 들고 다시 나타나 새장 지붕으로 쥐를 잡으려고 했다. 하지만 쥐는 낌새를 알아차리 고 재빨리 도망쳤다.

"잡아!"

소피아는 막스와 모리츠에게 소리를 지르며 쥐를 쫓기 시 작했다.

"절대 집안으로 들어오면 안 된다!"

할머니가 소리쳤다.

"모든 것에는 정도가 있는 법이야!"

집으로 달려온 필과 펠리는 소란스러운 광경을 말없이 바라만 보았다. 야콥은 커피 탁자에 놓여 있던 천 냅킨을 던져 쥐를 덮고는 깔깔거렸다. 움직이는 냅킨이 테라스 위를 이리 저리 달렸다! 마침내 막스가 냅킨과 쥐를 잡아서 새장 안에 넣는 데 성공했고 할아버지는 재빨리 뚜껑을 덮어 잠갔다. 마침내 쥐는 잡혔다. 칸트는 성이 나서 으르렁거리고 할머니 는 안도의 숨을 내쉬었다.

"쥐가 있는지 몰랐어요!"

고모가 할머니에게 말했다.

"가져오지 못하게 하셨을 거잖아요."

막스가 말했다.

"물론이지!"

소피아는 분명하게 못을 박았다.

"이제 이걸 어쩌지?"

할아버지가 묻는다.

"쥐를 돌봐 주기로 약속했어요!"

막스와 모리츠가 큰 소리로 말했다.

"그러면 쥐는 테라스에 둬야 한다."

할아버지가 결정하고 덧붙였다.

"새장 밖으로 절대 나가지 않게 해야 한다!"

"누가 나한테도 한번 물어봐 줄래요?"

할머니가 말했다.

필과 펠리는 막스와 모리츠 그리고 야콥과 함께 새장 주위에 둘러서 있다. 어른들은 흥분을 가라앉히기 위해 부엌에 앉아서 셰리를 한 잔씩 마셨다.

"어른을 위한 비타민제!"

소피아는 마치 사과하는 듯 말하며 한숨을 내쉬었다.

"정말 놀랐나 봐."

모리츠가 밖에서 말했다.

"왜 모두 쥐를 무서워하지?"

막스가 물었다.

"쥐는 쓰레기와 놀기 좋아하고 질병을 옮길 수 있으니까!"

야콥이 대꾸했다.

"중세에는 쥐가 페스트를 일으켰어. 하지만 사람들이 깨끗하다면 쥐는 별 사고를 일으키지 않아."

"그래도 쥐는 정말 싫어."

펠리는 얼굴을 찡그렸다. 펠리의 친구 프리치도 작고 귀여운 흰 쥐 한 마리를 갖고 있다. 그러나 이 못생기고 두꺼운 꼬리와 탐욕스러운 얼굴이란!

쥐는 새장 홰에 코를 대고 킁킁거렸다.

"이름이 뭐니?"

필이 물었다.

"그냥 쥐."

모리츠가 대답했다.

"쥐도 길만 잘 들인다면 정말 훌륭하지!"

펠리가 말했다. 펠리는 여우가 어린 왕자에게 한 말을 기억한다.

"'쥐'는 집합명사일 뿐이야. 나도 너를 '사람'이라고만 부르지 않잖아. 쥐도 자기 이름이 필요해."

필과 펠리는 야콥과 함께 다시 사과나무 아래로 돌아왔다.

"정말 지겨운 애들이야."

펠리는 사촌들을 두고 야콥에게 말했다.

"두 배로 끔찍해! 서로 싸우지 않으면 주위 사람들에게 테러를 저지르고. 그리고 그걸 재미있다고 생각하니!"

펠리는 햇빛을 가리기 위해 파라솔을 고쳐 세웠다.

책이 기다리고 있다.

"쟤들은 왜 저럴까?"

펠리가 말했다.

"함께 방을 쓴다고 상상해 봐!"

펠리가 말하자 필은 얼굴을 찌푸렸다.

"하지만 이제는 책을 읽자."

펠리가 결정했다.

"수수께끼를 풀어야 하잖아. 쟤들은 그걸 몰라도 돼. 책은 비밀이야."

작은 물고기

옛날 옛날에 아주 작은 물고기가 살았습니다. 작은 물고기
는 삶에 대해 아는 것이 아직 많지 않아서 엄마 물고기는 이
렇게 말했습니다.

"잘 들어라. 너는 크고 강해지기 위해 작은 물고기를 많이
먹어야 한단다. 그렇지 않으면 커다란 물고기가 너를 먹어
버리고 너는 살아남을 수가 없어."

"하지만 저도 작은 물고기인걸요."

작은 물고기가 말했습니다.

"저는 작은 물고기를 먹고 싶지 않아요!"

"하지만 꼭 먹어야 해!"

엄마 물고기가 대답했습니다.

"네가 쉽게 먹을 수 있도록 비밀을 가르쳐 주마. 모두 아는
비밀이지만 이에 대해 말하는 물고기는 거의 없단다. 넌 작
은 물고기를 미워해야 해! 그 못난 모양새가 안 보이니? 아주
작고 약하고 겁이 많고 무력한 꼴이? 넌 저들을 무시하고 미
워해야 해. 바닷속은 미움이 존재할 때 더 잘 돌아가니까. 미
움은 세상에 존재하는 가장 강한 원동력이야. 넌 그 원동력
으로 살아갈 거야!"

무리 안에 있으면 강해질까?

작은 물고기는 새가 되어 도망치고 싶었지만 이곳 물 속에서 살아남아야 했습니다! 작은 물고기는 꼭 살고 싶었습니다. 그래서 미워하기 시작했습니다. 처음에는 미워하는 일이 어려웠습니다. 미움을 오랫동안 지속할 수 없었습니다. 그런데 시간이 지나면서 자신이 작은 물고기들을 완전히 무시하고 미워한다는 사실을 깨달았습니다.

작은 물고기는 크고 강한 물고기가 되고 싶었습니다. 모든 물고기가 두려워하고 잡아 먹을 수 없는 작은 물고기가 되고 싶었습니다! 어느 물고기도 감히 공격하지 못하도록 몸통 위아래, 왼쪽과 오른쪽에 가시 지느러미가 돋는 상상을 했습니다. 마음 같아서는 이런 가시고기 무리 속에 숨고 싶었습니다. 모든 물고기가 그를 두려워하게!

작은 물고기는 이렇게 몸이 점점 커지고 용감해졌습니다. 그리고 어느 화창한 날 용기를 내어 넓은 바다까지 나갔습니다.

넓은 바다에서 작은 물고기는 두 눈이 휘둥그레졌습니다. 지금까지 한 번도 보지 못한 광경이었습니다. 그곳에는 험준한 해저 산맥이 있었습니다. 그리고 음침한 동굴도 조심해야 했습니다. 누가 동굴 속에 숨어서 먹이가 오기를 기다리고 있는지 모를 일이니까요! 엷은 빛을 내는 해파리들은 망사 같은 촉수를 천천히 흔들어 댔습니다. 어린 게들은 빈 달팽

다른 존재가 될 수 있을까?

이집에서 술래잡기를 하고, 갯가재는 집게로 조개를 따려고 안간힘을 썼습니다. 해초는 물이 움직이는 대로 녹색과 갈색 띠를 이리저리 흔들어 대고 불가사리는 깊고 푸른 바닷속 여기저기서 반짝거렸습니다.

그렇지만 작은 물고기는 이런 아름다움에 기쁨을 느낄 수가 없었습니다. 아무리 노력해도 놀라거나 기뻐할 수 없었습니다. 그것은 이상했습니다. 작은 물고기는 자신의 마음속에 오직 증오와 분노가 있음을 깨달았습니다. 증오와 분노 외에 다른 감정은 없었습니다!

이제 작은 물고기는 자기 자신을 미워하기 시작했습니다. 그리고 자신에게 미움을 일깨운 엄마와 자신이 끊임없이 경계해야 하는 큰 물고기들을 미워했습니다. 작은 물고기는 어느 곳에서도 안전하지 않았습니다. 어느 곳에도 진정한 집은 없었습니다! 작은 물고기는 깊은 슬픔에 빠졌습니다. 슬픔은 마치 어두운 그림자처럼 작은 물고기의 마음을 짓눌렀습니다.

그런데 갑자기 햇살이 물을 뚫고서 예쁜 분홍 산호충을 비추었습니다. 작은 물고기는 산호충이 옆에 있다는 사실을 몰랐습니다. 산호충은 빛을 받으며 반짝거리기 시작했습니다.

"작은 물고기야, 이리 오렴!"

산호충이 작은 물고기를 불렀습니다.

"네가 원한다면 내가 너를 지켜 줄게. 내 촉수 사이에 숨어서 조금 쉬려무나."

작은 물고기는 귀를 의심했습니다. 믿을 수 없었지만 사실 나쁠 것은 없었습니다. 작은 물고기는 조심스럽게 산호충을 향해 헤엄쳐 갔습니다. 햇살에 몸이 따뜻해졌습니다. 그리고 문득 자신이 기뻐한다는 놀라운 사실을 발견했습니다.

"막스와 모리츠도 이렇게 싸워서 이겨야 할까?"
펠리가 물었다.
"둘은 학교에서도 한 반에 있잖아. 분명 쉽지 않을걸."
"앗!"
필은 환호하듯 소리치며 옮겨 쓴 종이를 손가락으로 가리켰다.

"또 찾았어! 프리드리히 니체! 니체는 생존경쟁에서 약자는 멸망하고 강자만이 살아남아야 한다고 말했어!"
필은 이야기 다음 빈 면에 이 말을 적었다. 그리고 펠리는 거기에 가시고기 여러 마리를 그려 넣었다. 한 떼 가득!

펠리가 그림을 그리는 동안 필은 적은 종이를 뒤적이다가 소리쳤다.

"또 찾았다! 디오게네스! 디오게네스는 쥐와 두더지 이야기에 맞아."

그러고 나서 소리 내어 읽었다.

"시노페에서 태어난 디오게네스는 극도로 무욕하고 구속받지 않는 삶을 살고 싶어서 평생 통 속에서 기거했다. 사람들은 그를 사회의 낙오자로 여겼지만 그에게서 조언을 구하기도 했다."

"디오게네스!"

야콥이 말했다.

"너희 쥐에게 어울리는 이름이야."

"그건 우리 쥐가 아니야."

펠리가 곧바로 말했다.

"어울리는 이름이야."

필이 주장했다.

"쥐도 아웃사이더지. 쥐를 좋아하는 사람은 거의 없어."

"막스와 모리츠와 같아. 징그러운 녀석들."

펠리가 말했다.

"아무튼 누가 걔들을 좋아할지 상상할 수 없어."

"글쎄, 어쩌면 소피아 고모는 좋아할지도……. 엄마들은 아이들이 아무리 끔찍해도 사랑하니까."

야콥이 말했다.

그러나 막스와 모리츠의 경우는 그렇지 않을 거라고 펠리는 생각했다.

두 장난꾸러기는 정원에서 시끄럽게 날뛰며 무엇을 두고 서로 싸우고 있다. 필과 펠리는 담요 위에 누워서 사과 나뭇잎을 올려다보았다. 망가진 나무집이 보였다. 야콥은 필과 펠리 옆에 앉아 있다.

"세상에서 아무도 자신을 좋아하지 않는다는 걸 알면 어떤 느낌일까?"

필이 질문했다.

"그리고 나와 똑같은 사람이 또 있다면 어떨까?"

펠리가 물었다.

"아마도 견딜 수가 없어서 나는 나와 다르다고 끊임없이 보여 주어야 할지도 몰라."

야콥은 웃으며 어느 광고를 떠올렸다.

'나는 두 개의 기름 탱크다.'

야콥은 길가에 놓인 한 커다란 통에 쓰인 이런 문구를 본 적이 있다. 말도 안 돼!

하나는 둘이 될 수 없고 둘도 하나가 될 수 없다.

막스와 모리츠는 서로 꼭 닮았지만 자세히 보면 작은 차이가 있다. 달걀도 마찬가지다. 차이가 눈에 잘 보이지 않을 뿐이다. 차이를 쉽게 알 수 없어서 사람들은 막스와 모리츠를 잘 혼동한다. 때로는 쌍둥이의 아버지조차 잘 구별하지 못해서 속상해 한다. 아니면 이런 걸 보면 그냥 웃어야 할까?

야콥은 정원을 바라보았다. 막스와 모리츠가 사라졌다.

그런데 별안간 어디선가 물벼락이 쏟아졌다. 쌍둥이가 신나게 소리를 지르며 필과 펠리와 야콥을 향해 물총을 쏘아 댄 것이다. 개울물을 채워서 쌍둥이는 물총놀이에 재미를 붙였다.

"너희 미쳤어?"

화난 펠리가 소리를 질렀다.

"기다려, 잡히기만 해 봐라!"

필과 야콥도 벌떡 일어났다.

"너희 짐승 갖고 꺼져 버려!"

필은 경멸하듯 막스를 향해 소리를 질렀다. 지겨운 녀석들! 할아버지가 나무집을 꼭 고쳐 주어야 두 녀석을 피해 안전하게 있을 수 있다.

"봤지? 형들은 우리를 원하지 않아!"

막스가 모리츠에게 말했다.

"아니면 말고!"

모리츠가 말했다.

쌍둥이는 버찌나무로 뛰어가 사다리를 타고 나무 위로 올라갔다.

"다행이다."

펠리는 말하며 책을 집어 들었다.

"일단 떼어 냈어."

필과 야콥은 다시 담요 위에 앉았다.

"이야기를 하나 또 읽을게."

펠리가 말했다.

상자 속에 담긴 의식

"신사숙녀 여러분."

수리부엉이 교수는 호기심 많은 관중에게 자랑스럽게 설명했습니다.

"마침내 40세기에 우리는 싸움을 피할 수 있게 될 겁니다. 역사에 남을 아주 위대한 진전입니다!"

교수는 생각의 공장을 안내하기에 앞서 짧게 설명했습니다.

"하지만 그게 어떻게 가능한가요?"

작은 참새 한 마리가 물었습니다.

"저는 비록 새머리지만 그게 어떻게 가능한지 알고 싶어요! 옛부터 지빠귀와 찌르레기는 가장 좋은 둥지를 두고 싸우고, 오리와 백조는 물 위에서 저마다 이기려고 싸움을 벌여 왔어요. 그리고 우리는 항상 먹이 때문에 으르렁대야 하죠. 삶 그 자체가 투쟁이에요. 이게 어떻게 변한다는 말이죠?"

"참으로 그렇습니다. 아주 끔찍하고 더 이상 살 만한 가치가 없죠."

수리부엉이 교수는 참새의 말에 동의했습니다.

"백조는 오리를 깔보며 못생기고 못됐다고 생각하죠. 그러나 오리도 백조를 보고 똑같은 생각을 합니다. 모든 동물은 다른 동물에 대한 선입관을 갖고 자라죠. 그리고 모든 분노, 모든 다툼, 모든 패배에는 복수심이 따릅니다. 새로운 분노와 다툼, 복수와 선입관은 항상 생겨납니다. 이런 건 그리 쉽게 잊어버릴 수 없죠. 평생 버리지 못하고 끌고 갈 때가 많아요. 그리고 새끼에게 물려주기까지 합니다!

바로 그래서 우리는 이 불필요한 짐에서 벗어나려고 생각했습니다. 그건 우리를 방해할 뿐이에요! 미래에 해야 할 중요한 일을 위해 머리를 비워 두고 싶어요. 바로 여기 이 생각의 공장에서 만들어 낼 일이죠. 우리나라에는 벌써 많은 곳에 이런 생각의 공장이 있어요.

생각의 공장 노동자들은 자신의 의식을 저장한 판을 납작한 상자에 보관합니다. 상자가 납작해서 쌓아 올리기가 아주 쉽죠. 노동자들은 각자 자신의 옛 의식을 저장한 판을 한 더미씩 갖고 있어요. 예를 들어 여기에는 제 의식이 들어 있습니다. 3009년 가을!"

수리부엉이 교수가 상자 하나를 열었습니다.

"의식을 제 머릿속에 집어넣기만 하면 됩니다. 이렇게요! 그러면 모든 의식이 되살아나죠. 예를 들면 솔방울과 향기로운 나뭇진 냄새, 썩은 내 나는 나뭇잎과 휙휙 지나가는 쥐들, 몸이 나른해지는 부드러운 저녁 햇살, 그리고 항상 굼뜨게 눈을 껌벅거리고 새끼를 똑똑하게 키울 기회를 모두 놓친 멍청한 수리부엉이 때문에 생긴 화도 여기 있어요. 정말 분통이 터졌죠! 그리고 아주 교만하고 남의 관심을 끌기 좋아해서 끊임없이 울어 대는 뻐꾸기 때문에 일어난 성질도 있습니다. 게다가 이 미련한 나무좀 때문에 이루 말할 수 없는 분노를 느낀 적도 있어요. 물론 좋은 기억도 있죠. 하지만 결코 좋은 일이 될 수 없고 저를 무력하게 만드는 나쁜 감정도 있어요. 이런 공격적인 태도는 점점 심해져서 언젠가는 폭발하기 때문에 없애 버려야 합니다! 우리의 기억을 모두 지워 버립시다! 타불라 라사. 완전히 비우고 다시 새롭게 생각합시다! 그러면 미래의 일에 단단히 대비할 수 있어요. 그래서 저는 제 의식을 그냥 내려놓고 자유롭게 새로운 경험과 사고를 하지요."

수리부엉이 교수는 다른 상자를 열었습니다.

"3011년 봄! 까치 한 마리가 제가 낳은 알을 훔쳐 갔어요. 순간 주의하지 않은 잘못으로 모든 걸 잃어버렸죠. 당시 저는 모든 까치를 없애 버리겠다고 다짐했어요. 하지만 그것도 실천하는 게 쉽지 않더군요. 아무리 지나치게 증오해도 말이에요.

함께 생각하면 더 좋은 생각을 얻을 수 있어요. 자연에는 해결할 문제가 많죠. 그래서 우리는 기억을 없애자고 결정했어요. 그리고 이제 그 기억이 여기 있습니다. 우리는 새의 미래를 위해 중요한 일을 해내야 합니다. 서로 싸운다면 우리는 퇴보할 것입니다. 끝없는 불신은 언제나 방해물일 뿐이었죠. 신사숙녀 여러분, 세기적 발견! 우리는 마침내 의식에서도 자유로워졌습니다! 의식은 장애물일 뿐입니다."

"그러면 당신은 자신이 누구인지 어떻게 아나요?"

작은 참새는 의심이 들어 물었습니다.

"만약 기억과 감정이 없어진다면 머릿속에는 무엇이 남죠?"

"무엇은요, 당연히 논리적 사고만 남죠."

수리부엉이 교수는 말했습니다.

"어떤 감정도 우리의 생각을 더 이상 방해할 수 없어요."

"전 제 감정을 내주고 싶지 않을 거예요."

머리가 나쁜 작은 참새가 말했습니다.

"단지 꺼내어 놓는 것뿐인걸요. 만약 기억하고 싶다면 언제나 다시 집어넣을 수 있어요!"

수리부엉이 교수는 참새를 안심시켰습니다.

"아까 말했듯이 모든 새에게는 자신의 의식을 담은 판이 있어요. 아무것도 잃어버리지 않아요. 물론 기억 중에는 좋은 기억도 있고 나쁜 기억도 있는 법이죠. 우리 가운데에는 기억을 도로 원하지 않는 새도 많아요. 원한다면 언제든지 다시 가질 수 있다는 사실을 아는 것으로 충분하니까요."

참새는 의심하는 눈으로 바라보았습니다.

종이에는 아직 빈자리가 남아 있다.

"이 이야기는 내가 계속 쓸래."

필이 말했다.

"생각의 공장을 계속 구경해야 하잖아!"

필은 자신의 컴퓨터 안에 든 하드 디스크를 생각했다. 이곳에 의식을 저장할 수 있을까? 아니면 그건 단지 정보일 뿐일까? 차이가 무엇일까? 필은 이렇게 적었다.

"신사 숙녀 여러분!"

수리부엉이 교수는 다시 관중을 향해 말했습니다.

"이게 바로 제가 여러분에게 말한 찬란하고 위대한 발견입니다. 이제는 여러분을 작업실로 안내하겠습니다. 여기 제 동료들이 있습니다. 찌르레기와 지빠귀, 뻐꾸기와 까치는 이곳에서 수질 개선을 위해 함께 일합니다. 그래요, 머지않아 저희는 물고기와 개구리까지 받아들일 겁니다. 비록 우리 가운데 황새와 왜가리도 있지만 말이죠. 모두 자신의 의식을 이 상자들 속에 꺼내 놓았습니다. 벽 옆에 쌓인 상자 더미가 보이세요?"

공장에는 평화롭고 조용한 분위기가 감돌았습니다.

"정말로 감동했어요!"

공장을 견학한 새들은 모두 한목소리로 말했습니다.

"진짜 천국 같아요! 일할 새가 더 필요하지 않으세요? 지원은 어디서 하나요?"

타불라 라사. 필은 생각했다. 어디선가 읽은 기억이 난다. 어떤 이야기와 관계가 있었던가? 어디였을까?

필은 적은 종이를 뒤적였다. 맞다. 영국 철학자였다. 존 로크. 필은 로크의 이름에 줄을 그어 지웠다. 이 이름은 이미 다른 우화에 나오지 않았나? 경험을 통한 지식에 대해 말한 우화가 무엇이었을까?

야콥은 아직 이야기를 생각하고 있다.

"끝이 좋지 않아. 만약 모든 사람이 그렇게 한다면 말이야. 감정이 없는 세상을 한번 상상해 봐! 그러면 누구를 좋아한다는 걸 전혀 알 수 없을 거 아냐. 모든 건 그저 차갑고 냉정하고 논리적일 거야. 그렇게 된다면 정말 더 좋은 생각을 할 수 있을까? 잘 모르겠어. 그러면 좋은 일도 절대 기뻐할 수 없어! 무엇이 좋은지나 알 수 있을까?"

다른 생각에 열중하던 펠리가 책에 이렇게 적었다.

기억이 사라지면 선입관이 없을까?

그러면 더 이상 다툼이 일어나지 않을까?

그렇게 하면 세상은 좋아질까?

펠리는 가끔 친구들과 잘 다툰다! 자신이 옳다고 믿으면 그것을 위해 싸워야 하지 않을까? 펠리는 연필을 내려놓고 필과 야콥을 쳐다보며 천천히 말했다.

"그거 알아?! 우리에게도 선입관이 있다는 거!"

"어쩌면 선입관은 모든 사람에게 있는지도 몰라. 그건 어쩔 수 없는 일이야."

야콥이 말했다.

"하지만 예를 들어 막스와 모리츠 말이야!"

펠리는 흥분을 가라앉힐 수 없었다.

"얘들은 어디 있는 거지? 우리는 쌍둥이가 끔찍해서 따돌리고 걔들은 따돌림을 당하는 게 싫어서 끔찍하게 굴고. 어쩌면 학교에서도 그럴지 몰라. 만약 모든 사람이 쟤네에 대한 생각이 변함이 없다면 걔들에게는 더 이상 기회가 없어. 혹시 변한다 해도 아무도 알아차리지 못할걸. 왜냐하면 알아차리기를 원하지 않을 테니까. 아마 나도 기분이 나쁠 것 같아. 만약 아무 소용이 없다면 뭘 위해 더 달라져야 할까?"

"우리가 걔들을 따돌리면 안 된다고 말하는 거니?"

필은 질문을 적으며 물었다.

의식은 무엇으로 이루어져 있을까?

기억은 의식에서 어떤 구실을 할까? 그리고 감정은?

감정이 없는 사고가 더 좋을까?

감정이 방해가 되는 때는 언제일까?

나쁜 감정과 기억을 어떻게 다루어야 할까?

그것을 잊을 수 있을까?

선입관이란 대체 무엇일까? 어떻게 생길까? 그것을 피할 수 있을까?

선입관이 없다면 더 평화롭고 좋은 사회가 될까?

저녁종이 울렸다.

"고모랑 산책하러 간다!"

할아버지와 할머니가 정원을 향해 외쳤다.

"저희도 갈래요!"

쌍둥이가 버찌나무 가운데에서 소리쳤다. 그러고는 입을 우물거리며 사다리를 타고 내려왔다.

"그래, 그러면 적어도 사고는 치지 않을 테니."

소피아는 운명에 맡겼다는 듯이 말했다.

"할아버지, 나무집을 고칠 수 없나요?"

필이 물었다.

할아버지가 사과나무 아래에서 올려다보자 펠리는 책을 재빨리 배낭 안에 넣었다.

"아마 고칠 수 있을 거다."

할아버지가 말했다.

"너희 두 청년이 도와준다면 말이지! 창고에 널빤지가 더 있는지 살펴보아라."

할아버지는 말한 뒤 정원 문을 지나 거리로 나섰다.

"나가셨어! 테라스에서 책을 봐도 돼!"

펠리가 큰 소리로 말했다.

필과 펠리와 야콥은 저녁 해가 비추고 있는 정원의 탁자 앞에 앉았다. 탁자와 집 벽 사이에는 쥐가 갇힌 새장이 놓여 있다. 그간 쥐는 먹이를 먹느라 바빴다.

"너를 디오게네스라고 부를 거야. 알았니?"

필이 말했다.

"너한테 어울리는 이름이야. 갇힌 것만 아니라면."

디오게네스는 새장 바닥을 긁어 댔다. 새장 디딤판은 저녁 햇살에 금빛으로 반짝거렸다.

"혹시 누군가 우리에게 일어나는 모든 일을 계획하고 있는 것 같지 않아?"

펠리는 깜짝 놀란 표정으로 펼친 책을 뚫어지게 쳐다보며 물었다.

"여기 금으로 만든 새장 이야기가 있잖아!"

펠리는 기분이 아주 이상해졌다. 정말 으스스하다!

"먼저 읽어."

야콥이 말했다. 필과 야콥은 덜 흥분한 듯 보인다.

"우리는 창고에 가서 널빤지와 못을 찾아볼게."

펠리는 혼자 이야기를 읽었다.

황금 새장

크고 아름다운 정원이 있었습니다. 그리고 정원 테라스 탁자에는 황금으로 만든 거대한 새장이 있었습니다. 새장 안에는 아주 멋진 앵무새 한 마리가 앉아 있었습니다. 백설처럼 희고 단정한 깃털을 가진 앵무새는 새장 주위에 앉은 지빠귀와 참새를 호기심 가득 찬 눈으로 빤히 쳐다보았습니다.

"새장 속에서 어떻게 견디니?"

새들이 앵무새에게 물었습니다.

"오, 난 아침 저녁마다 신선한 물과 비타민이 풍부한 곡물을 받아. 주인은 내 발톱을 손질해 줘. 난 매주 수영을 하고 새 모래를 받을 수 있어."

고상한 앵무새는 감탄스러워 하는 지빠귀와 참새에게 말했습니다.

"그리고 내 새장은 지금까지 존재했던 새장들 가운데 가장 크고 아름다워. 그리고 가장 비싸지. 정말로 훌륭해. 그래서 난 아주 자랑스러워. 누구나 내 품위 있는 모습을 볼 수 있으니까! 너희는 뭘 먹고 사니?"

"아, 우리는 스스로 먹이를 찾아야 해."

참새는 짹짹거렸습니다.

"우리가 먹는 건 항상 아무 곳에 있어."

"따뜻한 나무껍질 밑에는 언제나 맛있는 게 있지."

지빠귀가 지저귀었습니다.

"그걸 찾기만 하면 돼. 가끔은 맛 좋은 지렁이가 있는데 지렁이를 볼 줄 아는 눈만 있으면 되지. 발톱은 자를 필요가 없어. 나무껍질이 깎아 주니까 신경 쓰지 않아도 돼. 시원하게 내리는 빗속에서 목욕을 하거나 나뭇잎 아래에서 샤워를 하면 무척 상쾌하지. 날씨가 너무 추워지면 그냥 남쪽으로 날아가. 사는 데 부족한 건 조금도 없어."

"하지만 새장 안은 항상 따뜻해. 테라스에 있든 응접실에 있든."

앵무새가 울었습니다.

"남쪽으로 날아간다고? 말만 들어도! 그건 분명 너무 힘든 일이야! 시간이 얼마나 걸리는데?"

"여러 주 걸릴 때가 많지."

지빠귀가 대답했습니다.

"목적지에 대한 기대감을 가지고 모두 함께 하늘을 날아가는 건 신나는 일이야. 너도 틀림없이 상상할 수 있을걸."

"내가 상상할 수 있는 일은 난 그걸 좋아하지 않는다는 사실이야."

앵무새는 대꾸했습니다.

"너희 집은 아무 곳에도 없어. 그리고 아무도 너희를 돌봐주지 않아.

하지만 난 필요한 모든 걸 갖고 호강을 누리며 살아가지. 만약 내가 원한다면 나도 분명 하늘을 날 수 있을 거야. 하지만 그렇게 멀리 날 필요가 없어. 난 다행히 그러지 않아도 돼. 어쨌든 살아남기 위해 힘들게 고생하는 너희가 불쌍하구나!"

"우리는 이게 익숙해."

지빠귀와 참새는 한목소리로 말했습니다.

"우리 집은 하늘이야. 얼마나 근사한데! 이 따뜻한 공기가 느껴지니? 지금은 여름이야. 허공을 가르며 날다가 이 나무 저 나무에서 잠시 쉬어 가는 일은 참으로 멋져! 새로운 나무는 저마다 한 세상이야. 예를 들어 자작나무 세상은 밝고 건조하고, 밤나무 세상은 대부분 어둡고 그늘지며 조금 축축해. 그러면 거기에는 전혀 다른 동물들이 살지! 이 모든 게 흥분되는 일 아니니? 아주 많은 걸 발견하고 경험할 수 있어!

우리는 어떤 자유를 원하는가?

그리고 무엇보다 가장 멋진 일은 바람에 몸을 싣고, 어디로 흐르든 물줄기를 따라서 반짝거리는 개울 위를 날아가는 일이야! 그러면 모든 게 어떻게 얽혀 있는지 알게 되지……."

"난 그런 건 좋아하지 않아."

앵무새는 울었습니다.

"너무 불편할 것 같아. 멋진 집에서 사는 세상도 나에게는 충분해. 너희가 가끔씩 나에게 모험을 들려주면 어때? 난 나를 스스로 돌봐야 하는 건 바라지 않아. 호화로운 생활이 좋아. 그런 내가 자랑스러워. 난 아주 특별하니까!"

"네 말이 맞을지도 몰라!"

다른 새들은 즐겁게 찍찍거리며 하늘로 날아 올라갔습니다.

펠리는 마음을 놓았다. 검은 쥐가 아니라 하얀 앵무새 이야기다! 그렇지 않다면 모든 게 너무도 무서울 뻔했다.

"그래, 무슨 이야기야?"

창고에서 돌아온 필과 야콥이 물었다.

"자유에 대한 이야기야."

펠리가 대답했다.

"그리고 호화로운 생활."

"디오게네스가 여기 갇혀 있어도 될까? 쥐는 야생동물이잖아."

"하지만 이 쥐는 아닌 것 같은데."

야콥이 말했다.

"에리히 프롬. 소유인가 또는 존재인가."

필이 이야기를 읽고 나서 말했다.

펠리는 철학자들보다 이야기에 관심이 더 많다.

"다른 사람들도 똑같이 생각한다는 걸 안다고 그게 나에게 무슨 소용이 있을까? 난 어차피 새로 생각해야 하잖아. 그래야 재미가 있지."

펠리가 물었다.

"글쎄, 하지만 철학자들이 너와 똑같이 생각했는지 아니면 조금 다르게 생각했는지 하는 것은 흥미로울지 몰라."

필이 말했다.

"그리고 많은 생각이 얼마나 오래되었는지 아니면 아주 오래전부터 그런 생각이 존재한다는 사실도. 난 이런 게 재미있어."

필은 또 이름을 지을 수 있다. 소유인가 또는 존재인가. 또는? 여기서 '또는'은 무슨 뜻일까? 둘 가운데 하나를 선택해야 할까? 나는 어떤 삶을 바랄까? 필은 자신에게 물었다. 자유를 원해. 필은 생각했다. 혹 자유가 불편하더라도 말이다. 하지만 아주 궁핍하고 고된 삶을 살 필요는 없다. 자유는 해방이다. 어느 우화에 나온 말인데. 가난에서 자유로울 수 있다면 가난할 필요는 없다. 가난은 인간의 존엄도 해칠 수 있지 않은가.

소유도 자유롭게 할 수 있지 않을까? 아니면 자유를 누리는 데 방해가 될까? 컴퓨터는 어떨까? 필은 컴퓨터가 없어도 별로 아쉽지 않다. 하지만 그것을 완전히 포기한다면?

존중

다음날 아침 필과 펠리는 날카로운 비명 소리에 잠을 깼다. 모리츠는 큰 소리로 울고 있고 막스는 배나무 위에 앉아 아래를 내려다보며 화난 목소리로 엄마를 불렀다.

"조심했어야지!"

막스가 소리쳤다.

모리츠가 나무에서 떨어진 것이다.

"나한테 뭐라고 하지 마!"

모리츠는 위를 보며 엉엉 소리 내어 울었다. 막스보다 조금 일찍 태어난 모리츠는 아버지의 이름을 땄다. 하지만 사람들은 모두 막스와 모리츠라고 부른다. 아무도 모리츠와 막스라고 부르지 않는다! 그것은 모리츠의 마음에 상처가 되었다. 모리츠를 먼저 불러 준 사람은 아무도 없다! 그리고 이제 막스는 모리츠를 가르치려고까지 들었다. 이 경우, 모리츠는 가만히 있지 않았다.

막스와 모리츠는 필이 쓰던 방에서 잤다. 바로 필의 아버지가 오래전 쓰던 방이다. 창문 바로 앞 배나무는 아이들을 유혹하기에 충분했다. 게다가 일요일 아침이어서 주위가 오랫동안 조용했다. 잠옷을 입은 채 쌍둥이는 의자를 딛고 창문턱에 올라서서 나뭇가지로 날아 올랐다. 배나무로 소풍을 간 것이다! 그런데 배나무 가지는 두 사람을 지탱할 정도로 튼튼하지는 않았다. 쌍둥이는 그것을 어림잡기에는 경험이 너무 부족했다.

필과 펠리는 비명을 듣고 쌍둥이 방으로 뛰어가 창 밖을 내다보았다. 막스는 불쌍한 모습으로 나뭇가지를 힘겹게 움켜쥐고 있고, 모리츠는 나무 아래 주저앉아서 까진 무릎을 붙잡은 채 호된 꾸지람을 듣고 있었다.

할머니는 잠옷 바람으로 부엌에서 뛰어나와 테라스로 달려갔다.

침대에서 먹을 아침을 막 쟁반에 차리던 참이었다.

소피아 고모도 잠옷을 입은 채 달려와 모리츠를 꾸짖었다. 모리츠는 다행히 뼈는 부러지지 않은 듯 보인다. 하지만 피부가 여러 군데 벗겨지고 무릎이 까져서 피가 났다.

막스는 배나무 위에서 다시 지붕창 쪽으로 가려고 애를 썼다. 침실에서 나와 쌍둥이 방으로 온 할아버지는 창문턱에 앉아 열린 창밖으로 막스에게 손을 내밀었다.

"흠, 오늘 아침은 기분 좋게 먹을 수 없겠는걸!"

할아버지가 말했다.

막스는 다친 데 없이 다시 창문턱에 올라섰지만 조금 얼이 나간 듯 보였다. 필과 펠리는 옆에 서서 웃음을 참지 못했다.

할머니와 고모는 테라스에서 모리츠의 무릎에 붕대를 감았다. 고모가 모리츠의 다리를 조심스럽게 움직이자 모리츠는 아프다고 신음했다. 하지만 뼈는 부러지지 않은 것 같다. 할머니는 상처를 소독하고 상처가 오그라들도록 요오드팅크 같은 것을 가져와 발랐다. 혹시 상처를 꿰매야 할까?

"자국이 남겠어."

소피아 고모가 말했다.

"그러면 적어도 우리를 구별은 할 수 있을 거예요."

무릎에 붕대를 감은 채 모리츠는 만족스러운 얼굴로 말했다.

"우리가 미처 그 생각을 못했군. 배나무가 창문 가까이 자랐어. 옛날에는 올라탈 수 없었는데. 쌍둥이는 위험한 걸 아직 모르니."

나중에 할아버지가 할머니에게 말했다.

디오게네스는 지난밤을 밖에서 잘 보냈다.

"우리가 쥐에게 디오게네스라는 이름을 붙여 줬어!"

나중에 모두 테라스에 모였을 때 필과 펠리는 막스와 모리츠에게 말했다.

"어울리는 이름 같아."

"어떻게 생각해 냈니?"

할아버지가 놀라서 물었다.

"오늘은 제가 요리할게요! 슈니첼(고기에 튀김옷을 입혀 튀겨낸 일종의 커틀릿*) 어때요? 이제 조금 쉬세요."

소피아 고모가 할머니에게 말했다.

쌍둥이에게 다락방을 보여 준 할머니는 이제 한숨을 돌리고 싶다. 할머니도 자식 때문에 힘들었을까? 아니면 단지 힘든 걸 잊은 걸까?

야콥이 놀러 왔다. 야콥은 나무집을 고치는 일이 기대되어서 조금도 기다릴 수가 없었다. 할아버지는 필과 야콥을 데리고 사과나무로 갔다.

"버찌나무에서 사다리를 갖고 오너라."

할아버지가 야콥에게 말했다.

할아버지는 사과나무에 사다리를 기댄 뒤 나무 위로 올라갔다.

"정말 좋은 자리지!"

할아버지가 말했다.

"가능하겠다. 창고에서 뭐 좀 찾아냈니?"

그러고 나서 할아버지는 지하실에서 공구 상자를 꺼내 와 널빤지와 못을 꼼꼼히 살펴보았다. 할아버지와 필과 야콥은 오전 내내 일을 하느라 바쁘다.

"조심해라!"

필과 야콥이 널빤지를 건네자 할아버지가 주의를 주었다.

마침내 나무집은 필과 야콥도 올라갈 정도로 튼튼해졌다.

토라진 펠리는 그 사이 자기 방 침대에 앉아 망치 두드리는 소리를 들었다. 따돌림을 당한 기분이 들었다. 필과 야콥에게 다른 일이 더 재미있다면 책은 혼자 계속 읽으면 된다! 펠리는 배낭에서 책을 꺼냈다. 신비하게도 책은 펠리의 삶과 관계가 있는 듯 보인다.

펠리는 이야기를 읽기 시작했다.

가시 공

"빨리빨리 굴러! 그리고 가시를 모두 세워!"

늙은 고슴도치는 아직 경험이 부족한 어린 고슴도치에게

위험을 경고했습니다. 여우 한 마리가 나타나 호기심에 찬 눈빛으로 두 고슴도치 주위를 맴돌았습니다.

결국 여우는 실망해서 물러났습니다. 아마도 자신의 주둥이가 아까웠는지 모릅니다.

늙은 고슴도치는 긴장을 풀고 가시를 내렸습니다.

그러나 어린 고슴도치는 아직 두려워서 가시 8천 개를 사방으로 위협하며 계속 세웠습니다. 어린 고슴도치는 대개 겁이 많았습니다. 그는 첫 번째 겨울잠도 무서웠습니다. 잠을 자고 싶지 않았습니다! 위험을 제때 막기 위해 무슨 일이 일어나는지 보고 싶었습니다. 잠을 자며 꿈을 꾸는 동안 위험에 빠지지 않는다는 것을 어떻게 알까요?

가을이 되었습니다. 고슴도치 한 무리가 겨울잠을 준비하고 있습니다. 날씨가 춥고 궂어서 기분 나쁠 때는 그냥 잠으로 시간을 보낼 수 있습니다. 이 시간은 아예 존재하지 않는 것 같습니다. 고슴도치가 사는 기간은 3월에서 10월까지뿐입니다. 아무튼 나머지 달에 대해서는 아무 말도 할 수 없습니다. 마치 전혀 존재하지 않는 것과 같습니다. 10월에서 3월까지는 수풀이나 덤불 안에 이끼와 나뭇잎으로 만든 따뜻하고 부드러운 침대가 있습니다. 여기서 고슴도치들은 서로 몸을 비비며 따뜻하게 만들 수 있습니다. 호저와 달리 고슴도치는 가시를 내릴 수 있기 때문에 서로 상처를 입히지 않습니다.

그리고 봄이 코끝을 간질여야 비로소 잠에서 깨어납니다.

고슴도치에게는 참으로 좋은 점이 있습니다. 필요할 때마다 가시 공이 되어서 어떤 위험도 피할 수 있기 때문입니다. 하지만 필요가 없을 때에는, 예를 들어 교미기나 동면기에는 가시를 내리고 다른 고슴도치와 가까이서 따뜻함을 나눌 수 있습니다. 고슴도치들은 달팽이와 곤충 그리고 지렁이를 먹으며 여름에 낳을 새끼를 기다립니다. 동면에 들어갈 시간을 느낄 수 있는 것도 행운이 아닐까요? 고슴도치는 1년 중 힘든 시기는 전혀 깨닫지 못합니다. 하지만 꿈꿀 수 있는 아름다운 기억은 많이 있습니다. 그런 뒤 봄이 오면 인간은 고슴도치를 보고 기뻐합니다. 정말 봄이 왔는지 잘 모를 때에는 고슴도치를 보고 봄의 시작을 확인할 수 있기 때문입니다.

늙은 고슴도치는 이 모든 이야기를 어린 고슴도치에게 들려주었습니다. 그러나 어린 고슴도치는 잠을 자고 싶지 않았습니다. 잠에서 깨어난다고 어떻게 장담할 수 있나요? 어린 고슴도치는 그밖에도 자신에게 아무도 이야기해 줄 수 없는 겨울이 궁금했습니다.

그래서 집으로 들어가지 않기 위해 몸을 숨겼습니다. 그리고 마침내 두려움 가운데서 첫 우박과 차갑고 습한 가을 폭풍, 안개 서리와 첫눈을 맞았습니다. 무엇을 어떻게 해야 하는지 아무도 어린 고슴도치에게 설명해 주지 않았습니다. 어린 고슴도치는 혼자였습니다. 끔찍했습니다! '가시를 세우는 일' 말고 다른 방법은 생각나지 않았습니다. 차가운 공기 때문에 어린 고슴도치는 발바닥부터 쿡쿡 쑤시고 아팠습니다. 통증이 작은 고슴도치의 몸에 퍼져서 모든 힘줄이 신음했습니다. 아픔은 가시 끝까지 미쳤습니다. 어린 고슴도치는 더는 정신을 차릴 수 없어서 아픔에서 벗어나기만을 바랐습니다. 거의 의식을 잃고 몸이 완전히 굳어졌습니다. 어린 고슴도치는 얼어 죽을까요? 그는 따뜻함이 너무도 그리웠습니다!

다행히 어린 고슴도치는 다른 고슴도치들이 어디로 갔는지 아직 알고 있었습니다. 그래서 다른 고슴도치들이 잠자는 곳으로 힘겹게 몸을 움직였습니다. 비록 그들과 함께 잠들지는 않았지만, 적어도 가시를 내리고 다른 고슴도치에게 몸을 기댈 수는 있었습니다.

기진맥진한 어린 고슴도치는 몸의 마비가 조금씩 풀리고 통증도 점차 사라지는 것을 느꼈습니다. 이곳은 참 포근했습니다! 그리고 다시 깨어날지 모르지만 행복한 한숨을 내쉬며 잠이 들었습니다.

어랍쇼! 펠리도 잠에 들기 전에 다시 깨어날 수 있을지 생각해 본 적이 있다. 이것은 자연의 법칙일까? 아니면 경험에서 나오는 것일까? 펠리는 사자 우화를 떠올렸다.

책 뒤에 끼워 놓은 종이가 밖으로 떨어졌다.

이름 하나가 눈에 띈다. 세네카. 고통이 없으면 행복을 누릴 수 있다고 쓰여 있다. 맞다! 드디어 펠리도 이야기와 맞는 철학자를 찾아냈다.

펠리는 세네카의 이름을 지우고 이야기 아래에 다시 적었다. 세네카는 많은 고통에 시달렸음이 틀림없다. 만약 그렇지 않았다면 어떻게 그런 생각을 할 수 있었을까?

모리츠도 아직 통증을 느낄까?

펠리의 머리 위에서 쿵 하는 소리가 났다. 인디언 추장 모리츠가 다락방 계단을 뛰어서 내려왔다.

"막스가 때렸어!"

모리츠가 플라스틱 도끼를 손에 들고 소리를 질렀다.

"내 토마호크가 나를 위해 복수를 할 거다!"

"모리츠가 먼저 시작했어!"

해적 막스가 소리쳤다. 막스는 해적 칼을 든 채 모리츠를 쫓아 달렸다. 한쪽 눈을 검은 안대로 가리고 칼을 마구 휘두르다 마지막 계단을 보지 못해 그대로 고꾸라졌다.

인디언 추장은 깔깔 웃어댔다. 더 화가 난 해적은 무릎을 붙잡고 울음을 터뜨렸다.

"나도 붕대가 필요해!"

"왜 이렇게 소란스럽니?"

소피아 고모가 차분히 물었다.

"인형의 집이 탁자에서 떨어졌어요."

인디언 추장은 아무 잘못도 없는 양 대답했다.

펠리는 쌍둥이도 언제나 가시를 세운다는 생각이 들었다. 언젠가는 내릴 수 있을까?

할머니는 거실 탁자를 늘리고 상을 차렸다. 여덟 명이 앉기에는 식탁이 조금 작기 때문이다. 할머니는 큰 식탁이 좋다!

나무집을 거의 완성하고 할아버지는 필과 야콥과 함께 집 안으로 들어왔다.

"잠시 쉬어야겠구나!"

할아버지가 말했다.

"남은 일은 너희가 끝까지 하면 된다. 솜씨가 제법인걸. 정말 놀라워!"

필과 야콥은 우쭐해 했다. 그런데 펠리도 자신이 자랑스럽다.

"나도 찾아냈어!"

모두 식탁에 앉았을 때 펠리는 필과 야콥에게 조용히 말했다.

"세네카야! 나도 퍼즐 조각을 발견했어."

밥을 먹은 뒤 펠리는 다락방에서 인형의 집을 가지고 내려와 소피아 고모가 어릴 때 쓰던 책상 위에 올려놓았다. 인형의 집은 일부가 깨지고 아빠 인형은 없어졌다! 다락방 어디서도 아빠 인형을 찾아낼 수 없다. 펠리는 깨진 탁자와 침대를 풀로 붙이고 모든 가구를 제자리에 다시 세워 놓았다. 사실 애완동물도 있어야 한다! 개와 쥐가 있어야 한다. 하지만 작은 장난감 쥐를 어디서 구할 수 있을까?

나중에 필과 펠리와 야콥은 배낭을 들고 다시 사과나무로 갔다.

소피아 고모는 쌍둥이를 데리고 야콥의 부모님 농장에 있는 송아지를 보러 갔다. 쌍둥이는 이제 똑같은 무릎에 붕대를 감았다!

할아버지는 등받이가 있는 의자에 앉아서 정원을 내다보았다. 칸트는 바깥 테라스에 놓인 새장 앞에 서서 으르렁대고, 새장 속 디오게네스는 홰를 갉아먹고 있다.

동물의 머릿속에서는 무슨 일이 일어날까? 다른 존재의 인식으로 통하는 길이 있을까? 할아버지는 생각했다. 아무리 뇌의 작용을 과학적으로 설명하고 측정할 수 있어도 그것에 대해서 할 수 있는 말은 거의 없다. 그러나 다른 존재의 의식이 내면에서, 즉 그 존재의 시각에서 어떻게 보이고 느껴지는지는 절대로 알 수 없다. 할아버지는 책 두 권을 펼치고 쇼펜하우어에 대한 부분을 읽었다.

"동물과 인간의 본질은 서로 같다. 그리고 이 둘의 차이는 개인의 의지인 존재의 내면에 있는 것이 아니라 오직 지성과 인식하는 능력의 정도에 있다. 이 사실을 인식할 수 없는 사람은 통찰력이 없는 사람이다……."

할아버지는 밖을 내다보며 칸트를 관찰했다. 물론 칸트에게도 의지가 있다.

"이와 반대로 동물과 인간의 공통점은 더 많다. 동물을 무시하고 이성을 숭배하는 사람에게는 그가 어떻게 어머니의 젖을 빨았는지, 마찬가지로 개의 새끼가 어떻게 어미의 젖을 먹는지 알게 해야 한다. 심지어 칸트조차 같은 시대와 같은 땅에 사는 사람들이 저지른 오류에 빠진 사실을 나는 앞에서 비판했다. 기독교 윤리가 동물을 배제한 것은 기독교 윤리의 결점이다……."

이슬람교도는 동물에게 영혼이 있다고 믿을 뿐 아니라—그래서 서커스와 동물원을 금기한다—심지어 죽은 동물의 영혼이 가는 하늘이 있다고 믿는다! 쇼펜하우어는 힌두교도들이 성서(聖書)를 가죽이 아닌 비단으로 만든다고 썼다. 고통을 당하면 안 되는 피조물을 존중하기 때문이다! 기독교는 서양철학을 너무 많이 수용한 것일까?

동물은 인간처럼 고통을 당한다. 할아버지도 칸트가 기쁘고 의심하고 분노할 때를 안다. 동물은 인간과 참으로 비슷하다! 철학자 칸트는 개를 키웠을까? 아니면 데카르트는? 데카르트도 동물이 기계와 같다고 생각했다.

칸트의 철학도 존경에 관한 것이지만 그것은 단지 법에 대한 존경인 경우가 많다. 그러나 아니다. 그것은 옳지 않다. 누구도 다른 사람을 자기 목적을 위한 도구로 쓰면 안 된다. 인간은 존엄하기 때문이다. 그렇다면 칸트가 말하는 인간의 존엄은 무엇에서 나오는 것일까? 이성(理性)이다. 칸트에게는 이성이 최고의 가치다. 이것이 바로 칸트의 합리주의다. 동물에게는 이성이 없다. 그래서 칸트도 데카르트처럼 동물이 물(物, Ding)일 뿐이라고 생각했다. 동물은 존중할 필요가 없지만 인간은 반드시 존중되어야 한다고.

이것으로도 이미 얻는 것은 많다. 이것도 충분히 힘든 일이라고 할아버지는 생각한다.

사람들은 날마다 얼마나 서로 업신여기는가! 그러면 다른 사람을 제대로 알 길도 없다. 자기 목적을 위해서 타인을 이용하는 일이 얼마나 많은지! 사람 자체에는 관심이 없고 그 사람을 이용해서 얻을 것에만 관심이 있다!

아이들을 하찮게 여긴 결과는 특히 나쁘다. 존경받지 못하고 자란 아이는 자기 자신의 가치를 느낄 기회가 없다. 이런 아이에게는 자존감이 부족하다. 존경을 스스로 깨닫지 못한 사람은 그것이 무엇인지도 알지 못한다. 이런 사람이 어떻게 다른 사람을 존경할 수 있는가?

할아버지는 다른 책을 폈다. 레비나스는 할아버지가 좋아하는 프랑스 철학자 가운데 한 사람이다. 레비나스에 관한 강의도 한번 해야겠다고 할아버지는 생각한다. 무엇보다도 그의 책이 아직까지 독일어로 모두 알려지지 않았기 때문이다. 레비나스의 관심도 다른 사람에 대한 존경에 있었지만 그 이유는 칸트와 다르다. 인간에게 이성이 있기 때문이 아니다. 사람들의 내면 세계에는 각각 다양하고 훌륭한 가능성이 있기 때문이다. 사람의 깊이는 끝이 없다. 일단 마음을 열면 자꾸 새롭게 발전할 수 있다. 그래서 다른 사람에 대해서는 정확히 알 수 없는 것이다. 사람은 어떤 말로도 표현될 수 없다. 사람을 완전히 이해하는 일은 불가능하다. 이해하려고 애써서도 안 된다! 겉모습으로 이해하는 것으로는 그 사람에게 다가갈 수 없기 때문이다.

우상을 만들지 마라. 할아버지는 생각한다. 유대교와 이슬람교에서는 우상 숭배를 금지한다. 그리고 기독교에서도 우상 파괴주의자가 있었다. 우상 파괴주의자는 교회에 들어와 그림과 조각상을 파괴했다. 이것이 신성을 모독한다고 생각했기 때문이다. 절대자에게는 어떤 그림도 맞지 않다. 레비나스는 이 우상 숭배 금지를—스위스 작가 막스 프리슈도 그랬듯이 ─ 신에게서 인간으로 확대했다. 막스 프리슈의 표현에 따르면 인간의 신성한 속성으로까지 넓힌 것이다. 그러므로 다른 사람에 대해 일반적인 주장을 내세우거나 안다고 확신하는 것은 주제넘는 일이다.

다른 것(das Andere)은 반드시 벗어나서 멀어진다. 그것은 말로 표현될 수 없다. 이해하려고 시도할 필요도 없다. 절대 이해할 수 없기 때문이다. 그런데도 만약 시도한다면 그것은 마치 폭력 행위와 같다. 다른 것에게 부정한 일을 저지를 수밖에 없기 때문이다. 이런 방법으로는 그것을 올바르게 평가할 수 없다.

그런데도 레비나스는 행위의 중심에 구체적 타자가 있어야 한다고 주장했다! 그런데 모든 사람은 서로 다르다! 그렇기 때문에 경직된 도덕적 규칙이나 규범은 필요 없다. 오직 충분한 솔직함이 중요하다. 모든 사람은 다른 사람에 대한 책임을 지고 이를 위해서 자신의 관심사를 보류해야 한다. 진정으로 내가 되기 위해서는 타자가 필요하다. 그러나 목적을 위한 수단으로서가 아니다! 말하자면 다른 사람은 내가 참된 인간으로 존재하거나 참된 인간이 되는 데 필요한 계기일 뿐이다. 할아버지는 위대한 유대인 종교 철학자 마르틴 부버를 생각한다. 부버도 '나는 너에게서 비로소 내가 된다 (Ich werde am Du Ich)'고 주장했다. 그리고 대화(Dialog)는 그저 서로 논증하는 것이 아니라 언제나 '만남(Begegnung)'이라고 생각했다. 만남에는 다른 사람이 나를 진지하게 대하고 받아들인다는 느낌이 있어야 한다. 그러므로 다른 사람을 객체로 보는 것은 당연히 금지된다. 다른 사람의 자유를 인정하고 그를 독차지하려고 들면 안 된다. 폭력은 어떤 형태든 자동으로 금지된다!

힌두교도 비폭력을 내세운다. 할아버지는 이 원칙을 훌륭하게 지킨 마하트마 간디를 떠올린다. 간디는 폭력을 쓰지 않고 인도가 영국에서 독립하는 결과를 이루어 냈다. 그 다음으로 할아버지는 알베르트 슈바이처를 생각한다. 엘사스 지방에 있는 슈바이처의 생가에서는 — 이곳 슈바르츠발트에서 아주 가깝다 — 삶에 대한 경외를 실천한 그의 자세에 깊은 감명을 받을 수 있다. 슈바이처는 심지어 모기를 죽이는 일조차 거부했다! 모기와 사람을 같은 피조물로 생각했기 때문이다. 할아버지는 세상에 존경이 너무 부족하고, 존경하려고 진지하게 노력하는 사람도 많지 않다고 생각한다.

기독교의 이웃 사랑의 의무는 비록 존경보다 더 고귀하지만, 존경도 좋은 시작일 것이다. 기독교인이라면 원수도 사랑해야 한다!

어느 누가 이 어려운 일을 할 수 있을까! 너무 무리한 요구는 아닐까? 하지만 아마도 그것은 폭력의 사슬을 끊을 것이다. 다른 사람이 네 뺨을 때리거든 다른 뺨도 내밀어라! 놀랍다! 이것은 정말 어리석은 짓이 아닐까! 아무튼 다른 사람의 눈에는 말이다. 그러나 폭력은 결국 폭력을 낳는다. 세상은 결코 나아질 수 없을까? 이런 냉혹한 세상에서는 항상 의심하고 상처를 입을까 봐 경계해야 한다.

할아버지는 쇼펜하우어의 유명한 고슴도치 우화를 생각했다. 쇼펜하우어는 항상 가시 때문에 서로 상처 입히지 않도록 거리를 유지하는 고슴도치 사회와 인간 사회를 비교했다. 그러나 고슴도치는 조금이나마 서로 따뜻함을 느끼고 싶은 것이다!

하지만 쇼펜하우어는 너무 비관적이라고 할아버지는 생각한다. 상처를 받지 않아도 온정과 친밀감을 나눌 수 있다. 그렇지만 그것이 항상 가능하지는 않다. 사회를 더 인간적으로 만들 수 있는 방법은 무엇일까?

인권은 좋은 시작이다. 그러나 인권의 근본은 유럽 철학에서 발달한 사상에 있다. 유럽 사람들은 다른 문화에도 비슷한 생각이 발달한 사실을 전혀 몰랐다. 그러므로 인권으로 모든 문제가 해결되려면 아직 멀었다. 그리고 권리뿐 아니라 마땅히 의무도 있어야 한다!

해야 할 일이 아직 많다. 모든 문화는 인간 존재를 저마다 다르게 이해한다. 그래서 인간의 권리에 대한 생각도 서로 다르다. 서로 더 이해하기 위해서 대화가 필요하다. 유럽과 미국 사람들은 인간의 자아실현을 가장 큰 목표로 생각한다. 따라서 개인의 자유와 권리가 매우 중요하다. 아시아와 아프리카에서는 공동체에 더 높은 가치를 두고 개인이 공동체에 순응해야 한다.

어느 쪽이 나은 것일까? 그리고 자신의 생각과 다른 생각을 깎아내리고 바르게 이해하지 않으면서 미개하다고 치부하는 오만에는 어떻게 맞서야 할까? 이것도 레비나스가 말한 폭력이 아닐까?

이런 식으로는 결코 평화를 이룰 수 없다. 다른 것을 항상 이해할 수는 없어도 인정할 필요는 있다. 또한 그것은 동물에게도 적용된다. 그리고 모든 자연에도 적용된다고 할아버지는 생각한다.

칸트에게는 오직 인간이 이성적 존재로서 '목적 그 자체'다. 그렇지만 자연에도 자연의 고유한 가치가 있지 않을까? 자연의 가치도 존중되어야 한다.

데카르트는 얼마나 불행했는가! 물론 그도 공적을 쌓았다. 예를 들어 당시는 중세의 마녀 망상에 맞서 싸우고, 사람들에게 스스로 생각하고 세상을 이성적으로 설명할 수 있다는 사실을 깨우친 때였다. 사람들은 자신의 생각을 신뢰하고 두려움에서 헤어났다.

하지만 인간을 자연의 주인과 지배자로 만들려는 데카르트의 의도는 잘못되었다. 자연이 인간의 지배를 받고 인간을 위한 목적에 쓰이는 것으로 보이기 때문이다.

이것은 또다시 철학사에 기록된 불행한 분열이었다. 한쪽에는 사유하는 존재, 다른 한쪽에는 물적 자연……. 이 사이에도 깊은 골이 있는 것처럼 보인다. 이로써 인간은 자연의 맞은편에 서서 자연의 일부가 아니라는 느낌이 든다. 인간과 자연이 모두 생명의 일부인데도! 인간은 오직 정신만이 아니고 자연은 단지 물질만이 아니다. 인간에도 자연에도 물질이 있다. 그리고 어마어마한 양의 에너지도 있다!

단순화는 왜 항상 유혹적일까? 할아버지는 생각한다. 단순화하는 사고는 능률적인 기술이 발전하는 데 도움이 되었다. 이 점에서는 비록 성공적이었지만 그것은 또한 많은 것을 파괴했다. 자연을 단지 객체로 보면 안 된다. 인디언들은 자신이 자연에 영향을 미치는 위대한 영혼의 일부라고 생각했다. 다른 피조물과 함께 인간을 위대한 전체의 일부라고 생각하는 전체적 세계상으로 자연이 당하는 많은 폭력을 막을 수 있을까? 폭력적 성향은 유럽적 사고에 있는 것일까? 할아버지는 궁금하다. 하지만 폭력은 아시아와 아프리카에도 있다. 적지 않게.

존경의 문화는 새로운 시대를 위한 포괄적 과제라고 할아버지는 생각한다. 이것은 임의의 모든 것을 정당화하는 관용을 끊임없이 떠들어 대는 것보다 낫다.

할아버지가 모르는 사이 필과 펠리는 전혀 다른 생각에 몰두하고 있다. 야콥은 나무집에서 망치를 두드리고 필은 담요에 누워서 하늘을 쳐다보았다. 야콥이 연장을 건네 달라고 가끔 필에게 부탁했다. 펠리는 필 옆에 앉아서 큰 목소리로 이야기를 읽었다.

어린 낙타

어느 오아시스에 늙은 낙타 네 마리와 어린 낙타 한 마리가 풀을 뜯고 있었습니다. 어린 낙타는 늙은 낙타처럼 털이 아직 두껍지 않았습니다.

낙타들은 크고 오래된 야자수의 시원한 그늘 아래서 달콤한 대추야자 열매를 잘강잘강 맛있게 씹어 먹었습니다. 이때 털이 아직 두껍지 않은 어린 낙타 한 마리가 다가왔습니다. 늙은 낙타들은 막 도착한 캐러밴을 무관심한 눈길로 바라보았습니다.

사람들은 화를 내며 낙타의 등을 막대기로 때렸습니다. 한낮의 더위에 낙타들이 너무 피곤해져 굼뜨게 움직였기 때문입니다. 등에 진 무거운 짐이 점점 더 무거워지는 것 같았습니다.

어린 낙타는 인간들의 잔인함에 격분하며 늙은 낙타들에게 말했습니다.

"왜 모두 가만히 계시나요? 그리고 저 낙타들은 왜 순순히 당하고만 있죠? 그냥 참고 있을 수는 없잖아요!"

"애야, 넌 아직 많은 걸 배워야겠구나."

늙은 낙타들이 말했습니다.

"특히 불필요한 에너지는 낭비하면 안 된단다! 이는 옛부터 전해 오는 지혜로운 낙타들의 가르침이지. 모든 건 순리대로 일어나는 법이야. 그러니까 이렇게 더운 날에는 네 힘을 아껴 두거라. 서두르지 말고 항상 너 자신을 생각해! 네가 잘 지내면 되지 뭘 걱정하니?"

"하지만 그건 옳은 일이 아니잖아요!"

어린 낙타는 화가 나 소리쳤습니다.

"저 낙타들은 이 더위에 짐을 잔뜩 지고 매까지 맞아요!"

"낙타는 자신의 처지를 모두 받아들인단다."

"항상 그래 왔지. 흥분하지 말고 네 힘을 쓸모없는 데 쏟지 마려무나."

"하지만 그건 아주 잘못된 거예요!"

어린 낙타가 외쳤습니다.

"낙타는 그렇게 멍청해야 한다고 누가 그랬죠?"

"그러면 시건방져야 한다고 누가 그러던?"

늙은 낙타들이 다시 물었습니다.

"네가 바꿀 수 있는 건 없단다. 기껏 웃음거리나 될 거야. 그리고 매 몇 대 맞았다고 해를 입는 낙타는 없다. 부당한 일을 하는 것보다 부당함을 당하는 게 낫지."

어린 낙타는 흥분을 참을 수 없었습니다.

"그렇다면 만일 제가 짐을 지고 빨리 움직이지 않는다면 저도 저렇게 당할 수 있다는 말씀인가요?"

어린 낙타는 깜짝 놀라며 소리쳤습니다.

"세상은 그런 거란다."

지혜로운 늙은 낙타들이 말했습니다.

"그런데 너는 낙타처럼 굴지 않는구나. 그렇게 많은 질문을 하지 마라. 그렇지 않으면 눈에 띄어서 곤란을 당할 뿐이니까. 인내하고 몸을 사려서 있는 대로 받아들여라. 그럼 편히 살 거다."

"아무 대처도 하지 않는다고요?"

어린 낙타는 굳은 표정으로 물었습니다.

"왜 그런 생각을 하지? 다른 낙타가 매를 맞는 것이 우리와 무슨 상관이냐?"

늙은 낙타가 대답했습니다.

이때 한 베두인 사람이 다가와 큰 낙타들에게 굴레를 씌웠습니다.

"자, 충분히 쉬었다."

베두인 사람은 중얼거리며 낙타들을 야자수 나무 그늘에서 끌어내어 짐을 실은 뒤 천막 뒤로 몰고 갔습니다.

"어리석은 낙타들 같으니라고!"

어린 낙타는 경멸하듯 말하고는 갑자기 외로움을 느꼈습니다.

그런데 어린 낙타는 점차 어른이 되어서 세상 돌아가는 이치를 배우게 되었습니다. 힘이 세지고 점점 더 무거운 짐을 등에 질 수 있어 캐러밴 행렬에 서게 되었습니다. 처음에는 흥분되고 재미가 있었습니다. 크고 넓은 세상을 배우기 때문이었습니다. 그러나 오래 지나지 않아서 낙타는 지치고 생기를 잃었습니다. 그리고 세상일에 순응하는 법을 알게 되었습니다.

어느 날 낙타는 잠깐 휴식에 감사하며 다른 낙타 세 마리와 함께 오아시스에서 풀을 뜯었습니다. 낙타들은 크고 오래된 야자수의 시원한 그늘 아래서 달콤한 대추야자 열매를 잘강잘강 맛있게 씹어 먹었습니다. 이때 털이 아직 두껍지 않은 어린 낙타 한 마리가 다가왔습니다. 늙은 낙타들은 막 도착한 캐러밴을 무관심한 눈길로 바라보았습니다.

사람들은 화를 내며 낙타의 등을 막대기로 때렸습니다. 한 낮의 더위에 낙타들이 너무 피곤해져 굼뜨게 움직였기 때문입니다. 등에 진 무거운 짐이 점점 더 무거워지는 것 같았습니다.

어린 낙타는 인간들의 잔인함에 격분하며 늙은 낙타들에게 말했습니다.

"왜 모두 가만히 계시나요? 그리고 저 낙타들은 왜 순순히 당하고만 있죠? 그냥 참고 있을 수는 없잖아요!"

"애야, 너는 아직 많은 걸 배워야겠구나."

늙은 낙타들이 말했습니다.

"이야기는 이렇게 계속되는 거야."

필이 말했다.

"끝이 없는 이야기! 계속 처음부터 다시 시작되는 거지. 일곱 아들을 둔 아버지가 일곱 아들에게 일곱 아들을 둔 아버지의 이야기를 하는 것처럼 말이야. 그리고 이야기 속 아버지도 똑같은 이야기를 하고……."

"꼬리를 문 뱀!"

펠리가 소리쳤다.

"책 속에 그런 그림이 있었어!"

펠리는 수수께끼 같은 그 그림을 찾아 뚫어져라 보았다.

필과 펠리는 그 의미를 알았을까? 정말 모든 것은 처음부터 다시 시작하는 것일까? 그것은 마치 부엌으로 달려가 요리사에게서 달걀 하나를 훔친 개의 노래와 같다. 요리사에게 맞아 죽은 개의 묘비에는 이렇게 쓰여 있다. '부엌으로 달려가 요리사에게 달걀 하나를 훔쳤네.'

펠리는 노래를 흥얼거렸다.

"노래에는 끝이 없어! 폭력도 마찬가지야."

펠리가 말했다.

"하지만 저항하지 않을 때만 그렇잖아! 사람은 낙타가 아니야."

필이 말했다.

"그렇다면 다행이고. 그렇지만 폭력을 당하는 아이들은 여전히 많아. 그런 아이들을 알고 있어."

"자신을 지킬 힘이 너무 부족하기 때문이야. 폭력을 휘두르는 사람은 마땅히 벌을 받아야 해."

"폭력에 익숙해진 아이들은 나중에도 저항하지 않고, 그중에는 어른이 되어서 자신의 아이를 때리는 사람도 많아. 자꾸 처음부터 다시 시작되는 거야."

펠리는 분개했다.

그때 야콥이 나무에서 내려와 필과 펠리의 대화에 귀를 기울이더니 말했다.

"나도 맞은 적이 있어. 하지만 나는 나중에 어른이 되면 아무리 아이들이 끔찍해도 절대 때리지 않겠다고 다짐했어. 그건 나쁜 거니까."

펠리는 야콥을 감탄의 눈으로 바라보았다.

필은 책에 이렇게 적었다.

폭력에는 어떤 종류가 있을까?

폭력이란 대체 무엇일까?

폭력에 저항하는 방법은 무엇일까?

폭력은 항상 나쁜 것일까?

제삼자가 할 수 있는 일은 무엇일까?

오래 저항하면 점점 피곤해질까?

폭력을 받아들이는 데 익숙해질까?

폭력은 어디서 시작될까? (아직 폭력이 아닌 것은 무엇일까?)

변화를 불러오는 방법에는 무엇이 있을까?

부정에 맞서는 방법은 무엇일까?

자신의 힘을 아끼는 것은 옳은 일일까?

그리고 펠리는 쉬지 않고 원을 그리며 도는 낙타 떼를 그렸다.

나무집으로 이사하다

"울트라 생쥐란 대체 뭐지?"

책의 차례를 보며 펠리가 물었다.

필과 펠리는 사과나무 아래 파라솔 뒤에 몸을 숨기고 있다.

"집쥐일까? 집쥐는 거대한 쥐처럼 생겼잖아."

필이 추측했다.

필과 펠리는 디오게네스에게 아침에 먹다 남은 빵 부스러기를 주었다. 그리고 다시 시냇가로 가기 위해 할머니에게서 과자 통을 받았다. 막스와 모리츠는 잔디에서 이리저리 뛰어다녔고, 할아버지는 지하실에서 낡은 탁구대를 꺼내 와 테라스에 세운 뒤 탁구채와 탁구공 상자를 들고 왔다. 쌍둥이에게 의미 있는 일거리를 주고 싶기 때문이다. 이럴 때는 항상 운동이 좋은 방법이다. 소피아 고모는 만족하며 마음을 놓았다. 조용한 집안을 위해 적어도 혼자 노력할 필요는 없으니까. 햇살 아래 긴 의자에 누운 고모는 할머니를 불만스러운 눈으로 바라보았다. 할머니는 언제나 부엌일만 한다! 조금 더 수준 높은 일에 관심을 둘 수는 없을까? 그러나 할머니는 전형적인 주부다.

할머니는 다른 사람을 돌볼 때 행복을 느낀다. 그렇더라도 할머니도 정말 좋은 책을 한번 읽을 필요가 있다!

"'울트라'가 무슨 뜻이에요?"

펠리가 또 물었다.

"'초월'이라는 뜻과 비슷한 것 같아요."

필은 말하며 라틴어 단어를 기억하려고 노력했다.

"그러면 아빠는 지금 울트라인 셈이네."

펠리가 명랑한 목소리로 말했다.

펠리는 이제 병원에 있는 아빠와 통화할 수 있다. 아직은 조심해야 하지만 아빠의 상태는 점점 나아지고 있다. 그리고 조금 있으면 퇴원을 해도 된다고 한다!

"너희가 보고 싶구나!"

아빠가 수화기에 대고 필과 펠리에게 말했다.

"그래, 텔레비전이 없어서 지루하니?"

필과 펠리는 텔레비전은 보고 싶지만 지루하지는 않다.

사과나무 아래에 앉은 필과 펠리에게 갑자기 탁구공이 날아 들었다. 탁구공이 다 떨어지자 막스와 모리츠는 돌멩이를 던졌다!

"무슨 바보 같은 책만 보는 거야!"

막스가 소리쳤다.

"이제는 못 참아! 너희 미쳤구나!"

펠리가 흥분해서 마구 소리를 질렀다.

"위로 올라가자!"

필은 버찌나무에 기대 두었던 사다리를 가져와 사과나무에 세웠다.

"그러면 우리도 올라간다!"

쌍둥이가 말했다.

"막스! 모리츠! 다른 데로 가!"

소피아 고모가 큰 소리로 꾸짖었다.

쌍둥이는 고모를 향해 고개를 돌리더니 얼굴을 찌푸리며 짜증을 부렸다.

"왜요?"

엄마는 왜 항상 뭐든지 하지 말라고 할까!?

나무집에 올라온 필과 펠리는 사다리를 재빨리 끌어 올렸다. 하마터면 늦을 뻔했다! 막스와 모리츠는 큰 소리로 울음을 터뜨렸다.

"가서 디오게네스나 괴롭히라고!"

펠리가 아래에다 대고 소리쳤다.

나무집 안은 그늘이 져서 시원하다. 뭐였더라? 모든 나무는 저마다 한 세상이라고? 우화에 그렇게 쓰여 있었다. 그것은 정말 맞는 말이다! 이곳은 다른 세상이다. 또 다른 세상이다! 펠리는 생각했다. 사과나무의 초록색 잎은 바스락 소리를 내며 흔들리고 나뭇가지에는 작고 연녹색 사과들이 매달려 있다. 머지않아 사과가 무르익으면 필과 펠리는 언제든지 손을 뻗어 사과를 따서 먹기만 하면 된다. 여기 나무집 위에서는 반짝이는 시냇물이 완전히 다르게 보인다.

우화에 나오는 새들이 뭐라고 했더라? 새들은 하늘 높은 곳에서 시냇물의 움직임을 따라 나는 일이 가장 멋지다고 말했다. 모든 것이 서로 어떻게 관계하는지 알 수 있기 때문이다. 어느 우화에서 태양도 이와 비슷한 말을 했다.

멀리 떨어져 있기 때문에 모든 것의 관계를 바르게 볼 수 있다. 단지 자신만을 볼 수 없을 뿐!

"조금 더 높은 곳에 있다면 생각을 더 잘할 수 있을까? 더 먼 거리를 둔다면?"

펠리가 필에게 물었다.

나무집에는 이제 지붕이 생겨서 비가 내려도 안은 젖지 않을 것이다.

나무집 안에는 수리해 놓은 긴 의자 두 개가 마주 보고 있다. 필은 자신이 태어나기 전에 이미 아버지가 이곳에 있었다는 생각이 들었다. 단지 나무가 그때보다 더 자랐을 것이다. 마치 모든 사람이 시간이 흐르면서 발전하는 것과 같이.

필이 책을 펼치자 펠리의 시선은 수수께끼에 쏠렸다.

"맙소사!"

펠리가 소리쳤다. 현실이 아닌 것 같은 느낌이 다시 들었다. 수수께끼에는 이렇게 쓰여 있다!

"오르는 때가 있고 내리는 때가 있으며."

기분이 정말 이상하다! 다락방에서 책을 들고 내려와 다시 위로―나무집으로―올라온 것을 어떻게 알았을까? 그리고 이제부터는 쌍둥이를 피해 책을 항상 나무집으로 들고 올라와야 하는 것을? 사다리를 타고 올라왔다 내려간다!

"나무 위 그늘에 있으니까 기분이 좋은데!"

필은 책을 펼쳤다.

"그늘에 대한 우화가 여기 있어!"

"어디?"

펠리가 묻자 필이 소리 내어 읽었다.

"그림자의 존재(Wesen)."

"'존재'란 뭘까? 행패(Unwesen)를 부린다는 말은 아는데. 저 두 녀석처럼 말이야."

펠리가 질문했다.

펠리는 시냇가에서 열심히 둑을 만드는 막스와 모리츠를 손으로 가리켰다.

"존재에는 두 가지 뜻이 있는 것 같아. '천사 같은 존재'라 는 말이 있잖아."

필이 말했다. 필은 조금 당황했다. 자신이 좋아하는 한 귀여운 소녀를 두고 한 말이기 때문이다. 소녀는 웃는 모습이 참 예쁘다.

"그리고 성격, 그러니까 특별한 성질을 가리키는 말인 것 같아. 할아버지에게 철학이 뭐냐고 여쭌 적이 있는데 할아버지는 그게 단지 존재를 인식하는 거라고만 말씀하셨어. 내가 그 말을 이해하지 못하니까 할아버지는 그게 사물의 가장 중요한 부분을 찾아내기 위해 항상 노력하는 거라고 말씀하셨어. 하지만 예를 들어 공상과학 이야기에서 어느 행성에 사는 이상한 존재에 대해 말한다면, 그건 그저 생물체, 그러니까 이상한 형체를 두고 하는 말이야."

"그러면 이제 그림자가 실제 뭔지 알게 되겠지! 아니면 그림자의 모양? 그것에 대해 생각해 본 적이 한 번도 없어."

펠리는 말하면서 의아했다.

그림자의 존재

아주 오래전 한 그림자가 살았습니다. 그림자는 자기의식이 없어서 슬펐습니다. 자신에 대해 아는 것이 너무 적었습니다. 아는 것은 단지 가끔―하루 가운데 특정 시간에, 그것도 태양이 비출 때만―자신의 모습이 나타난다는 사실뿐이었습니다. 밤에는 존재하지 않았습니다.

하지만 태양이 비춰도 그림자가 항상 존재하는 것은 아니었습니다. 그림자는 자신이 다른 존재에 속한다는 사실을 알고 있었습니다. 태양이 정확히 위에서 비출 때에는 사라져야 했습니다.

이상해. 나는 내가 어떻게 생겼는지 몰라. 그림자는 생각했습니다. 어느 때에는 크고, 어느 때에는 작고, 어느 때에는 기다랗고, 어느 때에는 뚱뚱하고, 어느 때에는 세상에 존재하지 않아. 나더러 나를 어떻게 알아보라는 말이야? 나는 누구일까? 나에 대해 더 많이 알 수 없을까? 죽은 인간의 영혼이 사는 그림자의 왕국이 있다는 말을 들었어. 아니면 그냥 지어낸 이야기일까? 어쩌면 나는 영혼과 같은 것인지 몰라. 항상 어느 특정한 존재에 의지하는! 아니면 그 존재가 나에게 의지하는 것일까? 그러나 그림자는 영혼이 무엇인지에 대한 물음도 풀 수 없었습니다. 그래서 여전히 자신에 대해 아는 것이 너무 적었습니다. 그림자는 자신이 매인 존재가 없어도 존재할까요? 아니면 여러 존재에 속한 것일까요? 가끔 날이 어두운 계절에는 몇 주 동안 사라질 때가 있었습니다. 보이지 않을 때 그림자는 어디 있는 것일까요? 그러면 그에게 매인 존재도 없는 것일까요?

그림자는 정답을 알 수 없어 더욱 슬펐습니다.

그렇다면 그림자는 왜 갑자기 다시 생기는 것일까요? 사라진 동안 똑같은 모습이었을까요? 그림자는 생각할 문제가 많지만 모든 질문을 해결하지 못할 것 같은 느낌이 들었습니다.

그림자는 종종 다른 그림자들을 보며 이들도 자신처럼 고통을 당할 것이라고 짐작했습니다.

모든 그림자는 혼자였습니다. 그리고 자신의 존재에 대해 아무것도 알지 못했습니다! 그러나 자기 자신에 대해서만 모르는 것이 아니었습니다! 자신이 살아가는 세상에 대해서도 몰랐습니다. 아니면 자신보다 더 많은 것을 아는 다른 그림자가 있을까요?

어느 날 그림자는 다른 그림자와 함께 바닥에 더 검고 더 큰 그림자를 만들었습니다. 그림자는 더 이상 자기 자신에게만 혼자 의존하지 않았습니다! 그림자는 다른 그림자에게 물었습니다.

"너는 네가 누구인지 아니? 우리는 왜 항상 존재하지 않을까? 우리는 어디 있는 것이지? 우리와 다른 존재의 관계는 뭐야?"

다른 그림자가 그림자 쪽으로 몸을 구부리며 말했습니다.

"누가 그걸 알겠니? 쉬지 않고 변하는 건 너무도 많아!"

이제 다른 그림자와 떨어져야 하지만 슬픈 그림자는 이상하게 마음이 편해졌습니다. 그림자는 존재하는 동안 생각할 것이 많았습니다. 아니면 존재하지 않을 때도 계속 생각할 수 있을까요? 그것은 그림자가 한 번도 해본 적이 없는 일이었습니다.

"그림자가 슬플 수 있을까? 진짜 그림자 말이야."

펠리가 물었다.

"그림자에 대해 생각해 본 적이 없어."

필이 대답했다.

"항상 혼자 있어서 아무에게도 물어볼 수 없다면 정말 슬플 것 같아. 그런데 그림자에게 감정이 있을까?"

"하지만 그림자가 자신에 대해 아무것도 모른다는 게 더 슬퍼. 그렇지만 예를 들어 잠을 잘 때에는 사람도 자신을 항상 의식하는 건 아니잖아. 우리는 잠에서 깨어나는 곳에 있었다고 단지 추측할 뿐이야. 그걸 알 수는 없어."

펠리는 잠을 자며 걸어 다닌 적이 있다. 이불을 들고 집 안을 돌아다녔다. 잠을 자면서 말이다! 잠에서 깼을 때 펠리는 이불에 싸인 채 복도에 앉아 있었다. 도대체 자신이 어떻게 그곳에 왔는지 알 수 없었다.

"우리도 그림자가 변하듯 변할 수 있어. 예를 들어 성장하면서 변하지. 하지만 우리에게는 자기의식이 있는 것 같아. 우리의 지난 모습을 기억할 수 있으니까."

필이 말했다.

"영혼이란 정확히 뭘까? 그림자의 문제는 자신이 몸에 종속된 건지 아니면 몸이 자신에게 종속된 건지 모르는 데 있는 것 같아. 어쩌면 영혼도 마찬가지겠지."

펠리가 궁금해 했다.

"그림자의 경우는 문제가 간단해. 비록 그림자는 모르지만 우리는 그림자가 오직 몸에 종속되어 있다는 걸 알아. 절대 거꾸로 될 수 없지! 몸이 없는 그림자는 상상할 수 없어. 하지만 그림자가 없는 몸은 가능해. 영혼의 경우는 잘 모르겠어. 영혼이 몸에 종속한 걸까 아니면 몸이 영혼에 종속한 걸까? 무엇이 먼저 생겼을까? 우선 영혼이 무엇인지 알아야 해."

필이 자신의 생각을 말했다.

"특히 나는 몸이 없어도 영혼이 계속 생각할 수 있는지 궁금해! 영혼이란 자기의식과 같은 걸까? 잠을 자는 동안에는 대체 어디 있는 거지? 내가 깨어 있을 때는 왜 항상 거기 있는 걸까? 영혼의 작동을 멈출 수 없어! 그냥 벗어날 수도 없고. 그림자에서 자유로워질 수 없는 것처럼 말이야."

펠리가 의견을 말했다.

펠리는 그림자에게 없는 자기의식이 자신에게는 있다는 사실이 자랑스럽다. 펠리는 펠리다. 이는 분명한 사실이다! 바로 지금 할아버지와 할머니 집에서 방학을 보내며 자신과 세상에 대해 생각하고 있다. 모르는 것은 사람들에게 계속 물어볼 수 있고 자신의 존재에 대해서도 생각할 수 있다. 나무집 위 나뭇잎의 그림자와 확실히 다르다.

"동물에게 자기의식이 있다고 생각해? 예를 들어 칸트는 자신이 개라는 사실을 알까? 그리고 몹스라는 특별한 종이라는 사실도? 자기 자신에 대한 의식이 있을까?"

펠리가 필에게 물었다.

"모르겠어. 아마도 사람의 의식과 같은 건 아닐 거야. 할아버지에게 여쭤 보는 게 좋겠다."

필이 대답했다.

할머니가 쉬는 사이 소피아 고모는 할아버지에게 프리카델레(다진 고기로 만든 독일식 스테이크*) 조리법을 가르쳐 주었다.

"나는 늙어서도 점점 쓸모 있어지는구나!"

할아버지는 우쭐거리며 말했다.

"그러면 네 엄마를 더 많이 도울 수 있지."

할아버지는 언제나 할머니와 함께 집안일을 나누어 했지만 요리만은 감히 엄두를 내지 못했다.

고모는 고모부와 통화하고 나서 기분이 매우 좋아졌다.

"모리스가 4주 뒤에 집으로 온대요."

고모가 기뻐하며 말했다. 할머니도 기뻤다. 단지 쉴 수 있기 때문이 아니라 딸이 기뻐하기 때문이었다. 소피아는 갑자기 다른 사람이 되어 버렸다!

"할아버지, 동물도 자신을 의식할 수 있어요?"

필은 밥을 먹으면서 할아버지에게 물었다.

"예를 들어 집쥐는 자신이 집쥐라는 사실을 알까요? 그리고 칸트도 자신이 몹스라는 걸 알까요?"

"추측밖에는 할 수 없는 질문이구나. 동물은 우리의 개념을 알 필요가 없지. 그건 단지 우리가 이름을 지은 사물의 껍데기일 뿐이란다. 문제는 동물이 우리처럼 세상을 체계화할 수 있고, 그 안에서 자신의 존재를 실제 그대로 인식할 수 있느냐 하는 거다. 동물을 자세히 관찰해 본 사람은 동물도 우리처럼 의지가 있다는 사실을 깨닫곤 하지. 하지만 그게 자신의 의지인 걸 아는지, 자신이 정확히 누구인지 아는지는 우리가 짐작할 수밖에 없단다."

"그래도 아직 이해되지 않는 게 많아."

다시 나무집에 와 앉았을 때 필이 말했다.

"새로운 이야기를 읽어 보자."

울트라 생쥐

"신사숙녀 여러분, 올해 여름대학에 오신 걸 진심으로 환영합니다. 이렇게 많은 분이 이 헛간으로 발걸음을 옮기셔서 대단히 기쁩니다."

지혜로운 늙은 박쥐가 지붕 마룻대에 거꾸로 매달린 채 수많은 청중에게 인사했습니다. 청중은 늙은 박쥐처럼 헛간 지붕에 매달린 채 양 날개로 박수를 쳤습니다. 여름대학 개강에 맞추어 열리는 첫 초음파 강연은 언제나 대단한 사건이었습니다. 박쥐들은 특별히 유명하고 학식 깊은 박쥐의 강연을 들을 수 있다는 사실에 매우 기뻤습니다.

"매우 존경하는 박쥐 여러분, 이 강연에서 저는 우주 속, 특히 포유동물 왕국에서 우리 박쥐가 차지하고 있는 특별한 지위에 대해 여러분에게 설명하고자 합니다. 우리는 포유동물 가운데 하늘을 날 수 있는 유일한 동물이니까요! 그래서 우리는 인간을 포함한 다른 모든 포유동물과 다르게 공간을 인식하고 당연히 더 멀리 내다볼 수 있습니다. 또한 더 넓은 세상을 개척해서 다른 동물의 한계를 뛰어넘을 수 있습니다.

그러나 우리의 우월한 능력에는 어쩌면 여러분이 아직 모

무엇을 인식할 수 있을까?

르는 다른 이유가 또 있습니다. 다른 포유동물은 부족한 존재입니다! 저들에게는 부족한 점이 있습니다! 저들의 지각 능력에는 한계가 있습니다. 인간을 예로 들죠. 인간에게는 다섯 가지 감각이 있습니다. 인간은 보고, 듣고, 냄새를 맡고, 맛과 감촉을 느낄 수 있습니다. 이것으로 감각을 경험하고 세상을 인지할 수 있습니다. 어쨌든 세상의 일부를 지각할 수 있습니다. 예를 들어 진드기와 지렁이 같은 하등 동물 가운데에는 심지어 부족한 감각을 가진 동물도 많습니다. 이런 동물이 경험하는 공간은 더욱 작지요. 인간이 어둠 속에서 헤맨다는 사실을 아시나요? 방해물에 부딪혀서 통증을 느껴야 무엇이 있다는 사실을 알게 되지요. 하지만 우리에게는 여섯 번째 감각이 있습니다. 그것은 바로 레이더입니다! 인간이 힘들게 발명해야 하는 레이더는 우리에게 원래부터 있는 장비죠.

인간과 그밖의 다른 포유동물은 대체로 수동적입니다. 감각으로 경험 세계에서 인상을 받아들이죠. 그러나 우리는 능동적이고 수동적이어서 의식을 발달시킵니다.

고도로 발달한 우리의 뇌는 인간이 전혀 들을 수 없는 초음파 신호 발신기이면서 동시에 수신기니까요. 우리는 초음파를 발생시켜 돌아오는 메아리를 들어서 방향을 찾을 수 있습니다. 그리고 뇌는 어느 곳의 어떤 방해물을 피해야 하는지 자동으로 알지요. 그래서 아주 짙은 어둠에서도 길을 찾아낼 수 있는 거랍니다.

이렇게 우리가 보낸 초음파 신호가 반사되어 돌아오기 때문에 우리는 자기의식을 발달시킬 수 있습니다.

다른 포유동물은 자신이 보고 듣고 있다는 사실을 모른 채 자신의 내면 상태만을 인지할 수 있습니다. 이렇게 해서는 정신이 발달할 수 없지요!

우리 박쥐들은 수천 년 전부터 우리의 정신을 대대로 전해 줄 수 있었습니다. 우리에게는 소리로 들은 정보를 정확히 저장하는 완벽한 청각 기억력이 있습니다! 그렇기 때문에 인간처럼 책이나 컴퓨터를 쓸 필요가 없지요.

그리고 이 지식을 모두 다음 세대에 전해 주기만 하면 됩니다. 바로 우리가 지금 여기서 다시 하는 것처럼 말이죠. 이런 방법으로 지식은 끊임없이 성장할 것입니다.

오늘 저는 여러분에게 공간에 대한 제 생각을 전하고 싶습니다. 예를 들어 위와 아래는 완전히 상대적입니다! 다른 포유동물에게는 언제나 하늘은 위에 있고 땅은 아래에 있다는 사실을 얼마 전에야 깨달았습니다.

이들에게는 지붕이 항상 머리 위에 있지만 우리에게는 지붕이 위에 있을 수도 있고 ─ 지금처럼 ─ 아래에 있을 수도 있지요. 우리는 이 개념을 항상 우리의 몸과 관련해서만 사용합니다. 우리가 세상에서 방향을 어떻게 찾는지에 달려 있지요! 그리고 이건 한 가지 방법으로만 할 수 있는 게 아닙니다. 그러므로 공간은 언제나 상대적이며 우리의 위치에 달려 있지요! 우주에는 위와 아래가 없습니다. 공간 그 자체란 존재하지 않습니다. 아무튼 이게 제 생각입니다. 공간이란 단지 우리가 세상을 인지하고 싶은 방법의 틀일 뿐이지요!"

청중은 각자 자신이 자랑스러웠습니다. 박쥐로서 자기의 식과 다른 동물에게는 없는 뛰어난 특성과 능력 때문에 특별한 존재임을 알기 때문이었습니다. 초음파 공연이 끝나자 박쥐들은 환호하며 날개로 박수를 쳤습니다.

"정말 어이가 없군! 인간과 인간 능력의 한계에 관한 박쥐 여름대학의 초음파 강연이라! 어처구니가 없어."

"박쥐가 여섯 번째 감각에 대해 한 말은 어쩌면 맞을지 몰라."

필이 말했다.

"인간에게는 레이더가 없어. 하지만 새로운 걸 만들어 내는 능력은 있지. 동물에게는 아마 없을걸. 아니, 가능할까? 그리고 우리는 박쥐의 말처럼 수동적이지 않아. 능동적이며 정신을 발달시킬 수 있어. 자기의식도! 그러나 박쥐는 이것까지 초음파로 인지할 수 없지. 초음파는 공간의 물체를 파악하는 데 좋을 뿐이야. 그렇지만 우리도 박쥐의 의식을 잘 알 수 없어. 박쥐는 자신이 인간보다 우월하다고 생각하는 거야! 인간이야말로 창조의 정점인데."

"뇌와 뇌의 작용에 대해 더 많이 안다면 누구의 말이 맞는지 알 수 있을까?"

펠리가 물었다.

"글쎄."

필은 대답하며 이렇게 적었다.

다른 사람이 느끼는 마음을 어떻게 알 수 있을까?

정신이란 무엇일까?

의식이란 무엇일까?

인간보다 우월한 동물이 있을까?

인간은 동물보다 우월할까? 어떤 게?

감각의 수가 하나 적으면 세상이 어떻게 보일까?

박쥐 세계는 왜 인간 세계와 다를까?

공간이란 무엇일까?

몸과 정신은 어떤 관계일까?

우리의 정신은 우리의 감각에 얼마나 종속되어 있을까?

펠리는 그 아래에 애잔한 그림자를 그렸다. 어쨌든 그렇게

위와 아래를 바꿀 수 있을까?

그려야 한다고 생각했다.

"내일은 모두 소풍을 가자! 소피아가 하루 종일 혼자서 시간을 보낼 수 있게."

저녁에 할머니가 말했다.

책이 사라졌다!

다음 날 아침 필은 눈을 뜨자 이상한 느낌이 들었다. 눈을 비비고 맞은편을 바라보니 책상 위에 소피아 고모가 정성을 들여 고친 오래된 인형집이 놓여 있었다.

평소와 다른 건 없었다.

하지만 문제는 책상 옆! 펠리는 항상 배낭 안에 책을 넣어서 고모가 쓰던 책상 옆에 두었다. 그런데 책상 옆에 배낭이 보이지 않았다!

펠리는 이층침대의 위층에서 자고 있다.

"펠리!"

필이 펠리를 향해 소리쳤다.

"배낭이 없어졌어! 책이! 철학 우화가 사라졌어!"

펠리가 일어나 앉았다.

"뭐? 왜?"

펠리는 아직 잠에 취해서 하품을 하며 꿈속을 헤맸다.

꿈에서 펠리는 가파른 절벽 끄트머리에 서서 뱀이 득실거리는 뱀 우리를 보았다. 갑자기 뱀들이 밖으로 미끄러져 나오자 집 안에 한없이 깊은 구멍이 보였다. 구멍 안으로 빨려 들어간 펠리는 어둡고 깊숙한 곳으로 떨어졌다. 아래는 아무것도 없었다. 아니면 바닥에 개구리들이 기다리는 깊은 우물 안으로 떨어진 것일까? 아니다. 펠리는 깊고 푸른 물 속으로 떨어진 것이다. 여러 빛깔의 물고기들이 펠리 옆에서 헤엄치고 있었다. 펠리는 크고 강해지기 위해서 싸워야 했다! 이와 동시에 펠리의 몸 일부는 절벽 위에 남아 있었다. 그리고 상처를 아물게 하듯 물약으로 뱀 구멍을 오므라들게 할 수 없는지 열심히 생각했다. 바로 그때 필이 펠리를 불렀다. 책이 없어졌다고? 저절로 사라졌을까? 아니다. 그것은 요술 책이 아니다. 펠리는 흥분하기 시작했다.

"뭐라고? 배낭이 없어졌다고?"

펠리가 다시 물었다.

"더는 못 참아!"

펠리는 화가 머리끝까지 났다. 이것은 쌍둥이의 소행이 틀림없다.

"못된 녀석들! 우리가 같이 놀아 주지 않아서 화가 났어. 분명 우리가 자는 동안 몰래 들어와서 배낭을 숨긴 거야!"

펠리는 화를 내며 소리를 질렀다.

필도 화가 났다.

"두고 봐. 가만두지 않을 거야! 이건 너무하잖아."

필은 협박하듯 말했다. 그런데 쌍둥이는 언제나 그렇지 않았던가? 필은 쌍둥이에게 장난의 정도를 인식할 능력이 없다고 생각했다.

아침을 먹으면서 펠리는 막스와 모리츠에게 호통을 쳤다.

"나쁜 녀석들! 내 배낭을 훔치는 일 말고 할 일이 없나 보구나. 나는 너희 가방을 훔치지 않잖아!"

"훔쳐도 소용없어. 아무것도 들어 있지 않으니까."

모리츠가 우물거리며 말했다.

"너희가 훔쳤다고 인정하는 거지?"

펠리는 화가 났다.

하지만 막스는 맹세했다.

"우리는 아무것도 안 가져갔어!"

"거짓말쟁이의 다리는 짧아(거짓말은 오래가지 못해*)."

필이 업신여기는 투로 말했다.

"우리 다리는 안 짧아."

막스와 모리츠는 버럭 화를 냈다.

"우리의 나이에 비해서 조금 작을 뿐이야."

"저것 봐. 거짓말했다고 인정하잖아!"

펠리는 으르렁거렸다.

"우리가 뭘 인정했다는 거야?!"

이른 아침부터 싸움이라니! 소피아 고모는 완전히 힘이 빠졌다. 어떻게 말려야 할까? 자기 아이들 편을 들어 주어야 할까? 고모는 쌍둥이가 온갖 나쁜 짓을 할 수 있다는 사실을 안다.

"오늘 정말 소풍을 나갈 생각이세요?"

소피아 고모가 할아버지와 할머니에게 물었다.

하루 동안 혼자 시간을 조용히 보낼 수 있는 기회를 기대하고 있었건만. 아니, 그냥 혼자 자전거를 타고 나가 버릴까? 그러나 고모는 할아버지 할머니에게 아이 넷을, 그것도 쌍둥이 둘을 포함해서 모두 맡기는 것은 이기적인 행동이라고 생각했다. 두 분은 연세가 많으신데다 기억력도 벌써 많이 나빠졌다. 모든 걸 항상 쪽지에 적어 두어야 할 정도로!

"우리가 알아서 잘하마!"

할머니는 고모를 안심시켰다.

"뭐가 없어진 거니?"

할머니는 펠리에게 배낭의 모양을 정확히 설명하게 한 뒤 말했다.

"이렇게 하자. 배낭은 아직 집 안에 있는 게 분명해. 우리는 지금부터 차를 타고 나갔다가 오후에 돌아오고 소피아 고모는 그동안 조용히 집 안에서 가방을 찾는 거야. 고모는 배낭이 어떻게 생겼는지 잘 아니까. 어디서 배낭이 나타날지 한번 두고보자꾸나."

필과 펠리는 할머니의 제안에 만족해 하고 쌍둥이도 고개를 끄덕였다.

훌륭해! 왜 나는 그런 생각을 못했을까? 소피아 고모가 자신에게 물었다. 이렇게 해서 싸움은 일단 오늘 저녁으로 미루어졌다. 하지만 고모는 그래도 화가 났다. 이런 제안은 자신이 생각해 내야 하는 거 아닌가. 할머니는 언제나 고모가 해야 할 일을 먼저 한다!

"모두 뒷자리에 앉아라!"

할아버지는 차에 올라타 뒤를 돌아보며 말했다.

"자리가 많이 비좁구나. 꼬챙이만 없을 뿐 마치 꼬치구이 같아!"

막스와 모리츠는 할아버지의 농담에 웃을 수가 없다. 필과 펠리 때문에 화가 났기 때문이다. 그런데 이렇게 좁은 자리에 나란히 움츠려 앉다니! 항상 우리만 잘못한다고 한다! 모리츠는 필과 펠리가 정말 나쁘다고 생각한다. 항상 거만하게 군다. 언제나 모든 것을 아는 듯이 자기들이 옳다고 주장한다. 게다가 필과 펠리의 가족은 완전하다. 그러나 막스와 모리츠의 가족은 반쪽이다. 쌍둥이의 학교에는 항상 어머니만 온다. 쌍둥이는 그렇게 자랐다. 필과 펠리는 모든 면에서 더 뛰어나다. 그리고 그것을 늘 쌍둥이에게 분명히 보여 준다.

키라도 이렇게 작지 않았다면! 하고 막스는 생각했다. 하지만 쌍둥이는 엄마의 뱃속을 나누어야 했다. 그리고 이제 자리 때문에 다툴 필요는 없지만 엄마의 관심을 두고 또 경쟁해야 한다. 그렇지만 어쩐지 쌍둥이의 행동은 한결같이 빗나간다. 쌍둥이는 대개 꾸지람을 함께 듣는다. 이것은 쌍둥이의 마음을 결속하는 계기가 되었다. 둘이 함께 있으면 참는 일이 더 쉽다! 그런데 쌍둥이는 사실 서로 그다지 좋아하지 않는다. 막스는 그 사실을 알고 있다. 쌍둥이는 어쩔 수 없이 결성한 일종의 동맹이다. 그런데 이 소풍은 뭐람? 쌍둥이는 필과 펠리를 괴롭히기 위해서 디오게네스를 배낭에 넣어 가지고 오고 싶었다.

"너희 끝말잇기 놀이 아니?"

할머니가 물었다. 할머니는 아이들의 기분을 바꾸고 즐거운 분위기를 만들어야겠다고 생각했다. 끝말잇기로 자동차 여행은 비교적 순조로웠다.

"대체 어디로 가는 거예요?"

펠리가 물었다.

"으응, 할아버지 친구에게 간단다."

할아버지가 대답했다.

"옛날 동료인데 지금은 그림만 그리지. 크고 멋진 정원이 딸린 집을 샀는데 방학에 조랑말 두 마리를 보살피게 되었어. 너희도 탈 수 있단다. 너희가 좋아할 거라고 생각했지. 그리고 그 친구가 나무딸기를 따고 채소를 뽑는 데 도움이 필요하대. 올해에는 혼자 다 먹거나 얼릴 수 없을 정도로 많은 양을 수확했단다. 그러니까 너희는 따기만 하지 말고 열심히 먹어도 된단다."

"30분 정도만 더 가면 돼."

할머니가 말했다.

"거기 뒤가 좁다는 거 알아. 거의 다 왔단다."

나무딸기라! 펠리는 생각에 잠겼다. 수풀에서 금방 딴 신선한 나무딸기의 맛은 최고다. 가게에서 산 나무딸기는 절대 그런 맛이 나지 않는다. 그리고 그곳에서는 막스와 모리츠를 잘 피할 수 있을 것이다.

할아버지가 친구 부부와 이야기를 나누는 동안 아이들은 화실을 구경했다. 화실 안에는 아직 완성하지 않은 그림들과 나무틀이 있고, 여기저기에 물감과 헝겊 그리고 여러 크기와 굵기의 붓이 널려 있다. 대단한 무질서다! 울타리가 있는 풀밭에서 풀을 뜯는 조랑말은 사람이 올라타도 저항하지 않았다. 필과 펠리는 조랑말의 따뜻한 털을 쓰다듬었다. 그 사이 쌍둥이는 벌써 나무딸기 수풀 속으로 사라져 버렸다. 또 무슨 나쁜 짓을 꾸미려는지! 펠리는 아직 화가 풀리지 않았다.

"소피아 고모가 다락방도 살필까?"

펠리가 필에게 물었다.

"물론. 고모는 집을 환히 아니까 틀림없이 배낭을 찾아낼 거야."

"만약 찾아내지 못한다면?"

쌍둥이는 전혀 예측할 수 없는 행동을 충분히 할 수 있다.

"화실에 있는 그림 하나는 분명 망쳐 버릴 거야."

펠리는 걱정스러운 얼굴로 말했다.

그러나 막스와 모리츠는 조랑말을 타고 놀았다. 점심에는 정원에 있는 탁자 옆에 얌전히 앉아 커다란 냄비에서 떠 온 완두콩 수프를 먹었고, 나무딸기를 따는 할아버지와 할머니 일손을 도우며 착하게 굴었다.

"양심에 꺼리는 게 분명 있어."

펠리가 말했다.

할머니의 표정이 환하다. 집에서 가져온 바구니에는 호박, 양파, 콩, 근대가 가득하고 유리병에는 어쩌면 냉동고에 모두 넣을 수 없을 정도로 많은 나무딸기가 담겨 있다. 할머니는 나무딸기 잼을 만들 생각이다.

"나중에 우리 집 배랑 사과 따는 걸 도와줄 거죠?"

할머니는 작별인사를 나누며 말했다.

오후에 필과 펠리는 아직 화가 난 채 피곤한 몸으로 집으로 돌아왔다.

"너희는 도둑이야!"

펠리는 차 안에서 쌍둥이를 야단치며 손으로 툭툭 때렸다.

"그리고 거짓말쟁이야!"

필이 덧붙였다.

막스와 모리츠도 격분해 필을 때리며 고함을 질렀다.

"우리는 거짓말쟁이가 아니야!"

"거짓말쟁이가 거짓말하지 않는다고 하는 게 뭔지 알지."

필이 말했다.

"그렇게 말하면 당연히 거짓말을 하는 거야. 거짓말을 한다고 인정하면 안 되기 때문에 그렇게 말하는 거라고. 그런 말을 하는 사람은 거짓말쟁이야."

"거기 뒤 이등석 조용히 할 수 없니?"

할아버지가 큰 소리로 꾸짖었다.

"그렇게 시끄러우면 운전을 할 수가 없잖아."

펠리는 마음이 불안했다.

"만일 소피아 고모가 배낭을 찾아내지 못했다면 어떡하지? 만약 책이 사라졌다면? 녀석들은 책을 시냇물에 던져 버렸을 수도 있어."

갑자기 뭔가 필의 머리를 스치고 지나갔다.

"그거 기억해? 무슨 바보 같은 책만 보는 거냐고 녀석들이 말했잖아."

"책이 없으면 어떡하지? 우리는 수수께끼를 풀어야 하잖아! 정말 못된 녀석들! 아니면 책을 어디에 숨겨 놓은 것뿐일까?"

"일단 나무집에 올라가 보자! 아직 날이 밝으니까 뭘 해야 할지 의논해 보자."

필이 제안했다.

소피아 고모는 정말 배낭을 발견하지 못했다.

"그럴 줄 알았어. 영리한 녀석들!"

펠리가 말했다.

필과 펠리는 집에 도착해 차에서 내리자마자 곧바로 정원으로 달려갔다. 사다리는 아직 사과나무에 기대어 서 있었다. 먼저 펠리가 나무 위로 올라갔다.

"맙소사!"

펠리는 믿을 수 없다는 듯 소리를 지르며 털썩 주저앉았다.

"왜 그래?"

나무집에 올라온 필도 펠리가 어제 저녁 나무집에 놓아 둔 배낭을 발견했다. 배낭 안에는 우화집도 들어 있다.

"우리가 정말 잘못했어."

어안이 벙벙해진 필이 말했다.

필과 펠리는 긴 나무의자에 마주 보고 앉아 서로 바라보았다.

"걔들은 거짓말도 하지 않았어."

"그게 더 어울렸을 텐데. 사람들은 단지 끔찍하게 여겨진다는 이유로 그가 무슨 짓이든 저지를 수 있다고 생각해!"

펠리가 당황해 하며 말했다.

"어쨌든 그건 잘못된 선입관이야."

필이 천천히 말했다.

"우리는 그림을 그렸어. 생쥐와 거북처럼 말이야. 하지만 사실은 전혀 달라."

펠리는 당혹해 하면서 말을 이었다.

"그렇게 빨리 판단하는 게 아니었어. 더 신중해야 했는데."

필이 자신의 생각을 말했다.

"이제 어떡하지?"

펠리가 물었다.

"이야기를 하나 더 읽자."

필이 무릎 위에 책을 펼치고 말했다.

"그러고 난 뒤 사과해야지."

펠리는 필 옆에 앉아서 필의 어깨 너머로 책을 보았다.

"정말로 이건 인생의 모든 상황을 위한 책이야! 여기 도둑에 대한 이야기가 있어. 이 책은 항상 때에 알맞은 이야기를 만든다는 생각이 들어. 배낭이 여기 있었던 게 분명해?"

"그런 것 같아."

필은 비죽이 웃었다.

도둑 까치

"부자는 소망이 부족한 자이다."

힘세고 몸집이 큰 까치가 쉰 목소리로 울었습니다.

"어느 유명한 철학자가 이렇게 말했다고 합니다."

그러나 까치는 바라는 것이 아직 많았습니다. 까치의 소원은 아직 모두 이루어지지 않았기 때문입니다. 슬쩍 훔치고 싶은 물건이 얼마나 많은지! 까치는 문이 열린 욕실 창가에서 햇빛에 반짝거리는 반지와 목걸이를 훔치고 싶어 안달했습니다. 까치는 자신의 둥지를 예쁘게 꾸밀 수 있는 것을 몽땅 갖고 싶었습니다. 알루미늄 랩, 알약 통, 훈장, 누가 테라스에 놓아 둔 안경. 모든 것은 까치의 욕심을 자극했습니다. 까치는 늘 새로운 것을 갖고 싶었습니다.

"사는 건 참 재미있어."

까치는 생각했습니다.

"소망이 없는 까치는 죽은 까치야. 아니 어쨌든 죽은 까치와 다름없어. 그런 삶은 얼마나 지루할까!"

까치의 둥지가 꽉 차려면 아직 멀었습니다! 만약 꽉 찬다면 둥지를 확장하거나 새로 지어야 합니다.

"내가 부자가 되면 그만이야! 부유하면 고귀해지고 무리 가운데서 두드러지지."

그래서 까치는 쉴 틈이 없었습니다. 언제나 무엇을 훔치고 쌓아 올릴 일이 생겼습니다. 게다가 다른 까치들이 넘보지 못하도록 자기 재물을 지켜야 했습니다. 까치들은 손에 넣을 수 있는 것이라면 무엇이든지 서로 훔치기 때문이었습니다. 촛대, 귀고리, 자동차 열쇠, 은색 담배종이 따위 갖가지 물건이 한 둥지에서 다른 둥지로 옮겨 갔습니다. 누구든지 아무한테서 모든 것을 빼앗아 갈 수 있다면 사실 무엇이 누구의 소유물이라고 말할 수 없었습니다. 그렇다면 모든 게 모든 까치의 것일까요? 그것은 말도 안 되는 말입니다!

"이 도둑놈들!"

까치는 욕을 하며 다른 까치들을 그저 물리쳐야 할 적으로 바라보았습니다. 그래서 친구들은 까치를 멀리했습니다. 까치는 다른 까치들을 의심했고 다른 까치들도 그를 의심할 수

밖에 없었습니다.

모두 자신의 둥지에서 불안에 떨었습니다. 심지어 새알을 깨뜨리기 시작했습니다. 어린 새는 보통 나이 든 새보다 행실이 더 난폭하기 때문에 무엇을 훔쳐갈 꿈조차 꾸지 못하도록 막기 위함이었습니다. 사전 예방이 필요했으니까요!

그러나 까치 역시 자신의 알을 염려해야 했습니다.

"이대로 계속 놔둘 수는 없어요!"

까치는 외쳤습니다.

"사실 우리는 불쌍한 처지예요!"

까치는 탄식하며 까치 위원회를 소집했습니다.

"불쌍한 처지요? 왜요?"

다른 까치들이 이의를 제기했습니다.

"우리는 항상 서로 의심하고 두려워하니까요!"

까치는 설명했습니다.

"이건 사는 게 아니에요! 만약 누구나 우리가 가진 걸 빼앗아 갈 수 있다면 사실 우리는 아무것도 소유한 게 없는 거예요. 우리의 재산이라고 말할 수 없죠!"

이제는 다른 까치들도 이 문제에 대해 깊이 생각했습니다.

"누가 우리를 우리에게서 지켜 줄 수 있을까요?"

한 까치가 이렇게 외쳤습니다.

"하늘의 왕 독수리에게 도움을 청할까요?"

"우리가 무서워하는 누군가 필요해요! 정의와 질서를 이뤄야 합니다!"

"도둑 까치들은 벌을 받아 마땅해요!"

또 한 까치가 소리치자 다른 까치들이 웅성거렸습니다.

"그러면 무슨 재미로 사나요?"

"까치는 물건을 훔치는 일이 당연해요. 물고기에게 물이 필요한 것과 같죠!"

"독수리가 우리를 어떻게 돕는다는 말이죠? 제 앞가림도 해야 하는데! 까치에 대해 뭘 안다고요!"

까치 한 마리가 깍깍거렸습니다.

"우리가 스스로 질서를 만들 수는 없을까요? 모두 조금씩만 훔치기로 해요!"

작은 까치 한 마리가 제안했습니다.

큰 까치들은 항의했습니다. 작은 까치보다 더 많이 훔칠 수 있어서 자기 입장이 불리하다고 생각했기 때문입니다.

"우리 서로 훔치지 않기로 합시다! 그리고 질서를 감독하는 일을 아무 까치에게 맡기기로 하죠."

"그러면 그의 권리는 무엇에 근거하나요?"

한 까치가 물었습니다.

"만약 우리가 하고 싶은 대로 다시 한다면 그에게 권리는 없잖아요!"

"휴전협정을 맺는 건 어떨까요? 아니면 혹 법을 만드는 건 요?"

"그런 건 도움이 전혀 안 돼요! 누군가에게 우리를 벌할 수 있는 권한을 줘야 해요! 예를 들어 무엇을 돌려주어야 하는 건 진짜 벌이 될 수 있죠."

이렇게 해서 구성된 까치 위원회는 법을 만들어 어떤 범행에 어떤 벌을 내릴지 결정했습니다. 무엇이 옳고 그른지, 무엇을 지켜야 하는지 누구나 알 수 있도록 질서를 만들었습니다. 이제는 권리뿐 아니라 의무도 있었습니다. 그리고 마침내 질서가 세워졌습니다. 그렇지만 까치들은 스스로 만든 규칙을 지키지 않아서 예전 상태로 돌아갈까 봐 항상 두려웠습니다.

어린 까치들은 나눔도 즐겁다는 사실을 배우지 못했습니다.

만약 그것을 배웠다면 어쩌면 다른 풍요로움을 발견했을 지도 모릅니다……

"홉스와 칸트!"

필이 소리쳤다.

"뭐라고?"

"이 이야기와 맞는 두 철학자야."

"막스와 모리츠가 이걸 읽고서 남의 물건을 훔치면 안 된다는 걸 깨달았을까?"

펠리가 물었다.

"하지만 둘은 도둑질하지 않았어."

펠리는 자신이 부당한 의심을 한 사실에 다시 부끄러워졌다.

"지켜야 할 규칙은 반드시 있어야 해. 누구나 자신이 하고 싶은 일만 할 수는 없어. 그리고 질서를 지키려는 마음은 이성적이야. 누구에게나 조금은 있는 거지."

필이 말했다.

"두려워하는 마음만 있으면 질서를 잘 지킬까?"

"쌍둥이 말이야? 무서운 아버지가 있는 것도 분명 나쁘지 않을걸. 더 좋은 건 무엇이 부당하다고 깨닫는 거야."

"그걸 어떻게 알 수 있어?"

"예를 들어 결과를 생각하면 알 수 있지. 거짓말쟁이를 믿을 수 없는 것처럼 말이야. 그렇게 되면 모든 걸 의심할 수밖에 없어. 그래서 도둑에게는 아무것도 맡길 수 없지. 그걸 가져 버릴 테니까. 모든 사람이 그런다고 상상해 봐! 그런 걸 바랄 수는 없지."

"하지만 이야기에서는 다른걸! 난 그게 이상해!"

펠리는 이야기를 주의 깊게 읽고 나서 이렇게 말했다.

"이야기에서는 법질서가 생긴 뒤에 비로소 옳은 것과 그른 걸 인식할 수 있다고 말하잖아! 그러니까 아무 법이든 제

정만 하면 모든 게 자연적으로 좋아지는 거지. 하지만 나쁜 법도 있지 않을까? 그리고 법이 옳은지는 어떻게 알아? 법이 있어야 비로소 선과 악이 있는 걸까? 정말 믿을 수 없어."

필은 펠리의 말에 동의하는 듯 바라보더니 말했다.

"그 질문은 적어 둬야겠어! 그리고 내 생각에 문제는 까치들이 남에게 손실을 입혀서 이득을 보려는 데 있어. 까치들은 조금도 만족하지 못하고 남을 배려하지 않아. 결과를 생각해야 하니까. 그 결과란 아무도 이런 삶을 살고 싶어 하지 않는다는 사실이야. 친구 없이 언제나 불신과 두려움에 떨며 사는 거지. 그건 정말 견디기 힘들 거야."

필은 매일 학교 운동장에서 일어나는 작은 전쟁이 생생히 떠올랐다. 그곳에는 물론 불신과 두려움도 있다. 하지만 친구도 있다.

펠리가 까치가 가득 찬 새둥지를 그리는 사이 필은 더 많은 질문을 생각해 냈다.

날은 곧 어두워졌다. 이곳 나무집 위에서 석유 램프를 켜는 일은 아예 상상조차 할 수 없다. 나무 한 그루가 몽땅 타버린다면! 절대 일어나서는 안 될 일이다! 앞으로는 조금 더 주의해야 한다.

"미안해."

펠리는 집으로 돌아오자마자 쌍둥이에게 사과했다.

"나무집에서 배낭을 찾아냈어. 어제 저녁에 그곳에 두었나 봐."

"거 봐! 우리가 아니라고 말했잖아. 우리는 거짓말하지 않았어."

모리츠가 말했다.

시간 궤도

다음 날 아침 필은 식탁을 치우면서 이상하게 생긴 접자를 발견했다.

"무슨 이상한 자예요? 뭐라고 쓰여 있죠?"

"그건 21세기로 들어서는 전환기에 친구들이 찾아와 선물한 접는 자란다!"

할아버지가 말했다.

"보여주세요!"

펠리는 흥미를 느꼈다.

"왜 '전환'이라고 말하지요? 사실 모든 건 계속되는 거잖아요."

시간을 다르게 계산하는 문화도 있다. 필은 이미 학교에서 배워 알고 있다. 그런 문화에서는 단지 또 다른 하루가 시작되는 것뿐이다.

할아버지는 접자를 들어서 식탁 위에 올려놓았다.

"2미터! 접자의 길이는 보통 2미터란다. 어떤 사람이 기원후 2000년을 이 2미터 위에 옮길 생각을 했지. 예를 들어 중세의 초기, 중기, 말기는 대략 500~1500년인데 여기 접자에서는 50~150센티미터에 표시되어 있어. 그 다음은 르네상스고 이건 프랑스혁명이야. 이렇게 해서 무엇이 언제 일어났는지, 무엇이 그 앞과 뒤에 있었는지 알 수 있단다."

"하지만 역사는 2미터에서 끝나는 게 아니잖아요!"

할아버지는 껄껄 웃으며 설명했다.

"이건 우리가 지나온 과거를 단지 돌아보는 거란다."

"그렇지만 시간은 영(0) 이전에도 있지 않았나요? 그러니까 자를 왼쪽과 오른쪽으로 늘려야 해요."

펠리가 말했다.

"끝없는 자는 세상에 존재하지 않는단다."

"끝없는! 하지만 시간에는 분명 시작이 있지 않나요?"

필이 큰 소리로 말했다.

"빅뱅! 우주 대폭발!"

"그러나 만약 누가 빅뱅을 일으켰다면 어쩌면 그 전에도 시간이 있었는지 몰라."

펠리가 말했다.

"맞단다. 시간의 시작과 끝에 대한 질문은 쉽지 않단다. 우리는 그 한가운데 있으니까. 직접 경험하지 않은 시간에 대해 정확히 말하기란 어렵지. 추측이나 학문적 이론이 아니면 우리가 믿는 것에 의존할 수밖에 없단다."

필의 관심은 다른 데 있다.

"200센티미터와 2000년!"

필은 계산을 했다.

"이건 1센티미터가 10년이라는 말이에요. 1년은 1밀리미터고요! 한 주나 하루는 보이지 않아요. 초나 분은 말할 것도 없고요. 자 위에 나타나는 것보다 더 많은 일이 일어나요! 그러니까 자리가 충분하다면 더 많은 걸 쓸 수 있을 거예요."

"이건 아주 대강 살피는 것뿐이란다."

할아버지는 이렇게 말하며 그릇을 정리해 식기 세척기 안에 넣었다. 무한한 것은 모든 곳에 숨어서 기다린다고 할아버지는 생각한다. 크고 먼 우주와 아주 작고 가까운 곳에서. 그것을 생각하면 현기증이 난다. 상상할 수 없다! 하지만 이 무한히 작은 지금은 언제나 한 순간일 뿐이고 순식간에 지나가 버린다. 할아버지는 식기 세척기의 작동 단추를 눌렀다.

"접자를 가져가도 돼요?"

펠리가 물었다.

"조심해야 한다!"

할아버지는 이렇게 대답한 뒤 첼로 연주회 음반을 틀고 안락의자에 앉아 음악을 감상했다.

자유 시간을 허락받은 야콥이 정원 울타리에 나타났다.

"안녕, 야콥! 나무집 위로 올라올래?"

필이 소리쳤다.

"그러려고 고친 거 아냐?"

야콥이 말했다.

"우리도 갈래!"

막스와 모리츠가 외쳤다.

"모두 앉기에는 자리가 너무 좁아."

펠리는 말하면서 아직 양심의 가책을 느꼈다.

"그래, 좋아. 하지만 얌전히 굴어야 해! 그래 한번 끼워 주지 뭐."

필과 야콥은 얼굴을 찡그렸다. 셋이서만 있고 싶었기 때문이다. 펠리는 책과 연필이 든 배낭에 접자를 집어넣었다. 할아버지 프린터에서 꺼내 온 흰 종이와 투명 테이프도 챙겼다.

"좋은 생각이 있어!"

펠리는 마치 비밀이 있는 양 말했다.

필과 펠리와 야콥은 막스와 모리츠와 함께 나무집 위로 올라가 앉았다. 펠리가 제안을 했다.

"시간에 대한 이야기도 있는지 한번 보자."

펠리는 배낭을 열면서 말했다.

"난 시간 줄을 만들고 싶어! 암호문에도 철학자가 살던 시대가 나오는데 이 접자에는 그걸 잘 쓸 수 없어. 다른 걸 더는 볼 수 없기 때문이야. 그리고 할아버지가 분명 화를 내실 테고. 그래서 생각했는데 이 종이로 시간 줄을 만들어 보자. 누가 언제 살았는지 알 수 있도록 이 긴 종이에 적는 거야. 일종의 시간 선이지. 그러고 나서 종이를 모두 투명 테이프로 이으면 틀림없이 2미터보다 더 길어질걸. 예수님 이전에도 철학자가 살았으니까."

"아이, 재미없어!"

모리츠가 말했다.

이어 막스가 말했다.

"우리는 자전거나 탈래. 우리가 없으면 여기도 이렇게 비좁지 않을 거야. 나중에 다시 올게."

필과 야콥은 마음이 홀가분해졌지만 내색은 하지 않았다. 쌍둥이는 나무에서 내려갔다. 필은 펠리의 생각이 마음에 들었다. 그리고 접자의 단위를 기다란 종이에 옮겨 적었다. 어쩌면 할아버지의 책에서 철학자들의 그림을 찾아낼 수 있을지 모른다. 그러면 철학자들이 살던 시대뿐 아니라 얼굴도 알 수 있을 것이다. 필은 그림을 복사할 필요도 없이 스캔해서 출력할 수 있다. 그러면 이 훌륭한 책은 고통을 당하지 않아도 된다. 그건 그렇고 책이 고통을 당할 수 있을까? 아니면 그것은 '숨을 거두다'같이 우리가 습관적으로 쓰는 말일 뿐일까?

펠리는 투명 테이프로 종이를 이어서 붙이고 긴 종이 띠를 만들었다.

"여기. 여기 곰들의 달력에 대한 이야기가 있어."

야콥이 책을 가리켰다.

그리고 소리 내어 책을 읽었다.

곰들의 달력

옛날 어느 깊고 어두운 숲속에 곰 가족이 살았습니다. 곰들은 스스로 설명할 수 없는 많은 일에 마음이 불안했습니다. 날이 밝아졌다가 어두워지고, 번개와 천둥이 치고, 우박이 쏟아지고 폭풍이 휘몰아치면 곰들은 두려움에 떨었습니다. 가끔 호수가 얼고 친구들이 깨진 얼음 속에 빠져 죽는 것을 목격했습니다. 그리고 그저 달콤한 것을 찾았을 뿐인데 성난 벌 떼가 달려들어 연약한 코를 쏘아 대기도 했습니다.

날씨가 아주 어둡고 추울 때도 있었습니다. 어쩌다 해가 비추었다가도 이내 사라졌습니다. 날은 밝아도 완전히 청명하지는 않았습니다. 흐린 회색빛 하늘 때문에 기분이 좋지 않았습니다. 어느 날에는 기분이 너무 우울해서 아무 일도 할 수 없었습니다. 그러나 새알을 먹거나 토끼사냥을 할 수 있는 날은 무척 행복했습니다.

밤하늘이 맑게 갠 날이면 곰들은 광활한 우주를 보며 감탄했습니다. 그리고 반짝이는 별들을 바라보며 밤마다 보이는 불빛이 언젠가 하늘의 언저리에서 사라졌다가 얼마 뒤 다시 나타난다는 사실을 깨달았습니다.

시간이 지나면서 곰들은 별들이 다시 돌아오는 것을 확신했습니다. 그리고 친숙해진 별자리에 '큰 사람'과 '작은 사람' 따위 이름을 붙여 주었습니다. 그리고 그리운 마음으로 바라보는 육각형 '큰 벌집'도 있었습니다. 그것은 속이 빈 나무줄기 속에서 달콤한 꿀을 발견하는 시대가 옴을 예고하는 것이었기 때문입니다.

이렇게 해서 곰들은 자신이 '큰 눈곰'이라고 부르는 별자리가 나타나면 춥고 어두운 계절이 온다는 사실을 알았습니다.

곰들은 자연을 두려워하는 마음이 점차 사라졌습니다. 움직이는 별을 보고 일어날 일을 예측할 수 있었기 때문입니다. 그래서 규칙적인 변화에 대비할 수 있었습니다. 곰들은 자신을 중심으로 돌며 처음부터 계속 반복되는 거대한 시간의 바퀴 한가운데 있다고 느꼈습니다. 이런 사실은 곰들의 마음을 편하게 만들었습니다.

곰들은 이 불편한 계절에 휴식을 취하고 서로 몸을 따뜻하게 해주기로 정했습니다.

봄이 되고 따사로운 햇살이 다시 유혹할 때 큰 벌집은 벌써 밤하늘 언저리에 마치 약속한 듯 낯익은 모습을 드러내었습니다. 그래서 곰들은 1년을 길이가 똑같은 일곱 시기로 나누어 계절이라고 불렀습니다. 이것은 휴식, 해동, 산란, 짝짓기, 꿀, 아기 곰, 낙엽 계절이었습니다.

그러고 나면 모든 것은 처음부터 다시 시작되었습니다. 그래서 곰의 나이도 셀 수 있게 되었습니다.

곰들은 달력을 만들고 항상 해야 할 일이 무엇인지 알았습니다.

그렇지만 달갑지 않은 일이 생겼습니다. 맑은 별밤 하늘을 보아도 곰들이 더 이상 감탄하지 않는 것이었습니다.

모든 것이 당연한 일이 되었기 때문이었습니다.

"시간은 바퀴다!"
펠리가 놀라 외쳤다.
"그렇게 생각해 본 적이 한 번도 없어."

펠리는 이어 붙인 종이를 쳐다보았다.

"계절과 별자리만 두고 본다면 모든 건 되돌아온다고 생각할 수 있어. 그렇지만 과거는 이미 지난 거야! 아니면 사람이 다시 태어날 수 있다고 생각해?"

"다시 태어난다고 믿는 사람들이 있어."

야콥이 말했다.

"그런데 정말 흥미로운 건 말이야, 곰들이 우리의 시간과 다른 시간을 만든다는 거야. 일곱 계절이라니! 우리에게는 왜 네 계절밖에 없지? 그리고 우리는 더는 생각하지 않아. 그것은 당연한 사실이니까."

"곰들은 별자리를 우리와 다르게 불러."

필이 곰곰이 생각하며 말했다. 필은 천문학에 대해 아는 것이 많다.

"예를 들어 우리에게는 큰곰자리와 작은곰자리가 있어. 곰들은 아마도 우리가 보는 별과 똑같은 별을 보면서 다르게 부르는 걸 거야. 사실 어느 별무리가 어떤 별자리라는 규칙은 정해져 있지 않으니까. 별자리의 이름은 곰들이 경험으로 지은 거고 우리가 지은 이름과 다른 거지. 우리는 우리가 지은 이름에만 익숙해. 다른 건 몰라."

필은 세상에 대한 개념에 경험 세계가 얼마나 큰 영향을 미치는지 지금껏 생각하지 못했다. 정말 흥미롭다!

"그렇다면 시간은 만들어진 거고 원래 스스로 존재하는 게 아니라는 말이야?"

펠리가 물었다.

"시간은 존재하지만 서로 다르게 이해될 수 있다고 생각해."

야콥이 대답했다.

"시간은 바퀴다!"

펠리는 종이가 시작되는 끝을 붙잡고 또다시 놀랐다.

"그렇다면 혹시 시작과 끝은 전혀 없는 게 아닐까?"

"우리의 시간도 별에 달려 있다는 사실은 맞아. 곰의 시간이 그렇듯이 말이야."

필은 중얼거리며 이렇게 적었다.

별이 없어도 시간은 존재할까?

"음, 만약 지구가 태양의 주위를 돌지 않는다면 어떨까?"

야콥이 질문을 던졌다.

"접자를 종이에 옮기지 못하겠어. 여기 나무집은 너무 좁아."

펠리가 말했다.

"그러면 오늘 밤에 방에서 만들자."

필이 제안했다.

"들어 봐. 여기 시간에 대한 이야기가 하나 더 있어. 또 읽어 줄까?"

달팽이의 속도

"급할수록 돌아가거라!"

아빠 달팽이가 어린 달팽이들에게 말했습니다.

"좋은 일은 시간이 걸린단다. 오래 걸리는 일은 크게 되는 법이지."

"하지만 모든 건 언제나 오래 걸려요."

한 새끼 달팽이가 한숨을 쉬며 말했습니다.

"맨날 느린 이 달팽이 속도! 이건 속도도 아니에요! 족제비처럼 날렵해지고 싶어요. 더 많은 걸 경험할 수 있으니까요!"

"너희는 그저 나보다 더 느려서 불만인 거로구나."

아빠 달팽이가 대꾸했습니다.

"나처럼 빨라진다면 더 이상 슬프지 않을 게다. 모든 건 상대적인 거니까! 화성에서는 시간이 두 배나 길지. 너희가 화성 달팽이가 아닌 것에 감사해야 해. 우리의 보통 속도가 딱 알맞은 거야. 너무 빠르면 철저하지 못하고 실수를 저지르게 되니까. 우리 달팽이들은 일을 제대로 하기를 원해. 그러기 위해서는 시간이 필요한 법이야."

"하지만 태양과 더 가까운 행성에서 산다면 시간이 더 빨리 지날 거예요!"

이때 영리한 새끼 달팽이가 말했습니다.

"와, 좋아! 난 금성 달팽이가 되고 싶어!"

조숙한 소녀 달팽이가 외쳤습니다.

"거기서는 나이도 더 빨리 먹나요?"

"어찌 됐든 간에 그곳은 너무 더워."

아빠 달팽이는 옳은 답을 몰라서 속이 상했습니다.

"그리고 중력이 어떤지도 몰라. 태양에서 더 가까우면 중력이 훨씬 크기 때문에 아마 땅에서 발을 조금도 떼지 못할 거다!"

"아무튼 우리 달팽이 시간은 너무 느려요! 정말 지루해요!"

소녀 달팽이는 불평을 늘어놓았습니다.

"중력이 아주 약한 행성을 찾을 수 없을까요? 모두 상상해 봐! 달팽이가 하늘을 날 수도 있다고! 정말 신나는 일 아니야?"

감격한 소년 달팽이가 말했습니다.

"무슨 허튼 소리니!"

아빠 달팽이가 말했습니다.

"어느 곳에 있든 자신의 시간을 어떻게 채우는지가 중요한 거야. 시간이 빨리 가든 느리게 가든 그것은 중요하지 않아! 길이 곧 목표니 이것이 곧 삶의 질이야!"

아빠 달팽이는 몸을 앞으로 구부렸습니다.

"예를 들어 달팽이집에 신경을 써 보렴. 점점 더 크고 예쁘게 자라서 너희를 보호해 줄 거야. 온 힘을 쏟아서 집중만 잘하면 돼. 달팽이에게는 생각할 시간이 충분하니까 세상과 그 밖에 다른 가능한 세상에 대해 생각해 보렴. 너희가 정말 화성 달팽이라고 상상해 봐! 그러면 모든 건 지금 걸리는 시간만큼 더 걸릴 거야. 시간은 우리처럼 미끄러지듯 흘러가지. 너무 오랜 시간은 아니야. 우리에게는 시간이 아주 많으니까. 어느 누가 우리처럼 그렇겠니?

시간은 진정한 사치지. 너희 자신과 목표에 대해서 생각할 수도 있고 꿈을 꿀 수도 있어. 태양과 비를 즐기고 세상에 대해 감탄할 수도 있어. 이건 최고 세상이야. 무엇을 지루하거나 재미있다고 느끼는 건 단지 생각하기 나름이야."

"그래도 아무 소용 없어요."

어린 소녀 달팽이가 말했습니다.

"어쨌든 달팽이로 살기는 싫으니까요."

"그럼, 한번 그렇게 해보렴."

아빠 달팽이는 조용히 말했습니다.

"사실 이건 시간이 아니라 시간의 속도에 대한 이야기야."

필이 말했다.

"우주에는 시간이 더 빠르거나 느리게 흐르는 곳이 정말 있을까? 나는 빨리 자라고 싶어. 그런데 아마 할아버지와 할머니는 천천히 늙고 싶으실 거야."

펠리가 말했다.

"우리가 사는 지구에서도 시간은 항상 똑같이 흐르지 않아. 재미있으면 빨리 지나가고 지루하면 끝없이 오래 걸리지."

야콥이 말했다. 이런 생각이 어쩐지 필은 익숙하게 느껴졌다.

"그러니까 시간은 우리가 지금 있는 장소뿐 아니라 시간을 다루는 방법에도 달려 있는 거지. 아니면 시간을 경험하는 방법이나. 우리가 시간을 만들어 낸 사실을 생각한다면 이건 참 이상한 일이야."

펠리는 야콥이 정말 똑똑하다고 생각했다.

"하늘을 나는 달팽이라니!"

정말 재미있는 생각이다.

"무게도 장소에 달려 있구나! 할머니는 항상 몸무게와 전쟁을 하시잖아. 다른 곳에 있으면 저절로 가벼워지겠네! 할머니한테 꼭 말씀드려야지."

펠리는 하늘을 나는 달팽이를 그릴 수 있을까?

"질문을 생각해 둬!"

펠리는 필과 야콥에게 당부했다.

"아니면 뭐 다른 좋은 생각이든지!"

그리고 연필로 이렇게 적었다.

　사랑하는 달팽이 소녀야, 네가 빨리 크고 싶다는 마음은 알아. 우리 사람도 자라려면 시간이 오래 걸린단다.

　하지만 화성에서는 더 천천히 나이를 먹고, 금성에서는 더 빨리 자란다는 것은 믿을 수 없어. 나이를 먹고 자라는 데에는 내면의 시계가 있는 것 같아.

　어느 곳에 있든지 우리는 겉으로만 다른 나이를 먹는 것이 아닐까?

야콥은 펠리가 영리하다고 생각했다. 그러나 정말 맞는 말일까? 야콥은 확신할 수 없다.

"점심 먹을 시간이야!"

테라스에서 부르는 소리가 났다.

"치즈 슈페츨레(달걀을 듬뿍 넣고 반죽한 밀가루 음식*)다!"

"왜 우리는 항상 일정한 시간에 밥 먹고 잠자고 일을 할까?"

펠리가 물었다.

"그건 당연한 일이 아니잖아! 1밀리미터 하루 눈금에 낮과 밤, 아침과 한낮 그리고 저녁도 표시해야 해! 시, 분, 초는 돋보기가 없으면 볼 수도 없어."

　그러나 틀렸다! 1밀리미터는 하루가 아니다. 1년이다. 현재는 훨씬 더 작은 것이다.

날씨가 매우 화창해서 점심은 테라스에서 먹었다. 디오게네스는 칸트가 먹는 밥과 똑같은 밥을 먹었다. 그리고 물도 마셨다.

"쥐가 옆에 있다는 게 아직도 이상하구나."

할머니가 말했다.

"저도 그래요. 칸트도 그렇고요."

고모는 한숨을 내쉬었다.

"보세요, 칸트가 쥐를 보고 으르렁거려요!"

"그러는 게 당연하죠. 자기 먹을 걸 먹고 있으니까요!"

야콥이 말했다.

"그건 다른 동물들도 마찬가지란다. 대대로 두려운 마음을 갖고서 아웃사이더가 되었을 뿐이야. 그렇기 때문에 절대 가축이 될 수 없지. 누구를 깜짝 놀라게 할 게 아니라면 말이다. 그리고 진짜로 길들이기란 사실 거의 불가능해."

할아버지가 말했다.

"막스와 모리츠도 꼭 그래요. 길들이기가 아주 어려워요."

펠리가 말했다.

칸트가 짖어 대며 디오게네스에게 덤벼들었다.

"칸트는 어쩌면 쥐 냄새를 싫어하는지도 몰라요. 많은 사람이 안 좋은 냄새를 풍기는 것처럼 말이죠!"

필은 코를 찌푸리며 나무라는 눈빛으로 막스를 쳐다보았다. 막스가 방금 칠칠맞게 굴었기 때문이다.

하지만 오늘은 소피아 고모가 신경질을 부리지 않았다. 고모부가 전화를 걸어서 기분이 좋기 때문이다. 오늘 고모는 무엇에도 마음이 흔들리지 않는다.

펠리는 방에서 종이 자를 바닥에 내려놓고 접자의 눈금을 옮기고 있다. 그러고 나서 돋보기로 그 위에 그릴 수 있는 선이 얼마나 작은지 시험해 보았다. 한 순간을 어떻게 그릴 수 있는지 한번 보고 싶었기 때문이다. 하지만 그것은 거의 불가능하다는 사실을 깨달았다. 도수가 더 높은 돋보기와 아주 가늘고 뾰족한 연필이 있으면 1밀리미터를 계속 나눌 수 있다. 끝은 결코 없을 것이다.

"아우구스티누스!"

다시 나무집에 앉았을 때 필이 말했다. 필은 옮겨 쓴 종이를 대강 훑어보고 어울리는 철학자를 찾아냈다.

"뭐라고?"

펠리가 물었다.

"아우구스티누스는 순간이 끝없이 작다고 생각했어. 여기 암호문에 그렇게 쓰여 있거든! 또한 아우구스티누스는 별자리가 움직이지 않아도 시간이 존재할지 생각했어. 이건 첫 번째 이야기에 더 맞아!"

필은 또 선을 그어서 이름을 지울 수 있게 되었다. 그리고 우화집을 한 번 더 꺼내 들었다.

"정말 이상해. 우리는 그때그때 생각하는 것과 어울리는 이야기를 어떻게든 찾아내고 있어!"

필이 놀라며 책의 한 쪽을 가리켰다.

"시간에 대한 이야기가 하나 더 있어! 잘 들어 봐!"

천천히 움직이는 동물

옛날 옛적에 사람이 한 번도 발견하지 못한 동물이 살았습니다. 어쩌면 이미 멸종했을지 모르는 동물이었지요. 만약 사람이 이름을 지어 주었다면 천천히 움직이는 동물이라고 지었을 것입니다. 아주 작고 느려서 사람의 눈에 크게 띄지 않는 동물이었습니다. 사람들은 점점 분주해지고 무엇을 자세히 살필 여유가 없었기 때문이지요. 천천히 움직이는 동물은 거의 투명하므로 자세히 보아야만 했습니다. 이 동물이 살기 위해 필요한 것은 오직 공기와 사랑과 존경받는 것뿐이었습니다.

천천히 움직이는 동물은 아주 특별했습니다. 모든 동물이 그에게 조언을 구했으니까요. 이 동물에게는 특별한 눈이 있었습니다. 엄청 커다란 돋보기 눈이었습니다. 이런 눈으로 물건을 크게 볼 수 있다고 생각한다면 착각입니다. 천천히 움직이는 동물은 시간이 느리게 가게 할 수 있었습니다. 초는 분으로 늘어났습니다. 행복한 순간에 이보다 더 바랄 수 있는 것은 없지요.

그런데 천천히 움직이는 동물은 과거를 보는 능력도 있었습니다. 과거를 영화처럼 느리게 회상할 수 있기 때문에 다른 동물들이 보지 못한 것을 많이 볼 수 있었습니다. 과거 어느 순간 무엇이 잘못 되어서 어떻게 했어야 하는지 말해 주었습니다. 이렇게 과거에서 미래를 배울 수 있었지요! 그래서 동물들은 천천히 움직이는 동물과 그가 하는 일을 존경했습니다.

그런데 날쌘 족제비가 빠름을 가르치는 학교를 세웠습니다. 느림은 유행에 뒤떨어졌습니다! 시간은 돈이었습니다! 그래서 하루에 점점 더 많은 일을 해내는 방법을 배웠습니다. 쓸모없고 비생산적인 시간을 붙잡아야 했습니다.

날랜 족제비는 사업수완이 매우 뛰어났습니다. 시간 낭비를 경고하는 벽보를 내걸었습니다. 빠름이 힘입니다! 느림은 허약하게 만듭니다! 족제비 학교에 오십시오! 시대에 발맞추어 가세요! 더 빨리 행동하십시오! 더 빠른 것이 좋습니다!

당신을 붙잡는 것을 버리세요!

아주 인상적인 벽보였습니다. 이제 속도는 유행을 따르는 멋진 것이었습니다. 모두 귀를 기울이는 방법을 잊어 버렸습니다. 불필요하게 시간을 낭비하지 않기 위해서였지요. 이제 느림은 약점으로 치부되었습니다. 그래서 천천히 움직이는 동물을 신뢰하는 마음도 존경하는 마음도 점차 사라졌습니다. 얼마 뒤에는 심지어 위험한 동물이라고 생각하기도 했습니다. 천천히 움직이는 동물은 점점 외톨이가 되어 갔습니다.

그리고 마침내 천천히 움직이는 동물이 보이지 않자 그가 벌써 멸종했는지 아니면 단지 우화 속 동물이었는지 아는 사람은 아무도 없었습니다.

"우리에겐 이런 천천히 움직이는 동물이 필요해. 그래야 방학이 길어지잖아!"

필이 말했다.

"학교에서 누가 느릿느릿 쓰면 모두 답답해 하지! 빠른 아이들이 늘 유리해. 말을 많이 빨리 할 수 있는 아이들도 그렇고. 그다지 근사한 말이 아니어도 아무튼 유리해."

펠리가 말했다.

"운동도 더 빠른 게 훨씬 좋아!"

필이 말했다.

"느림과 아름다움을 겨루는 운동을 만들어야 해! 아니면 그런 게 이미 있을까?"

펠리가 의견을 내놓았다.

"그렇다면 생각하는 운동도 빠른 게 중요할까?"

필이 질문을 던졌다.

"텔레비전에서는 그래. 하지만 우리가 푸는 수수께끼는 천천히 생각해도 돼. 달팽이 우화에서 좋은 건 오래 걸리는 법이라고 하잖아!"

펠리가 대답했다.

저녁에 필과 펠리는 시간 선에 색을 칠하고 철학자들의 이름을 썼다. 아직 살아 있는 철학자도 있다! 필과 펠리는 자신의 이름도 시간 선에 넣었다. 이렇게 하면 철학자들이 살던 시간과 필과 펠리가 사는 시간의 간격을 더 정확히 추측할 수 있다. 필과 펠리도 모든 것에 대해 생각하는 사람이니까.

"있잖아, 우리는 접자와 다르게 만들 수 있어. 접자의 눈금은 간격이 모두 똑같아. 10년과 10년, 100년과 100년 사이의 길이가 같아. 하지만 우리는 우리가 사는 시대를 더 잘 알아. 멀리 떨어진 시간보다 가까운 시간에 우리가 아는 일이 더 많다고! 그러니까 먼 시간은 조금 더 좁게 만들고 우리가 사는 시간은 조금 더 넓게 만들 수 있어. 그러면 더 많은 일을 쓸 수 있으니까. 우리의 방학도 말이야."

펠리가 말했다.

"잘 시간이다!"

아래층에서 부르는 소리가 들려왔다.

수수께끼의 답

"수수께끼의 답을 아직도 알 수가 없어!"

펠리는 한숨을 내쉬었다.

"혹시 충분히 생각하지 않아서일까? 이야기를 하나 더 읽자."

"여기 독수리 이야기가 있어."

필이 말했다. 필은 펠리와 야콥과 함께 나무집에 앉아서 무릎 위에 우화집을 펼쳐 놓았다.

시간 선을 만드느라 힘이 들어서 며칠 동안 자전거를 타며 쉬었다. 막스와 모리츠도 그 사이 나무집에 와서 자기 이름의 이니셜을 새겨 놓고 갔다. MM! 그러나 나무집은 이제 다시 필과 펠리 차지다.

"읽어 줘!"

야콥이 말했다.

필은 이야기를 읽기 시작했다.

허공으로 던져지다

옛날 옛날에 어린 독수리 한 마리가 살았습니다. 어린 독수리의 집은 어느 높고 가파른 절벽에 있었습니다. 독수리 형과 누나는 이미 모두 집을 떠나서 하늘을 나는 법을 배웠지만, 어린 독수리는 끝없는 저 아래로 떨어질까 봐 너무도 두려웠습니다. 어린 독수리의 깃털은 아직 짧고 부드럽고 날개는 아직 작았기 때문입니다.

"이 짧은 날개로 날 수 있는지 어떻게 알아?"

겁이 난 어린 독수리가 물었습니다.

"그리고 시험도 해보지 않고 어떻게 나는 법을 배울 수 있어? 나는 분명 아직 약할 거야."

어린 독수리는 자신과 아빠 독수리를 남몰래 비교했습니다. 아빠 독수리는 크고 힘센 날개를 멋지고 세차게 흔들어 댔습니다. 어린 독수리는 연습을 해야만 강하고 힘찬 날개가 된다는 사실을 몰랐습니다.

"그냥 해 봐야 한다."

엄마 독수리가 어린 독수리에게 용기를 불어 넣어 주었습니다.

"네 자신을 믿어. 자신을 믿는 마음이 없다면 안 된단다. 엄마가 가르쳐 준 대로 두 날개를 펴고 머리와 꼬리로 방향을 조종하면 아무 일도 일어나지 않을 거야. 공기가 네 몸을 받쳐 줄 테니까. 모든 독수리를 받쳐 주는 것처럼 말이야."

"하지만 그걸 어떻게 알아요?"

어린 독수리는 물었습니다.

"저는 눈에 보이는 것만 믿어요. 그런데 공기는 눈에 보이지 않잖아요. 아무것도 보이지 않아요. 아래를 내려다보면 속이 이상해지고 용기가 생기지 않아요. 그리고 제가 독수리란 걸 어떻게 아나요? 형과 누나를 받치듯이 공기가 저를 그렇게 한다고 어떻게 알 수 있지요? 저는 다르게 생겼잖아요! 그리고 가장 어리고요!"

"그렇다면 하늘을 나는 법을 배우도록 너를 집 밖으로 내던질 수밖에 없구나!"

마침 어린 독수리 곁으로 온 아빠 독수리가 엄한 목소리로 말했습니다.

"네 자신을 스스로 돌볼 줄 알아야 한단다. 영원히 이 집에 있을 수는 없어. 언젠가 아빠 엄마는 또 알을 낳고 품을 자리가 필요하단다. 그건 그렇고 넌 왜 그렇게 겁이 많니?"

아빠 독수리는 자신이 어릴 때를 아마 더 이상 기억하지 못하는 듯했습니다.

"너무 무서워요. 하늘을 날면 저 자신에게 혼자 의지할 수밖에 없으니까요."

어린 독수리는 큰 소리로 말했습니다.

바로 이때 아빠 엄마 독수리는 어린 독수리를 그가 두려워하던 허공으로 가차없이 내던졌습니다.

깜짝 놀란 어린 독수리는—아래를 내려다보지 않기 위해서—두 날개로 눈을 가렸습니다. 작은 솜털 덩어리는 아래로 점점 더 깊이 떨어졌습니다.

"날개를 펴!"

사태를 파악한 엄마 독수리가 소리쳤습니다. 엄마 독수리는 빠른 속도로 날아가 어린 독수리 밑에서 날개를 활짝 폈습니다.

이제 어린 독수리는—눈을 감은 채—날개를 펼칠 용기가 생겼습니다. 그리고 떨어지는 자신을 엄마 아빠 독수리가 잡아 주는 것을 느끼고 다시 날아 오르기 위해 몇 차례 날개를 파닥거렸습니다. 이때 어린 독수리는 공기가 자신을 정말로 떠받치는 사실을 깨달았습니다. 비록 눈에 보이지 않아도 느낄 수 있었습니다! 공기 때문에 다시 높이 날아 오를 수 있었습니다. 어린 독수리는 한 번도 가능하다고 생각하지 못한 달콤한 자유를 맛볼 수 있었습니다. 그리고 어떻게 어느 방향으로 날개를 조종할 수 있는지 시험해 보았습니다.

"됐어! 날 수 있어! 난 독수리야!"

어린 독수리는 감격에 겨워 소리쳤습니다.

어린 독수리는 사실 약하지 않은 것 같습니다. 형과 누나처럼 하늘을 날 수 있었습니다! 욕심이 생겨서 몇 가지 비행 실험을 해보았습니다. 아빠 엄마 독수리보다 더 높은 꼭대기를 향해 날아갈 수 있을까요?

"가파른 절벽에 있는 둥지! 그리고 아무것도 없는 아래로 떨어진다고! 꿈에서 한 번 본 적이 있어!"

펠리는 놀라워하며 말했다.

"두려움과 자유. 두려움은 우리를 멈추게 하고 자유를 향한 용기를 방해할 수 있어. 그러면 아무것도 할 엄두가 나지 않지."

야콥이 말했다.

"나도 두려움을 느낀 적이 있어. 아주 끔찍한 두려움!"

펠리는 이 말을 하며 어린 독수리를 생각했다. 그리고 생각에 잠기듯 다시 말했다.

"사실 나도 하늘을 나는 법을 배우고 싶어. 정말 멋질 거야. 하지만 달리기를 배우는 것과 많이 달라. 달릴 때에는 바닥이 항상 아래에 있어. 바닥을 눈으로 볼 수 있지."

"두려움을 조금 느끼는 건 나쁘지 않다고 엄마가 늘 말씀하셨어. 그러면 조심하게 된다고. 하지만 사람을 무력하게 만드는 두려움도 있어. 이런 두려움은 사람을 병들게 할 수 있지!"

필이 말했다.

언젠가 밤에 펠리는 침대에 누운 채 한참을 깨어 있던 적이 있다. 창 밖에 시커먼 차림의 한 남자가 서서 자신을 보고 있다는 느낌이 들었기 때문이다. 펠리는 소스라치게 놀랐다! 누가 자신을 계속 쳐다보면 잠이 들 수 없기 때문이었다. 펠리는 긴박한 위험을 느꼈다! 그리고 동이 틀 무렵 그 새카만 차림의 남자는 옷걸이에 걸어 둔 아빠의 재킷이라는 사실을 알아차렸다. 옷걸이는 발코니 문 손잡이에 걸려 있었던 것이다.

"허공을 무서워하는 동물이 정말 있을까? 아니면 비행공포가 없는 사람들처럼 그저 아무 생각을 하지 않을까?"

야콥이 질문했다.

"우리가 두려워하는 건 뭘까?"

필은 궁금했다.

"뭐, 거미나 뱀, 병이나 죽음 같은……."

펠리는 예를 들며 아빠를 떠올렸다.

"그리고 루프레히트(산타클로스의 조수*)! 아무튼 그가 존재한다고 믿는다면 말이야!"

어릴 때 펠리의 친구는 못된 아이들을 자루에 넣는다는 루프레히트가 실제 있다고 믿었다.

필은 자신이 무서워하는 것이 무엇인지 생각해 보았다. 남자 아이들끼리는 그런 것에 대해서 이야기하지 않는다. 그런 말은 금기이기 때문이다. 하지만 혼자서 생각해 볼 수는 있다. 그러면 두려움을 더 잘 이겨 낼 수 있을지 모르니까.

"루프레히트! 그런 게 대체 어디 있니?"

야콥이 말했다.

"그렇기 때문에 무서울 수도 있지."

펠리가 해명했다.

야콥은 책에 이렇게 썼다.

이유가 실제가 아니어도 두려움은 실제다.

두려움이란 무엇일까? 그것은 왜 생길까?

두려움에서 자유로워지는 방법은 무엇일까?

용기를 배울 수 있을까?

필은 다시 퍼즐 조각을 찾아냈다.

"사르트르! 사람은 자유 속으로 던져졌다. 이상한 표현인걸. 그러나 사람은 자유로워지는 것을 두려워한다. 모든 책임을 혼자서 져야 하기 때문이다."

필은 만족스러운 듯 사르트르의 이름을 이야기 아래 적었다. 아니면 하이데거인가?

필이 이름을 쓰는 사이 펠리의 머리를 스치는 생각이 있다. 루프레히트, 아기 예수(아이들은 아기 예수가 크리스마스 선물을 가져온다고 믿는다*), 부활절 토끼. 이것은 모두 무엇을 생각나게 할까? 펠리는 또 뭔가가 생각났다.

"난 토끼 이야기를 끝까지 생각해 보려고 했어! 겁 많은 토끼 말이야. 듣는 건 모두 믿어 버리는 토끼."

펠리가 큰 소리로 말했다.

펠리는 책에서 토끼 이야기를 찾았다.

"깨우침. 토끼는 강하고 용감해져야 한다."

"알았다! 더 일찍 생각해 낼 수 있었어!"

펠리가 갑자기 소리쳤다.

"뭘?"

야콥과 필이 물었다.

"왜, 이런 토끼가 있었잖아. 부모가 자신을 사랑한다고 믿지만 이를 계속 믿어도 되는지 확신하지 못하는 토끼 말이야. 여기 있다!"

펠리는 이야기를 손으로 가리켰다.

"토끼 선생님은 그런 믿음이 스스로를 강하게 만들고 그래서 좋은 거라고 말했어. 그리고 이것 봐!"

펠리는 책장을 넘겨서 수수께끼를 찾아냈다.

"여기 이렇게 쓰여 있어. '너희에게 힘과 자유를 주는' 이건 바로 사랑이야! 아니면 사랑을 믿는 마음일까? '오르는 때가 있고 내리는 때가 있으며.' 맞아! 사랑도 많을 때 적을 때가 있어. 오르는 때가 있고 내리는 때가 있지. 그런데 나는 정답이 책이라고만 생각했으니!

'항상 새로운 옷을 입고 다시 돌아오리라.' 이것도 맞아. 책은 말이 안 되지만 사랑은 분명 맞아! 부모와 아이 사이의 사랑, 동물을 사랑하고 책과 음악, 맛있는 음식과 자연을 좋아하는 마음……."

필이 책을 계속 읽었다.

"어떻게 생겨났는지 아는 자가 없으니 없으면 나쁘니라.' 이것도 사랑에 맞아! 책은 아니지. 책이 어떻게 생겨났는지는 아니까. 이건 우리가 이미 생각해 본 거야. 어떤 사람이 이책을 만들었을 테고 적어도 그는 책이 어떻게 생겨났는지 아니까."

야콥이 책을 계속 읽었다.

"아무도 그 근원을 알지 못하나 모든 이는 그것을 계속 행하리라.' 이것도 맞아. 아무튼 맞는 것 같아. 사랑이 전혀 없는 사람은 없어. 그리고 사랑은 계속 주는 거니까."

"길을 찾는 방법을 알려 주며 나누지만 합할 수도 있으니?"

펠리가 읽었다.

"사랑 때문에 무엇이 나뉘게 될까? 사랑은 항상 사람과 사람을 하나로 묶는다고 생각하는데!"

"모리스 고모부와 소피아 고모는 자주 떨어져 있잖아!"

필이 말했다.

"하지만 그건 고모부 일 때문이지 사랑 때문은 아니야. '너희에게 힘과 자유를 주는?' 강해지는 건 맞지만 사랑으로 자유로워지기도 할까? 서로 묶이는데 자유로워질 수 있을까? '옛것에서 새것을 만들고, 새것에서 옛것을 만들어라.' 이 말에는 맞지 않아. 사랑은 나이 든 사람을 다시 젊게 만들거나 젊음을 유지할 수 있어. 가능해! 그런데 새것에서 옛것을 만든다고? 말이 안 돼. 사랑 때문에 늙지는 않잖아. 기껏해야 근심 때문에 늙기는 해도."

필은 책을 옆으로 밀어 놓았다.

"아쉽다."

펠리가 한숨을 내쉬었다. 그렇지만 아직 포기할 수는 없다. 펠리는 토끼 이야기를 다시 펼쳐서 한 번 더 읽었다.

"여기! 토끼 선생님은 이렇게 말해. '그러면 옳은 것과 잘못된 것을 구별할 수 있게 돼요. 그리고 아무도 여러분을 속일 수 없을 거예요. 그래야만 여러분은 자유롭고 강하고 용감한 토끼가 될 수 있답니다.' 이건 바로 '생각'이야!"

"그래, 맞아!"

필이 외쳤다.

"이제 모든 게 맞아 떨어진다! '옛것에서 새것을 만들고.' 오래된 생각을 새로 생각할 수 있어. 비록 오래된 생각이라도 우리에게는 새로운 생각이야. '새것에서 옛것을 만들어라.' 우화에 나오는 새로운 생각은 오래된 책에 있는 것처럼 보여야 해. 하지만 완전히 새로운 생각이란 있을까? 생각은 항상 새로운 옷을 입고 다시 나타나서 오를 때도 있고 내릴 때도 있어."

"나눌 수도 있고 하나가 되게 할 수도 있고!"

야콥이 말했다.

"물론 모든 사람이 항상 처음부터 새로 생각할 필요는 없지. 우리보다 앞서서 생각한 많은 똑똑한 사람이 흔적을 남겨 두었으니까."

"우리는 사람들이 생각한 걸 계속 생각할 수 있어."

펠리가 말했다.

이래야만 연구가 가능하다고 필은 생각했다. 예를 들어 천문학이나 의학을 항상 처음부터 새로 연구하는 것은 상상할 수 없는 일이야. 거의 불가능한 일이지! 수천 년이 걸릴 거라고! 철학에도 발전이 있었을까? 생각은 점점 더 발전했을까?

누가 그것을 판단할 수 있을까?

"생각이 없는 것도 나쁘지."

야콥이 말했다.

"생각이 없다면 사람들은 어리석어질 테고, 함께 세상에 대한 그림을 그릴 수 없어서 발전도 하지 못할 거야!"

필이 동의하며 고개를 끄덕였다.

"정답은 '생각'이야! 이제 뭘 좀 마셔야겠어!"

펠리는 환호하며 말했다.

필과 펠리가 레모네이드를 가지러 부엌에 왔을 때 할머니는 마침 레몬즙을 짜 내고 있었다. 몹시 더운 날이다.

"누가 아파요?"

펠리가 물었다.

"아니다. 케이크에 넣을 레몬 크림을 만들던 참이란다. 레몬 즙은 여러 모로 쓸모가 있지."

할머니는 말하며 의미심장한 웃음을 지었다.

"할머니! 할머니가 암호문을 만드셨죠?"

필이 느닷없이 물었다.

그러자 할머니가 큰 소리로 웃으며 말했다.

"너희가 언제 깨달을지 궁금했단다. 그래, 수수께끼의 답은 찾아냈니?"

"답은 바로 '생각'이에요. 처음에는 사랑이라고 생각했어요."

펠리가 대답했다.

"사랑도 좋아. 어쩌면 더 중요할지도 모르지. 하지만 할머니는 '생각'이라고 생각했단다. 어쨌든 책의 이야기들은 생각하는 이야기들이니까. 너희가 지루해 하지 않고 생각하는 데 열중하기를 바랐단다. 그리고 나는 아이들이 무엇을 발견하기를 좋아하는 걸 알지. 오, 필! 미안하구나. 물론 네가 더이상 아이가 아니라는 것도 알고 있단다."

"괜찮아요. 할머니가 시를 직접 지으셨나요? 할머니가 시를 쓰신다는 걸 전혀 몰랐어요!"

"나도 지금까지 몰랐단다. 사람은 항상 자신에게서 놀라운 일을 겪는 법이야."

"이야기들도 할머니가 직접 지으셨어요?"

펠리가 물었다.

"그래, 대단하지 않니? 할머니는 요리만 할 줄 아는 게 아니란다. 그리고 시간도 많아. 아주 재미있었어! 옛날에도 너희 아빠와 고모한테 직접 지은 이야기를 들려주었단다. 아빠와 고모는 이야기들을 적어 두라고 항상 말했지. 예를 들어 분홍 꽃을 먹고 분홍 소가 되어서 바로 딸기우유를 만드는 소 이야기 같은 것 말이야."

"소피아 고모가 그린 그림책도 있지요?"

"그래. 나중에 고모는 이야기를 더 꾸미고 나서 멋진 그림을 그렸단다."

"그런데 어떻게 레몬즙에 철학자를 쓰셨어요?"

펠리는 호기심이 생겼다.

할머니는 웃음을 참을 수 없었다. 레몬즙에 철학자라니. 그 말은 마치 젤라틴에 청어같이 들린다. 그러나 할머니는 펠리가 한 말의 뜻을 이해했다.

"철학자 사전에서 찾아냈지. 집에 책은 충분하니까."

"처음에는 암호문이 있는지 전혀 몰랐어요. 암호문을 발견한 건 사실 우연이었어요."

필이 말했다. 불이 일어날 뻔한 사실을 고백해야 할까?

"그리고 빈 자리에는 문집처럼 글을 쓰거나 그림을 그려야겠다고 생각했어요! 그런데 그렇게 해서 책은 우리 것이 되었어요."

펠리가 말했다.

"나에게 꼭 한번 보여주렴! 정말 궁금하구나. 자, 이건 나무집에서 마실 레모네이드다."

스스로 생각하기

"그러니까 우리는 생각을 해야 한다는 말이지? 할머니는 텔레비전과 컴퓨터가 없어서 우리가 심심할까 봐 걱정하신 게 틀림없어."

펠리가 필에게 말했다.

"그리고 친구들도 없으니까. 그래서 무언가를 생각해 내신 거야. 할머니는 할아버지 컴퓨터로 이야기를 뽑으셨을까? 한번 여쭤 봐야겠다. 다른 사람은 할아버지 컴퓨터에 손을 대면 안 되잖아."

필이 덧붙였다.

필과 펠리는 시냇가에 앉아서 아침 햇살을 만끽하고 있다. 수수께끼의 답은 '생각'이다. 네 자신의 오성을 사용하라!

"사람은 무엇이든 쉬지 않고 생각해. 아니면 아무 생각도 하지 않을 수 있을까? 생각은 우리 안에서 계속 일어나는 거잖아."

펠리가 말했다.

"하지만 아주 의식적으로 중요한 일에 대해 생각하는 게 중요한 거야."

필이 말했다.

"뭐가 중요한 일이지?"

"그건 사람이 저마다 판단할 수 있어."

"나무집에 올라가지 않아도 돼."

쌍둥이는 할아버지와 함께 마을에 갔기 때문이다.

"할아버지, 할아버지 집에는 왜 뻐꾸기시계가 없어요?"

쌍둥이가 할아버지에게 물었다.

"뻐꾸기시계는 관광객이나 사는 거란다. 이 할아버지는 단지 슈바르츠발트에 산다고 벽에 그런 걸 걸 만큼 머리가 이상하지 않단다. 하지만 너희에게 특별히 멋진 뻐꾸기시계를 보여 줄 수는 있지."

이렇게 해서 할아버지는 쌍둥이를 데리고 곧바로 시내로 나갔다.

필과 펠리는 나무 아래 시냇가에 앉아서 칸트를 바라보았다. 칸트는 코끝에서 춤추는 나비 한 마리를 쫓고 있다.

"나비가 이제 아주 다르게 보여. 나비는 소원이 있고 자유를 누리는 것처럼 보여. 개에 대한 이야기도 있을까?"

"그건 바로 확인할 수 있지!"

필은 펠리의 배낭에서 우화집을 꺼내서 펼쳤다.

"여기!"

필은 펠리와 함께 엎드려서 책을 읽기 시작했다.

원인

"들어 봐, 대체 내 생각은 어디서 생기는 걸까?"

흥분한 작은 개가 큰 개에게 물었습니다.

"내가 스스로 생각을 만드는 걸까? 그렇다면 나는 왜 내 생각에 깜짝 놀랄 때가 많은 거지?"

작은 개 몸속에 사는 벼룩이 이 말을 들었습니다.

개에게 생각이 있다고? 생각이란 대체 뭐지? 벼룩은 궁금했습니다. 이상해. 여기 어디에 생각이 있다고 말하는 걸까? 보이는 건 개털뿐인데. 그리고 여기 사는 벼룩은 나 하나밖에 없는걸. 생각이 어디 있다는 말이야?

"그래, 생각이란 건 정말 이상해! 그러고 보니 나도 옛날에 그렇게 생각했어. 대체 왜? 사람들은 모든 것에 원인이 있다고 말하지. 만약 우리가 스스로 생각을 만든다면 우리의 생각은 우리가 그것을 생각하는 것의 원인이야.

정말 복잡하군! 생각은 우리 자신 안에 있어. 하지만 그게 어떻게 그 안으로 들어갔을까? 예를 들어 난 정원 저쪽에 있는 고양이를 생각할 수 있어. 그러면 고양이와 정원은 내 생각의 원인이 되는 거야."

큰 개가 대답했습니다.

"그렇다면 모든 생각은 어떤 사실에 대한 기억이겠네! 그런데 이따금 나는 아주 말도 되지 않는 일을 상상할 때가 있어. 예를 들면 개와 고양이가 서로 어울려 놀며 좋아하는데 개가 그르렁대며 나무를 기어오르고 고양이가 멍멍 짖으며 발자국 냄새를 맡아."

영리한 작은 개가 말했습니다.

"그건 정말 말도 안 되는 상상이야! 하지만 이건 다른 종류의 생각이야. 그러니까 무엇을 소원하는 생각이지. 네가 품는 소원이 네 생각의 원인이 되는 거야."

큰 개가 말했습니다.

"그렇지만 난 내가 그걸 바라도 되는지도 모르는걸. 내가 고양이한테 얼마나 당했다고! 그건 차라리 미친 꿈이야! 때로는 악몽이고! 그런데 원인은 대체 뭐지? 만약 모든 것에 원인이 있다면 원인에도 원인이 있을까?"

작은 개가 말했습니다.

이제는 정말로 미쳤군. 벼룩은 생각했습니다. 대체 누가 그런 걸 생각해?

"음, 그건 전혀 간단한 문제가 아냐. 그러니까 네 증조 할아버지는 네 할아버지가 있는 원인이고, 네 할아버지는 네 아버지가 있는 원인이야. 그리고 네 아버지는 또다시 네가 있는 원인이지. 사실은 네 어머니도 어느 정도 역할을 하지만 그건 생각하지 말자고. 어쨌든 모든 존재에는 언제나 원인이 꼬리에 꼬리를 물지."

큰 개가 곰곰이 생각하며 말했습니다.

"그것 참으로 이상하네. 그렇다면 모든 건 대체 어떻게 시작된 걸까? 만약 항상 원인이 있다면 첫 번째 원인은 존재할 수 없잖아. 왜냐하면 이 원인에도 원인이 있을 테고 그리고 그 원인에도 원인이 없지는 않을 테니까……."

이렇게 말하고 작은 개는 깊이 생각에 잠겼습니다. 그러고 나서 다시 덧붙였습니다.

"그렇지만 난 내 생각이 어떻게 생기는지 아직도 모르겠어! 내가 스스로 생각을 하는 거야, 하지 않는 거야? 어쩌면 내가 그저 영화 속에 등장하는 게 아닐까?"

작은 개는 정말 똑똑했습니다.

"경험을 하지 않으면 생각을 할 수 없다고 주장하는 사람들이 있어. 무엇을 기억하든지 바라든지, 무엇을 두려워하든지 꿈꾸든지, 우리가 겪는 경험은 언제나 우리가 하는 생각의 원인이야."

큰 개가 말했습니다.

"그렇다면 똑같은 경험을 하는 사람은 모두 똑같은 생각을 할까?"

작은 개가 다시 물었습니다.

"글쎄, 우리의 지성이 우리가 세상을 바라보는 방법의 원인이라고 생각하는 사람들도 있어. 개의 지성은 개의 세상을 보고, 고양이의 지성은 고양이의 세상을 보고, 말의 지성은 말의 세상을 보고……."

"그러면 내 생각에도 원인이 있을 수 있구나!"

작은 개는 기뻐하며 자신이 매우 중요하게 느껴졌습니다.

"물론이지, 만약 네 생각에 결과가 있다면……."

큰 개가 말했습니다.

이제는 완전히 돌았구나. 벼룩은 생각했습니다. 대체 무슨 얘기를 하고 있는 거야? 벼룩은 작은 개의 살을 꼬집으며 괴롭혔습니다. 작은 개는 움찔했지만 왜 갑자기 몸이 이렇게 가려운지 알 수 없었습니다.

"우리가 하는 말을 엿듣는 사람도 있을까? 뭐, 박테리아 같은 것 말이야. 우리한테 무슨 짓을 하는지 우리도 모르잖아."

펠리가 물었다. 그러고는 다시 덧붙였다.

"그러면 첫 사실(Ur-Sache)은 사실(Sache)의 원인(Ursache)이고 빅뱅(Urknall)은 폭발음(Knall)의 원인이고 부분(Teil)은 판단(Urteil)의 원인일까? 이상해. 다른 나라 말도 이렇게 표현할까? 얼마 전 빅뱅의 원인이 있는지 생각해 봤잖아. 그러면 그건 첫 빅뱅(Ur-Urknall)인가?"

필은 다른 생각을 하고 있었다.

"무엇에 여러 원인이 있다는 사실이 중요하다고 생각해. 개의 어미가 등장하지 않는 이유는 그래야만 원인의 사슬을 더 간단히 설명할 수 있기 때문인 것 같아. 그러니까 우리가 존재하는 원인은 한 가지가 아니라 여러 가지야."

"그리고 우리가 생각하는 원인은…… 생각은 단지 밖에서 안으로 들어오는 게 아니라 우리가 스스로 만들 수도 있는 거야."

펠리가 덧붙였다.

"그러면 무엇으로 생각을 만드는 거지?"

필이 물었다.

"밖에서 오는 계기가 필요해. 만약 눈과 귀가 멀고 손으로 느낄 수 없다면 어떤 생각을 할까? 그걸 생각이라고 말할 수 있을까? 그건 무엇에 대한 생각일까? 우리 자신에게서만 나오는 걸까? 그렇지 않다면 생각 없이 생각할 수 있을까?"

맙소사. 무슨 질문이 그래? 펠리의 생각은 어떻게 생겼을까? 예를 들어 지금 생각에 대해 생각하는 생각은 어디서 왔을까? 개는 어떤 생각을 할까? 개도 생각을 할까? 펠리가 이렇게 생각하는 이유는 칸트가 방금 나비를 다시 쫓아 다녔기 때문일까? 그러나 다르게 생각할 수도 있었다고 펠리는 생각했다. 예를 들어 배가 고픈 것은 아닌지, 단지 놀고 싶은 것은 아닌지, 펠리처럼 햇살을 즐기고 싶은 것은 아닌지 말이다.

펠리는 왜 하필 생각에 대해 생각했을까? 이야기를 읽었기 때문에?

이야기를 읽지 않았더라도 생각에 대해 생각했을까? 할머니는 이야기를 쓰면서 어떤 생각을 했을까? 생각에 대해 쓰기 전에는 무엇을 생각했을까? 처음 생각은 무엇이었을까? 그러면 그 생각은 어디서 왔을까? 펠리는 생각이 수수께끼에 나온 대로라고 생각한다. 아무도 생각의 근원지(Ursprungsort)를 알지 못한다. 첫 도약(Ur-Sprung)? 하지만 모든 사람은 생각하기를 계속한다. 생각은 무엇이 될까?

"난 생각이 너무 많아. 책에 아무것도 써 넣을 수 없어. 예를 들면 생각은 어떻게 실현될 수 있을까 하는 질문 말이야."

펠리는 이렇게 말했다.

주인공의 상상이나 기대 또는 느낌을 눈으로 볼 수 있는 텔레비전 드라마가 있다. 예를 들어서 심장에 화살이 꽂히는 느낌 같은 것.

혹은 주인공의 가슴이 커지는 느낌. 오늘날에는 진짜처럼 보이도록 영상을 만들 수 있다. 펠리는 손으로 상체를 쓰다듬었다. 생각으로 얻을 수 있는 것은 무엇일까? 저주는 현실이 될 수 있을까? 사람들은 왜 저주를 두려워할까? 두려워해야만 하는 것일까? 나쁜 생각은 어떤 일을 일으킬까? 그리고 좋은 생각의 결과는 무엇일까?

"어쩌면 생각은 이미 현실인지 몰라. 그러나 다른 종류의 현실이지."

필이 대답했다.

"정말 그럴까? 바로 그걸 정말 알고 싶어. 그런데 현실이란 대체 뭘까? 우리가 여기 시냇가에 누워서 책을 보는 건 현실 같아. 하지만 어쩌면 누가 우리를 만들었고, 우리는 다만 그의 머릿속에 있는 것일 수 있어."

"세상은 신이 하는 생각이야."

필은 꿈을 꾸듯 말했다. 언젠가 어디서 읽은 뒤 이상하다고 생각했다. 어디였을까?

"그게 뭘 뜻하는지 도저히 모르겠어. 우리는 자유롭게 결정할 수 있어. 아무도 우리더러 무슨 생각을 하고, 무슨 행동을 하라고 지시하지 않아. 이토록 많은 자유가 가능한 세상을 누가 계획하거나 생각할 수 있을까? 만약 그렇다면 세상은 왜 이렇게 악할까? 그리고 누가 모든 걸 미리 알고 있다면 우리의 의지는 얼마나 자유로운 걸까?"

필이 덧붙였다.

해는 벌써 하늘 높이 떠 있다.

"어쨌든 난 지금 뭘 먹고 싶은 의지가 있어. 그리고 이 생각은 내 뱃속에서 나온 거야."

펠리는 이렇게 말하며 철학 우화집을 배낭에 집어넣었다. 할아버지가 쌍둥이를 데리고 돌아왔기 때문이다.

할머니는 양파 케이크 한 판과 호박 키시(파이의 일종*) 한 판을 만들었다. 할아버지가 채소와 햄과 베이컨을 썰어서 반죽 위에 얹는 일을 도왔다. 그 위에 달걀과 사우어 크림 그리고 향료를 한데 섞은 것을 뿌리고 오븐에 넣었다. 벌써부터 맛있는 냄새가 진동한다. 남는 달걀은 창문턱에 올려놓았다. 창문 옆 부엌문은 테라스를 향해 열려 있고 테라스 문을 통해 정원에서 노는 쌍둥이가 보였다.

막스와 모리츠는 칸트 때문에 화가 났다. 이런 못된 개!

칸트는 디오게네스에게 여전히 불친절하다. 디오게네스에게는 쌍둥이가 후견인이다. 아웃사이더들은 서로 뭉쳐야 한다! 쌍둥이는 새장 안에서 아무 저항도 할 수 없는 쥐의 편을 들어 줘야 한다.

막스와 모리츠는 칸트를 향해 탁구공을 던지다가 공이 바닥났다. 하지만 부엌 창가에 보급품이 있다! 쌍둥이는 달걀을 집어서 칸트에게 던졌다.

칸트는 꼼짝도 않고 불쌍한 모습으로 서 있다. 달걀 흰자와 노른자가 털에 붙었다가 아래로 천천히 흘러내렸다. 깨진 달걀 껍데기는 테라스 바닥 주변에 여기저기 흩어졌다.

필과 펠리는 모든 것을 목격했다.

"더는 못 참아!"

펠리는 단호히 소리친 뒤 남은 달걀을 집어 들고 막스와 모리츠에게 제 몫을 돌려줬다.

"기분이 어떤지 너희도 한번 느껴 봐야 해!"

펠리가 소리질렀다.

펠리가 이렇게 나오리라고 상상하지 못한 쌍둥이는 놀란 얼굴로 서 있다. 욱, 더러워!

할아버지와 할머니가 테라스로 나왔고 버찌나무 아래 의자에 누워 있던 소피아 고모도 몸을 일으켰다. 어른들은 쌍둥이와 칸트를 번갈아서 보다가 펠리를 쳐다보았다.

디오게네스는 새장 해를 흔들고 있었다.

"사람은 다른 사람의 처지에서 생각할 수 있어야 한다고 했어요! 쇼펜하우어도 그렇게 말했고요. 이제 쌍둥이는 다른 사람의 고통에 대한 동정이 무슨 뜻인지 알 거예요."

펠리가 변명했다.

"뭐? 뭐라고? 뭐라고 했니?"

할아버지는 펠리를 멍하니 바라보았다.

"쇼펜하우어는 다른 사람과 함께 느껴야 한다고 말했어요. 그러면 더 이상 다른 사람에게 나쁜 짓을 저지르고 싶지 않을 거라고 했지요. 제가 바르게 이해했다면 말이에요. 전 쇼펜하우어의 주장이 옳다고 생각해요."

할아버지는 정원 의자에 풀썩 주저앉은 뒤 입을 다물지 못했다. 할 말을 잃었기 때문이다.

할머니는 소리 없이 웃었다.

호기심이 생긴 고모는 할아버지를 쳐다보았다. 할아버지는 마치 번개를 맞은 사람처럼 보인다. 정신이 나간 표정이다!

필이 씩 웃었다.

"얘가 어떻게……."

할아버지가 말하려고 하자 할머니가 나섰다.

"지식을 쌓은 거지요. 당신이 생각하는 것보다 아이들은 많은 걸 알고 있어요!"

"우선 식사를 하는 게 좋겠어요."

고모가 말했다.

할아버지는 소피아 고모의 제안을 듣자 정신을 차렸다.

"지금 여기서 무슨 일이 벌어지고 있는지 설명해 봐라."

할아버지가 요구했다.

"먼저 칸트랑 쌍둥이를 씻겨야겠어요. 아이구, 이 좋은 달걀을! 정말 속상하구나!"

할머니가 말했다.

마침내 모두 식탁에 둘러앉았을 때 필과 펠리가 설명했다. 할아버지는 조금 당황했다.

"아이들은 그런 걸 전혀 이해할 수 없다고 생각했는데."

할아버지가 말했다.

"왜요? 저는 이제 어린아이가 아니에요."

필이 말했다.

"물론 그렇지……."

할아버지는 믿을 수 없다는 표정으로 할머니를 쳐다보았다.

"당신이 나 몰래 책을 만들었다고?"

할아버지는 깜짝 놀라며 말했다.

할머니는 사랑스러운 얼굴로 웃음을 지었다.

"여자에게는 비밀이 있는 법이지요. 방학이 지겹지 않을 방법을 찾아내 아이들이 생각해 보기를 바랐어요. 아이들에게 생각을 일깨워야 한다고 당신이 늘 말했잖아요!"

할머니가 덧붙였다.

"집에는 철학책이 충분히 있으니까요. 당신만 책을 읽을 수 있다고 생각하세요?"

소피아 고모도 놀랐다. 아무래도 고모는 할머니를 과소평가한 것 같다!

"생각을 일깨우기 위해서! 맞아. 그런데 난 더 큰 학생들만 가능하다고 생각했지. 어린아이들에게는 어려운 일이라고 생각했어."

할아버지가 천천히 말했다.

"너희에게 일화 하나를 들려줘야겠다. 옛날에 탈레스라는 철학자가 살았는데."

"물에 대해 말한 철학자예요."

필이 말했다.

"그것도 아니? 놀랍구나! 아무튼 어느 날 탈레스가 우물가에 왔는데 마침 한 소녀가 물을 긷고 있었단다. 탈레스는 계속 하늘을 올려다보며 별들을 바라보았지. 너희는 이걸 알아야 해. 탈레스의 일화를 이야기한 플라톤은 별이 총총한 하늘을 이데아 세계(Ideenwelt)라고 불렀단다. 끊임없이 하늘을 바라보며 이데아 세계를 생각하던 탈레스는 그만 우물 안으로 빠져 버렸단다. 물을 긷던 소녀는 탈레스를 비웃었지. 나도 지금 탈레스와 비슷한 처지인 것 같구나. 언제나 이데아의 구름 속에 머리를 집어넣고 바로 코앞에 뭐가 있는지 전혀 눈치 채지 못했으니. 나 자신이 우습구나. 이제 현실을 깨달았어."

필이 큰 소리로 웃으며 물었다.

"마음 아프세요?"

"정말로 속았으니까. 사실 내가 세상 물정에 어둡다고 생각한 적은 한 번도 없단다. 할아버지는 매우 현실적인 사람이니까. 적어도 그렇게 생각했지."

할아버지는 천천히 말했다.

"철학은 반드시 실제 삶과 관련해야 한다고 늘 생각했어. 그래서 탈레스의 일화에 대해 항상 웃을 수 있었지. 그런 철학자들을 알고 있거든! 그런데 이제 내가 그런 사람이야."

할머니가 미소를 지으며 다정하게 말했다.

"참으로 고귀한 자기인식(Selbsterkenntnis)이네요!"

"이제 그 책을 보고 싶구나."

할아버지가 책을 보여 달라고 부탁했다.

펠리는 나무집에서 책을 가져와 거실 소파에 앉았다. 심지어 쌍둥이도 흥미를 느끼고 귀를 기울였다. 할아버지가 책을 펼쳤다.

"네 오성을 사용할 용기를 가져라!"

할아버지가 읽었다.

"대단해! 이 뒤에 그 수수께끼가 있구려. 언제부터 시를 지었소?"

할아버지가 할머니에게 묻자 할머니는 아주 환한 웃음을 지으며 대답했다.

"생각이 그냥 떠올랐어요. 재미있고 수수께끼 같은 시를 쓰고 싶었어요."

그러자 펠리가 말했다.

"처음에는 답이 사랑이라고 생각했어요. 그런데 그러면 수수께끼의 설명과 다 맞지 않았어요. 저희는 물론 답을 찾아낼 때까지 저희의 오성을 계속 사용했지요."

할아버지는 그림과 질문, 그리고 책 뒤에 끼워 둔 암호문을 보고 감동했다.

"너희랑 철학에 대해 말할 수 있겠구나! 먼저 이 상황에 익숙해져야겠다. 난 너희가 철학에 관심도 없고 그걸 이해할 수도 없다고 생각했지. 언어는 또 어떻고!"

"특별한 언어는 필요가 없어요. 그런 게 없어도 문제를 생각할 수 있지요."

할머니가 말했다.

"재미있었어요. 하지만 모든 걸 충분히 생각하지 못했어요."

필이 말했다. 그리고 쌍둥이를 향해 이렇게 말했다.

"책이 없어졌을 때 우리가 왜 그렇게 화를 냈는지 이제 이해하지? 수수께끼를 풀려고 그랬어."

"이야기를 아직 다 읽지 못했어요. 빠뜨린 이야기도 있고요."

펠리가 말했다.

"그렇다면 지금 함께 읽자꾸나. 기대가 많이 되는걸."

할아버지는 이렇게 결정하고 이마에 있던 안경을 코에 걸쳤다.

"제가 읽어도 될까요? 잘 읽을 수 있어요!"

막스가 큰 소리로 말했다.

"그래, 좋아."

펠리가 말하자 막스는 소리 내어 읽기 시작했다.

바보 같은 짓

"지금 무슨 생각을 하는지 말해 줄 수 있소? 표정이 이상하구려!"

어느 늙은 수탕나귀가 암탕나귀에게 말했습니다.

"생각은 자유롭지요."

암탕나귀가 말했습니다.

"누가 그걸 알 수 있나요? 하지만 정 알고 싶다면 말해 드리죠. 제 생각은 방금 저 높은 하늘 위에 있었답니다. 아주 엉뚱한 생각을 했어요. 만약 우리의 귀를 헬리콥터의 프로펠러처럼 쓸 수 있다면 얼마나 좋을까 하고요. 그렇다면 공중으로 높이 날아올라 멋진 전망을 내려다볼 수 있을 텐데! 제 생각이 좁다는 느낌이 들어요. 많은 걸 이해할 수 없어요! 하지만 여기 아래서 비틀거리는 한 어리석을 수밖에 없겠지요."

"히잉, 인간은 우리더러 생각하는 능력이 없다고 말하지.

아무튼 인간이 이해하는 그런 생각의 능력은 없다고 믿어. 인간의 생각은 대체 어디서 나올까? 인간의 머리는 우리의 머리보다 작은데 말이야!"

늙은 수탕나귀가 말했습니다.

"어쩌면 머리를 쓰는 방법에 달려 있는지 몰라요. 인간은 항상 논리적이고 총명하고 옳아야 한다고 생각해요. 아는 게 힘이라고 말하지요. 그리고 가장 똑똑한 사람이 가장 힘센 사람이라고 믿어요."

맞는 말일까요? 암탕나귀는 불공평하다고 생각했습니다. 아마도 자신은 가장 영리한 당나귀가 될 수 없을 테니까요.

"그게 인간에게는 참으로 중요한 듯하오. 생각이란 인간에게 당나귀가 아니라는 증거요. 생각을 하면 그 사실을 알고, 그러면 존재한다는 사실도 깨닫지."

"그런데 생각을 느낄 수는 없나요? 만약 잘 생각할 줄 모른다면……."

혼란스러워진 암탕나귀가 물었습니다. 그리고 자신이 생각하는 이유를 덧붙였습니다.

"당신은 내가 정말로 존재하는지, 아니면 단지 내 꿈을 꾸는 건지 어떻게 알지요?"

그러고는 애교를 부리며 물었습니다.

"하지만 당신은 나를 느낄 수 있어요. 그래서 내가 존재하는 걸 알지요. 아니면 느낌도 꿈꿀 수 있을까요?"

"히잉, 아마 그럴지도 모르지! 누구나 자신과 바로 주변에 대해서만 잘 알 수 있다고 생각하오. 어쩌면 모든 걸 위에서 한눈에 내려다볼 수 있는 게 좋을지도 모르지!"

수탕나귀는 중얼거렸습니다.

"그러면 생각을 더 잘할 수 있을지도."

"좋은 생각이 떠올랐어요!"

갑자기 암탕나귀가 외쳤습니다.

"히이잉, 바로 그거예요! 생각을 시키는 거예요! 똑똑한 올빼미를 고용하는 거지요! 올빼미는 위에서 모든 걸 내려다보고 무엇이 옳은지 우리에게 얘기해 줄 수 있어요. 그러면 우리는 무엇을 생각해야 하는지 알 수 있지요. 올빼미에게서 생각을 받을 수 있어요. 올빼미는 아주 영리한 동물이니까요. 우리는 절대 실수하지 않을 거예요."

"정말 훌륭하오!"

늙은 수탕나귀는 환호하며 소리쳤습니다.

"그건 당나귀도 멋진 생각을 할 수 있다는 걸 증명하는 거요!"

암탕나귀는 회색 털 아래 얼굴을 붉히며 늙은 수탕나귀에게 감사하는 눈빛을 보냈습니다.

"자, 여기 데카르트와 마르쿠스 아우렐리우스가 있구나. 이럴 수가! 정말 놀라워!"

할아버지는 마치 혼잣말을 하듯 중얼거렸다.

"생각을 시키다니! 다른 동물에게 생각을 시키다니 말이야! 이건 진짜 바보 같은 짓이야!"

필이 말했다.

"하지만 얼마나 많은 사람이 텔레비전을 통해 세계관을 형성하는지 생각해 보렴! 그것과 다를 게 없단다. 흔히 일어나는 일이야."

할아버지가 말했다.

"그렇다면 사람이 당나귀보다 훨씬 똑똑한 것도 아니라고요? 아니면 정말 더 똑똑할까요? 다른 사람을 믿는 건 물론 편한 일이에요. 정치인도 전문가에게 연설문을 쓰도록 시키니까요. 하지만 전문가가 항상 옳은 생각을 한다고 어떻게 알지요?"

펠리가 물었다.

"암탕나귀는 자신이 똑똑하다고 생각하지만 사실은 너무 멍청해!"

막스가 말했다.

"스스로 생각해서 더 똑똑해질 수도 있는데! 독수리가 연습을 많이 해서 크고 강한 날개를 얻는 것처럼 말이야!"

필은 어느 우화에서 읽은 것을 생각해 냈다.

"그런데 난 그 바보짓이 그렇게까지 미련하다고는 생각하지 않아!"

모리츠가 말했다.

"오늘 저녁에는 데카르트와 계몽주의의 위대한 철학자들 이야기를 들려주마."

할아버지가 말했다.

"여기 또 뭐가 있지?"

할아버지는 호기심에 책장을 넘겼다. 거기에는 이런 이야기가 있었다.

교활한 여우들

"인간은 왜 우리를 사냥할까?"

여우들은 절망하며 서로 물었습니다. 가을이 되자 여우들은 또다시 목숨을 걱정해야 했습니다. 물론 여우도 사냥을 했습니다. 여우는 닭이나 토끼를 잡아 먹었습니다. 하지만 그것은 단지 양식이 필요했기 때문입니다. 그저 죽이는 일이 재미있어서 하는 사냥이 아니었습니다. 인간은 정말로 귀찮은 존재였습니다! 인간은 점점 더 많은 자연을 파괴했지만 인간에게는 힘이 있었습니다. 어떻게 해야 할까요? 이대로 계속 내버려둘 수는 없었습니다.

여우들은 한자리에 모여 회의를 열었습니다. 그리고 인간에게 이렇게 큰 힘이 있는 원인은 학문과 기술을 발달시켰기 때문이라는 결론을 내렸습니다.

"인간에게 총이 없다면 우리를 이렇게 위협하지는 못할 겁니다!"

늙은 붉은 여우가 말했습니다.

"그렇다면 우리도 연구를 해야 합니다!"

영리한 늙은 은빛 여우가 제안했습니다.

북극 여우는 아직까지 지구에 존재하지 않는 생각을 우주에서 찾자고 말했고 은빛 여우는 계획을 실현할 방법을 벌써 강구해냈습니다.

꾀 많은 여우들은 신종 망원경을 발명해 내 한동안 찾던 검은 행성 세 개를 실제로 발견했습니다.

검은 행성에는 생명체가 살고 있었습니다! 보통 때에는 눈에 보이지 않아서 여태 인간의 눈에 띄지 않았습니다. 어두운 우주에서 드러나지 않았기 때문이지요. 평온히 살고 싶은 검은 행성 주민은 행성 둘레에 빛을 삼키는 검은 막을 씌웠습니다. 그리고 막 안쪽에는 태양 전지를 장착해 태양의 위치에 구속되지 않았습니다. 공기를 충분히 정화만 하면 되었습니다. 지구의 여우들은 공기 정화를 위해 생긴 검은 막의 구멍에 주목한 것이었습니다. 이제 여우들은 검은 행성과 무전 교신도 시도할 수 있고 다른 행성에 사는 여우들과 행성 간 화상회의도 열 수 있었습니다.

검은 행성은 편의상 알파, 베타, 감마라고 불렸습니다. 이곳에는 여우 학문과 여우 기술이 실제 발달해 있었습니다.

알파 행성에서는 여우들이 무기를 들고 현상금이 걸린 인간을 사냥했습니다. 그런데 이상한 것은 여우들이 갈수록 소수 인간의 습관에 빠진다는 사실이었습니다. 여우들은 인간의 집에 살며 인간의 침대에서 잠을 자고 돈에 집착하기 시작했습니다.

베타 행성에 사는 여우들은 새로운 달력을 만들었습니다. 이 달력에는 평일이 하루 더 많았습니다.

일요일과 월요일 다음은 별요일이었습니다. 이렇게 공정한 규칙이 만들어지고 짝수 날에는 인간이 여우를 사냥하고 홀수 날에는 여우가 인간을 사냥할 수 있었습니다. 하지만 그 결과 하루도 평온한 날이 없었습니다!

감마 행성에서는 여우들이 혁명을 일으켜 인간을 농장에 가두고 유용 인간으로 사육했습니다. 그리고 고분고분 말을 듣도록 사료에 첨가물을 섞었습니다. 유순한 인간은 무거운 짐을 끌거나 숙련된 손가락 기술이 필요한 일을 시키는 데 여러 모로 쓸 수 있었기 때문입니다. 사업수완이 뛰어난 감마 행성 여우들은 인간농장에서 심지어 치아와 머리카락을 정기적으로 수확해 냈습니다.

여우들은 인간의 치아로 만든 보석과 인간의 머리카락으로 짠 아름다운 빛깔의 고운 직물을 매우 탐했기 때문입니다.

그러나 지구의 여우 연구가들은 이렇게 치장한 여우들이 더 이상 여우 같지 않다는 느낌이 들었습니다. 그리고 이가 없는 감마 행성 인간들이 제대로 음식을 씹거나 말을 할 수 없다는 사실이 안타까웠습니다. 여우 연구가들은 검은 행성들에서 더 좋은 사회를 발견하지 못한 것 같았습니다.

인간과 여우에게는 권리가 있었습니다! 그러므로 지구를 위해서 무엇인가 고유한 것을 찾아내야 했습니다. 꾀 많은 여우들은 인간의 권리와 동등한 여우의 권리를 제정하기로 결정했습니다. 여우의 권리에는 물론 어떤 형태의 추적에서도 보호를 받을 권리와 은 여우든 북극 여우든, 은빛 여우든 붉은 여우든 모두 동등한 대우를 받을 권리가 포함되었습니다.

단지 문제는 붉은 여우와 북극 여우가 상상하는 권리와 은 여우와 은빛 여우가 상상하는 권리가 서로 다르다는 사실이었습니다. 그렇지만 여우의 일반적인 권리는 좋은 시작이었습니다. 이제 모두 지구의 상황이 호전될 거라는 희망을 품었습니다.

필은 이야기를 읽은 뒤 말했다.

누구나 자신의 별에서 혼자 사는 것이 아닐까?

"제 기억이 맞다면 『걸리버 여행기』에서는 말이 인간을 가축으로 키웠어요. 여기서는 감마 행성의 여우들이군요!"

"좋은 사회란 뭐예요? 한 사회에서 모든 사람이 행복할 수 있을까요?"

펠리가 물었다.

"그런 사회를 만들도록 모두 생각을 해야 해."

할아버지가 말했다.

"그렇다면 쥐에게도 권리가 있나요?"

모리츠가 물었다.

"만약 우화 속 여우처럼 쥐도 학문을 닦고 기술을 발명했다면 아마 이런 권리를 요구할 힘이 있었겠지. 다만 문제는 쥐에게 그럴 능력이 있느냐 하는 거다."

할아버지가 말했다.

"그렇지만 권리는 아픈 사람에게도 있잖아요? 그런데도 아픈 사람은 권리를 얻기 위해서 싸울 수 없어요! 권리란 그걸 얻기 위해 싸울 수 있느냐 없느냐와 상관없이 반드시 가져야 하는 거예요. 갖는 게 아니라 있는 거죠."

필이 말했다.

"네 말이 맞는 것 같구나."

할아버지는 인정하며 필을 보며 미소를 지었다.

"아는 것이 힘이다!"

펠리가 말했다.

"하하하, 쥐 연구가가 쥐 기술을 발명한다고!"

막스가 큰 소리로 웃었다.

"그러고 나서 자신을 괴롭힌 인간을 모조리 폭파해 버리는 거야. 쥐에게도 권리가 있어."

"어쨌든 여우는 앞에 나온 당나귀처럼 멍청하지 않아. 여우는 해결책을 궁리하니까. 생각을 포기하면 세상은 나아질 수 없어. 함께 생각해야 해."

필이 자신의 생각을 말했다.

"그리고 스스로 생각하는 사람은 자기 행위의 결과도 염두에 둘 수 있지."

할아버지는 말하며 막스와 모리츠를 쳐다보았다. 그런 뒤 다시 책장을 넘기고 할머니를 감탄의 눈으로 바라보았다. 할아버지는 정말 커다란 감동을 받았다.

"그리고 철학자의 목록은?"

할아버지가 할머니에게 물었다.

"한번 보여 주구려. 희극작가를 잠입시켰구려. 아리스토파네스! 그리고 건축가와 심리학자도!"

"구슬 이야기가 좋아서요. 왠지 철학적이기도 하잖아요."

할머니는 이유를 설명했다.

구슬? 펠리는 생각했다. 어디서 구슬이 나왔지? 펠리는 자유낙하하는 어린 독수리가 떠오른다. 그런데 무엇이 좋다는 말일까? 아니면 할머니는 다른 말을 하려던 것일까? 펠리는 이야기를 한 번 더 읽어야겠다고 생각했다.

"이야기의 철학자들을 모두 찾아냈어?"

막스가 궁금해 했다.

"아니, 아직."

펠리가 대답했다.

"그런데 할아버지, 가끔 두 철학자에게 맞는 이야기도 있어요. 할 일이 아직 많은 것 같아요. 책을 집에 가져가도 되나요? 우리가 적은 질문의 답도 찾아야 하거든요! 그건 제대로 시작도 못했어요."

"새로운 질문이 또 생길 게다."

할아버지가 말했다.

"알아요. 생각에는 끝이 없으니까요."

필이 말했다.

"하지만 그래도 발전할지 모르지. 어쨌든 그렇게 되길 바라야지."

할아버지가 말했다.

처음부터 다시 시작하기

　방학이 거의 끝나간다. 아버지는 지난 몇 주 동안 집에서 편히 쉬었다. 등에 난 수술 자국도 벌써 거의 아물었지만 아직은 안정이 필요하기 때문에 무리하면 안 된다. 아버지는 필과 펠리와 자주 전화통화를 했다. 부모님은 곧 남매를 데리러 올 것이다.

　"지루하지 않았을까? 텔레비전도 없는데?"

　조수석에 앉은 아버지는 쿠션에 등을 기댄 채 어머니에게 물었다. 아빠는 아직은 차를 운전하면 안 된다.

　"분명 좋은 경험을 했을 거예요. 뭐가 됐든 재미있는 일이 있었겠지요. 소피아랑 쌍둥이도 있으니까."

　어머니는 이렇게 말하며 운전석에 앉았다.

차를 타고 가면서 아버지와 어머니는 저마다 생각에 잠겼다. 창 밖의 풍경이 눈앞에서 빠르게 지나고 점차 시골 풍경으로 변했다. 길가에는 나무가 점점 무성해지고 시골집에 가까이 오면 올수록 아버지와 어머니는 아이들 생각이 더 많이 났다. 아이들이 무척 그리웠다. 하지만 이제 곧 만날 수 있다. 가족을 위한 삶은 가치 있는 일이라고 아버지는 감사하며 생각했다.

늘 그렇듯이 어머니는 자동차 안에서 할머니에게 전화를 걸어 커피를 미리 부탁했다. 아이들은 지금 무엇을 하고 있을까?

이 시간 필과 펠리는 야콥과 함께 나무집에 앉아 있다.

"이야기를 하나 더 읽어 보자."

펠리가 말했다.

야콥이 이야기를 소리 내어 읽었다.

말 등에 올라탄 진드기

옛날 옛날에 진드기 한 마리가 살았습니다. 나무에 앉은 진드기는 무척 불행했습니다.

"휴, 내 몸속에서 빠져나올 수만 있다면!"

슬픈 진드기는 한숨을 내쉬었습니다. 진드기는 가득 피를 빨았을 때에만 진짜 배가 부르고 만족했습니다. 하지만 이것은 다른 생물의 불행의 결과이므로 진드기는 진정으로 행복할 수 없었습니다.

"피를 빨아 먹는 고약한 놈 같으니라고!"

다른 동물들은 늘 이렇게 진드기를 욕했습니다. 그리고 진드기가 나쁜 병을 옮길 수 있기 때문에 그를 두려워했습니다.

"행복이 뭔지 알 수 있다면! 행복은 아주 멋진 걸 거야! 난 정말 행복해지고 싶어!"

진드기는 이렇게 자신에게 말하며 계획을 세웠습니다. 세상 사람들이 행복은 말의 등에 있다고 하는 말을 자주 들은 진드기는 행복이 무엇이고 어떻게 체험할 수 있는지 경험하기 위해 말의 등 위에 떨어지기로 결심했습니다. 나무 아래서 다음 열원(熱源)이 나타나자 진드기는 아래로 떨어져 개의 등에 안착했습니다.

"말이니? 네게서 행복을 찾을 수 있니?"

진드기는 눈으로 볼 수 없기 때문에 묻기만 했습니다.

"난 사냥개야!"

개가 대답했습니다.

"행복은 내 곁에 있을 때에만 찾을 수 있어. 줄을 풀고 노루나 여우가 지칠 때까지 쫓아 달릴 수 있는 게 바로 행복이지! 다른 동물을 쫓아가거나 마구 짖어 대는 일은 아주 재미있어. 동물들이 나를 두려워할 때면 나는 내가 아주 강하게 느

껴져. 그건 게임과 같아. 총에 맞은 토끼를 물어 올 때에도 그
래…….”

　진드기는 사냥개의 처지도 자신의 처지와 다르지 않다는
사실을 깨달았습니다. 사냥개의 재미도 다른 동물의 희생으
로 얻은 것이었으니까요. 누군가의 기쁨은 곧 누군가의 고
통이었습니다. 사냥개는 그 사실을 생각하지 않을 뿐이었습
니다.

　진드기는 나무로 돌아와 새롭게 도전했습니다. 이번에는
소의 등에 올라탔습니다. 진드기는 다시 물으며 괜찮은 대답
을 기대했습니다.

　하지만 소는 이렇게 대답했습니다.

　“행복이란 제때 젖을 짜고 5월에 신선한 풀을 먹을 수 있는
거지. 하지만 나는 인간에게 내 젖뿐만 아니라 새끼들도 내
줘야 해. 인간은 고기를 아주 좋아하거든. 그렇게 해서 인간
이 행복하다면…….”

　진드기는 이렇게 커다란 희생이 이상하다고 생각되었습니
다. 다른 존재의 행복을 위해 자신이 고통을 당해야 할까? 그
런 헌신으로 자신이 행복해질 수 있을까?

　진드기는 나무로 다시 돌아와 새로운 기회가 오기를 기다
렸습니다.

　“너는 말이니?”

진드기는 어느 동물의 등 위에 떨어진 뒤 또 이렇게 물었습니다. 하지만 그것은 수사슴이었습니다. 진드기는 또 질문을 던졌습니다.

수사슴은 이 문제에 대한 생각을 다음과 같이 설명했습니다.

"행복이란 가지뿔이 해마다 자라는 거야. 그러면 힘이 강해지고 더 많은 싸움에서 이길 수 있어. 무리는 더 커지고 숲은 모두 내 것이 돼. 그렇지만 사냥꾼도 나를 점점 더 탐을 내. 하지만 사냥꾼보다 더 교활하면 돼. 위기를 극복할 때마다 행복은 커지고 삶을 더 즐기게 될 거야."

진드기는 어떻게 해야 할지 더욱 몰랐습니다. 정말 어려운 문제는 모든 동물이 행복을 저마다 다르게 이해한다는 사실이었습니다. 어쩌면 오직 말이 행복을 바르게 알고 있는지도 몰랐습니다!

그러던 어느 날 진드기는 정말 말의 등 위로 떨어졌습니다. 진드기는 몹시 흥분했습니다. 말은 히힝 울며 행복에 대한 질문에 이렇게 대답했습니다.

"그건 아주 간단해. 무거운 안장과 고삐 없이 초원을 자유롭게 달리다가 멈추는 것, 마음껏 먹고 마시고 따뜻한 햇살을 느낄 수 있는 것 그게 바로 행복이야. 그리고 날개가 달려서 하늘을 날 수 있다면 정말 좋겠어! 그렇지만 인간은 내게 고삐를 매고 안장을 얹은 뒤 내 등을 타고서 원하는 데로 갈

때 행복을 느껴. 그리고 위에서 모든 걸 내려다보며 나를 조종해서—물론 내가 동조하는 동안만—큰 힘을 들이지 않고 목적지에 이르지. 그리고 다른 때에는 느껴 볼 수 없는 리듬을 경험할 수 있어."

"그러니까 말의 행복은 인간의 행복과 다른 거군요!"

이제 진드기는 정말로 실망했습니다.

"네가 찾는 행복은 존재하지 않아. 너를 행복하게 하는 걸 네 안에서 찾아야 해."

지혜로운 말이 말했습니다.

"네가 찾는 행복은 존재하지 않아."

어리둥절해진 펠리는 반복해 말했다.

"진드기는 질문의 답을 얻지 못했어! 어쩌면 같은 종의 동물에게 물어봐야 했는지도 몰라! 진드기에게는 뿔도 없고 젖도 없으니까!"

펠리는 그 모습을 상상하다가 웃음을 참을 수 없었다.

"하지만 그건 모순이야. 자기 안에서 답을 찾아야 하는데 다른 동물에게 묻는 건. 그러면 자신에 대해 또 아무것도 알 수 없게 되잖아."

필이 말했다.

펠리는 필의 말에 귀 기울이지 않고 질문을 던졌다.

"만약 진드기가 자신을 절제하고 다른 동물에게 되도록 피해를 주지 않으려고 노력한다면? 하지만 과연 이게 행복일까?"

펠리는 우화에 답이 나오지 않아서인지 실망했다. 이야기를 계속 쓸 수 있을까? 진드기는 적어도 한 가지 답을 찾아내야 한다.

"네가 찾는 행복은 존재하지 않아."

펠리는 골똘히 생각하며 반복했다.

"행복은 동물마다 다른 거야."

야콥이 말했다.

"정말 그럴까? 인간도 그런 걸까? 그리고 행복의 느낌도 저마다 다를까?"

펠리가 물었다.

나는 언제 행복할까? 펠리는 속으로 생각했다.

행복이란 대체 무엇일까?

그때 할머니가 부르는 소리가 났다.

"필! 펠리! 너희 엄마 아빠가 온다!"

필과 펠리와 야콥은 나무집에서 내려와 현관문으로 달려갔다. 거의 6주 전 필과 펠리가 타고 온 자동차는 길을 따라 달려와 문 앞에 섰다.

아버지와 어머니가 차에서 내렸다. 필은 아버지를 찬찬히 살펴보았다. 아버지는 살이 조금 더 빠졌다. 거의 6주 동안 보지 못했기 때문에 필은 변화를 금방 알아차릴 수 있었다. 그러나 긴 금발과 웃음은 달라지지 않았다.

"아빠!"

펠리는 외치며 아버지를 향해 뛰어갔다.

아버지는 예전처럼 두 팔을 벌려 펠리를 들어 올린 채 빙그르 돌렸다.

"여보, 등을 조심해야죠! 이성을 잃지 마세요."

어머니가 겁이 나서 소리쳤다.

아버지는 펠리를 내려놓았다.

"이성."

필은 아버지가 팔로 어깨를 감싸자 살짝 윙크를 던졌다. 필이 무엇을 경험했는지 안다면 아버지는 무슨 말을 할까? 필은 지난 시간이 조금도 지루하지 않았다. 그러나 이제는 아버지가 다시 돌아와서 기쁘다.

"아빠는 이제 건강해."

아버지는 행복한 얼굴로 말하며 아이들을 껴안았다.

"다시 너희 곁에 있어서 기쁘구나."

"그렇지만 조심해야 해요."

어머니는 주의를 주며 아이들의 얼굴을 다정하게 쓰다듬

행복이 날개를 달아 줄까?

었다.

아버지는 할머니와 고모 그리고 할아버지를 차례대로 포옹했다.

"얼굴을 한번 보자."

할아버지는 벅찬 기쁨을 감추려는 듯 말했다.

"맛있는 걸 좀 먹어야겠다."

할머니는 큰 소리로 말하며 가족을 정원으로 이끌었다. 정원에는 막스와 모리츠가 칸트와 놀고 있었다.

"우리 아빠도 곧 올 거예요."

막스와 모리츠는 이렇게 인사했다.

할머니는 버찌나무 아래 커다란 탁자에 ― 이제는 모두 열 명이다! ― 커피를 차려 놓고 창고에서 정원용 의자도 갖다 놓았다. 탁자 위에는 물론 할머니가 직접 구운 케이크도 있다. 모두 탁자 앞에 둘러앉았다.

칸트는 디오게네스 앞에서 으르렁거렸다.

"필, 일어나!"

멀리서 누군가 부르는 소리가 들렸다. 잠에 취한 필은 몸을 옆으로 돌렸다.

"일어나라! 시간이 다 됐어!"

어머니가 이층침대를 향해 다시 불렀다.

"잠꾸러기, 빨리 일어나!"

이번에는 펠리가 필을 흔들어 깨우고 다시 밖으로 뛰어 나 갔다.

아직 정신이 몽롱한 필은 침대에서 일어나 앉았다. 어디일 까? 자신은 침대에 앉아 있고 펠리는 벌써 옷을 입고 있다. 창문을 통해 아침 햇살이 쏟아졌다. 필은 주위를 둘러보았 다. 방이다. 옆에는 여행용 가방이 있다. 아니면 어제 가방을 싸고 오늘 여행을 가는 것일까? 책상 위에는 방학이 시작될 때 받은 성적표가 아직 있고 책상 옆에는 책가방이 놓여 있 다. 어머니가 방으로 들어왔다.

"요 잠꾸러기! 빨리 일어나 옷을 입어야지! 차가 기다리고 있어!"

아우토, 아우토모빌, 스스로 움직이는…… 필은 생각했다.

이제 모든 것이 처음부터 다시 시작되는 것일까? 낙타의 이야기처럼? 방학은 벌써 끝났잖아!

아니면 이제야 비로소 시작되는 것일까? 모든 것이 꿈이 었을까?

하지만 너무도 선명했다! 그것이 모두 실제가 아니라는 말 인가? 필은 눈을 비볐다. 그런 것을 모두 하룻밤 꿈으로 꿀 수 있을까?

하룻밤 사이에 여러 날을 꿈꿀 수 있을까? 책 속의 책, 집

속의 집, 꿈속의 꿈, 이야기 속의 이야기를?

필은 책장을 쳐다보았다. 책장에는 네덜란드 그래픽 예술가 에셔의 놀라운 그림들을 모은 책이 꽂혀 있다. 필은 에셔의 그림을 즐겨 보았다. 생각을 끌어 내는 아주 특이한 그림들이다.

책의 상징! 앞표지에는 서로 엉켜 꼬리를 물고 있는 이상한 뱀 그림이 눈에 띄었다.

아니, 뱀은 실제 세 마리다! 이것이 필이 꿈을 꾼 원인일까?

필은 침대 모서리에 걸터앉아 생각에 잠겼다. 지금도 꿈을 꾸지 않는다고 어떻게 장담할 수 있을까? 어디서 자동차 경적 소리가 들린다. 곧 꿈에서 깨어날까?

세상은 단지 머릿속에 있는 것일까? 꿈처럼? 만약 그렇다면 필은 자신의 상상으로 이야기를 지었을까? 마치 소설가가 상상 속에서 인물을 그리듯이? 필은 용계처럼 꿈의 세상을 만들 수 있을까? 꿈의 세상은 필의 삶에 어떻게 속할까? 아니면 누군가 필에게 단지 영화를 보여 준 것일까?

필은 다시 책장을 바라보았다. 에셔의 책 옆에는 다른 책이 한 권 더 꽂혀 있다. 조금 전에도 그곳에 없던 책이다. 우화집이다!

방학은 끝났고 학교는 다시 시작될 것이다.

옥탑방에서 발견한 철학

우물 밖 세상이 궁금한 개구리 세 마리, 세상에서 자신이 으뜸이라고 떠들어 대는 흙과 물과 불과 공기, 높은 거름 더미 위에 올라 사유하고 싶은 수탉, 서로의 생김새를 보고 깜짝 놀라 나자빠지는 생쥐와 거북이, 사는 일이 재미없어 가짜 이야기의 상상에 빠지는 동물들, 고양이 앞발의 위력이 궁금한 새끼 생쥐들, 스스로 생각하는 힘을 가르치는 토끼 학교 선생님, 특별한 노랑나비가 되고 싶은 애벌레, 두더지 떼를 이해할 수 없는 철학하는 집쥐, 자연의 신비가 궁금한 어린 사자, 신나는 세상이 그리운 개미, 기계를 만드는 기계를 만든 올빼미, 용이 되고 싶은 암탉, 일하기 싫은 일벌, 미워하는 세상이 싫은 작은 물고기, 생각의 공장을 발명한 수리부엉이 교수, 불편은 딱 질색인 응접실 새장 속 앵무새, 겨울잠이 두려운 고슴도치 새끼, 세상의 이치를 깨달은 어린 낙타, 자신의 존재를 생각하는 그림자, 박쥐의 우월성을 설파하는 늙은 박쥐, 사회의 질서를 결의하는 도둑 까치들, 달력을 만든 곰 가족, 날랜 달팽이가 되고 싶은 어린 달팽이, 속도 학교를 세운 날쌘 족제비, 하늘을 나는 일이 무서운 새끼 독수리, 개의 생각을 이해할 수 없는 벼룩, 올빼미에게 생각하기를 시키는 당나귀 부부, 인간을 이기기 위해 연구하는 여우들, 진정한 행복이 무엇인지 알고 싶은 진드기.

이 동물들에게는 과연 무슨 사연이 있을까요?

여름 방학이 되어 할아버지 할머니 집으로 간 남매 필과 펠리는 텔레비전조차 없는 이곳에서 어떻게 지루한 방학을 보낼지 고민합니다. 그러던 어느 날 남매는 높은 옥탑방(다락방)에 올라가 먼지 쌓인 보물함 깊숙한 곳에서 낡고 신비로운 책을 발견하지요. 책에는 정말로 기이하고 묘한 동물 이야기와 그림으로 가득 차 있어요. 필과 펠리는 책에서 발견한 수수께끼를 풀기 위해 이야기를 읽으며 스스로 열린 이야기를 완성하면서 철학의 세계 속으로 점점 깊숙이 빠져들어 갑니다. 그리고 마침내 수수께끼를 풀고, 여느 때와 다

른 특별한 방학을 보낸 남매에게 이것은 모두 꿈으로 끝나는
데……

『옥탑방으로 올라간 칸트』는 어린아이, 어른 할 것 없이 모든 독자들을 위한 철학 입문서입니다. 지은이는 재미있고 친근한 동물 우화를 통해 철학의 기본 이론에 쉽게 다가갈 수 있도록 하며, 우화의 결말을 열어 놓아 책을 읽는 사람에게 저마다 스스로 철학할 수 있는 기회를 선물하지요. 이 점에서 독자들은 두 주인공과 함께 이야기의 문제를 짚어 내며 자신도 모르게 철학적 사고의 영역을 넓힐 수 있습니다. 또한 이야기와 꼭 맞아떨어지는 에셔의 그림은 책을 읽는 즐거움을 더욱더 배가시킬 것입니다.

칸트는 왜 옥탑방으로 올라갔을까? 지금 함께 그 답을 찾으러 갈까요?

이승은

본문에 수록된 도판 목록

지은이 **가브리엘레 뮈닉스**(Gabriele Münnix)

쾰른대학교에서 철학과 수학을 공부했고, 훔볼트대학교에서 철학박사 학위를 받았다. 뮐하임 교사연수연구소에서 철학과 교수법을 가르치며 연수 모임을 준비하고 진행하는 일을 맡았고, 인스브루크(10년)·뒤셀도르프·밤베르크·본·쾰른대학교에서 강사로 활동했다. 현재 문화철학학회의 회원이며, 인스브루크대학교 철학연구소에서 철학을 강의하고 있다.

옮긴이 **이승은**

쾰른대학교에서 중국학과 일본학, 만주학으로 석사 학위를 받았다. 번역 기획 그룹 '바른번역'의 회원이며, 전문 번역가로 활동하고 있다. 옮긴 책으로 『차도르를 벗겨라』『자본론 범죄』『첼로 마라』『느릿느릿 살아라』『몸의 기억』 등이 있다.

옥탑방으로 올라간 칸트

ⓒ 가브리엘레 뮈닉스, 2007, 2015

초 판 1쇄 발행일 2007년 1월 8일
개정판 1쇄 발행일 2015년 3월 26일

지은이 가브리엘레 뮈닉스 옮긴이 이승은
펴낸이 강병철 주간 정은영 편집 임채혁, 윤정기
저작권 김지영 마케팅 이대호, 최형연, 한승훈, 전연교

펴낸곳   자음과모음
출판등록   1997년 10월 30일 제313-1997-129호
주소   121-840 서울시 마포구 서교동 396-33번지
전화   편집부 02) 324-2347 경영지원부 02) 325-6047
팩스   편집부 02) 324-2348 경영지원부 02) 2648-1311
이메일   inmun@jamobook.com
커뮤니티   cafe.naver.com/cafejamo

ISBN 978-89-5707-834-1 (03100)

이 도서의 국립중앙도서관 출판예정도서목록(CIP)은 서지정보유통지원시스템 홈페이지 (http://seoji.nl.go.kr)와 국가자료공동목록시스템(http://www.nl.go.kr/kolisnet)에서 이용하실 수 있습니다.(CIP제어번호: CIP2015005150)